JN435228

인권기반 사회복지시설 운영론

이재용

창지사

머리말

사회복지시설 운영에 있어서 대부분의 직무가 근거에 기반하기 때문에, 서류중심으로 처리해야 한다. 하루에도 다양한 유형의 이용자를 만나고, 시설에서 제공하는 서비스를 중심으로 설득하면서 이끌어야 하는 사회복지사는 이용자의 편에서 직무를 수행해야 하기 때문에 인권감수성이 풍부해야 하고 인권에 대한 이해가 높아야 한다. 시설종사자 또한 이용자를 존중하고 시설운영목표가 인권지향적이 되도록하는 의식적인 노력이 필요하다. 이용자가 중심이 되는 시설은 인권을 기반한 운영을 통해서 가능한 것이다. 이를 어떻게 적용할 것인지를 고민하고 기술한 것이 본서의 핵심이다.

최근 인권기반 사회복지시설 운영이 이슈가 되면서 보건복지부는「사회복지사업법」에 제4조 '복지와 인권증진의 책임', 제5조 '인권존중 및 최대 봉사의 원칙'을 명시하였고, 유형별 사회복지시설관리안내(2018)를 통해 시설이용자의 인권보호강화 방안을 마련하였다. 시·군·구는 지속적인 지도점검과 관리 등을 강화하였는데, 사회복지시설에서 생활하는 시설장애인의 인권보호 및 인권침해 예방이 핵심 내용이다. 인권침해 예방을 위한 장치로, 종사자 및 이용자는 매년 4시간 이상 인권교육을 필수적으로 교육하도록 하였으며, 심각한 인권침해 사건이 일회만 발생하여도 시설폐쇄를 명할 수 있는 조치 또한 강화하였다. 인간이 활동하는 모든 곳에는 인권이 적용되기 때문에 인권적인 사고를 갖지 않는다면 인권침해 문제는 계속 발생할 수밖에 없다. 따라서 사회복지시설에서 발생하였던 인권침해 사건은 인권의식이 성숙되지 않아서이다.

이용자의 인간다운 생활을 도모하는 것이 중대한 이슈인 사회복지시설은 이용자의 안락한 삶에 기여하기 위한 대안을 마련해야만 인권에 기반한 시설운영이 가능해진다. 이제 사회복지시설에 관계된 종사자들은 사업 또는 직무를 수행할 때 인권에 기반하여 운영해야 하는 등 이용자의 권리보장을 위한 시설 내 장치마련이 필수적인 조치가 되었으며, 이러한 시스템을 구체화하기 위해 종사자를 비롯하여 시설운영자가 앞장서서 이용자의 인간다운 생활을 보장하고 권리지킴이 역할을 수행해야 한다.

특별히, 이 책은 사회복지시설의 인권이 부각된 현재의 상황을 감안하여 사회복지사의 직무수행과 시설운영을 위해 수행해야 할 여러 직무를 인권에 기반하여 어떻게 적용하고 운영해야 할지를 기술하였다.

이 책은 총 12장으로 구성되어 있다. 1장은 인권과 사회복지의 관련성 및 사회복지 실천과 인권 이슈를 소개하였고, 2장에서는 인권의 정의, 특징과 유형, 인권감수성을 소개하였다. 3장에서는 인권의 가치와 이슈를 구체적으로 설명하였다. 4장에서는 인권침해 유형 중 하나인 폭력의 개념과 유형을 소개하면서 인권 딜레마 극복전략을 소개하였다. 5장에서는 사회복지법인과 설립절차를 소개하였고, 6장에서는 사회복지법인의 운영과 관리방법을 소개하였다. 7장에서는 사회복지시설에 대한 이해와 적용법규를 다루고, 직무를 구체적으로 설명하였다. 8장에서는 인권기반 사회복지시설 운영철학을 상세하게 소개하였다. 9장에서는 인권기반 사회복지시설 운영에 관한 실무논의로써 시설운영위원회 및 보조금 관리, 손해배상 책임보험가입, 시설안전점검, 이용자 및 종사자의 인권보장을 위한 건강검진에 관한 사항을 구체적으로 설명하였다. 11장에서는 인권기반 사회복지시설 서비스 실천 방법에 관한 것으로 이용자의 인간다운 생활을 보장하기 위한 서비스 지원 및 적용 방법을 세부적으로 설명하였다. 마지막으로 12장에서는 인권기반 사회복지시설 운영의 과제와 전망을 제언하였다.

이 책은 인권을 토대로 시설운영에 관한 전반적인 사항을 다룸으로써 인권친화적인 시설운영에 대한 실천 방법을 고민하였다. 특히 인권중심 직무수행방법을 현실감 있게 제시하기 위해 노력하였다. 하지만 시설의 다양한 사업과 사회복지사의 직무 모두를 인권을 토대로 설명하기에는 한계가 있어 다음의 연구과제로 남길 수밖에 없었다. 이제 사회복지시설은 사회적 약자를 보호하고 그들의 권리지킴이 역할을 수행해야 한다. 인권중심 직무수행과 사업 진행은 결코 시설의 장과 사회복지사의 직무를 방해하지 않는다. 오히려 인권에 기반할 때 인간의 존엄성은 더 의식하게 하여 보장되고 사람중심의 인간다운 서비스를 제공하게 된다.

이 책이 나오기까지 너무나 많은 수고를 하신 이초롱 선생님의 노고에 깊은 감사를 드리고 애써 주신 것을 지면을 통해 감사드린다. 이 책이 출간될 수 있도록 허락하신 창지사 사장님과 이윤미 편집장님의 노고에 감사드리며 독자의 건승을 기원드린다.

2018년 9월

연구실에서 저자 올림

목차

1장

인권과 사회복지

1. 인권과 사회복지

• 인권이슈와 사회복지

인간의 권리에 대한 이슈는 다양한 세대에 걸쳐 논의되어 왔지만 여전히 일부의 사람들은 인권을 유린당하고 침해받는 등 인간다움을 저해하는 심각한 인권문제 아래에 놓여 있다. 인간의 권리침해는 사회복지 분야에 관계된 사람들과 종사자는 물론, 이와 관계가 없는 일반인조차 위협으로 판단하고 사회범죄로 인식하는 것이 일반적이다.

사회복지시설은 이용자의 권리를 보장하기 위해 다양한 노력을 경주하면서 대안을 마련하고 있지만 인권침해 문제는 끊임없이 제기되고 있다. 이에 사회복지시설은 인권침해 문제가 발생하지 않도록 시설이용자의 권리를 보장하기 위한 장치를 마련하는 것은 맞지만 시설운영에 반영하기에는 어렵다는 것을 항변하고 있다. 시설운영자는 적용해야 할 법규가 많지만 인력 부족 및 재정 부족 등으로 인해 현실에 반영하는 데에는 어려움이 많다는 의견이다. 이용자의 생활에 개입하면서 서비스를 지원하는 사회복지사 또한 시설이용자의 개별적인 욕구를 수용하면서 동시에 신변케어를 비롯하여 보호자의 욕구 수용, 사회활동을 지원하는 데는 한계가 있다는 것을 호소하고 있다.

이 같은 논의는 인권중심 시설운영과 서비스 지원의 현실을 반영한 것이지만 관리해야 할 영역이 광범위하고, 법규에서 강제하고 있는 전기, 소방시설, 가스 등의 시설물 관리부터 직원인사, 이용자 민원, 행정사무, 서비스 등을 총괄해야 하기 때문에 인권기반 시설운영은 엄두가 나지 않는다는 의견을 대변한 것이다. 서비스를 계획하고 진행하는 사회복지사 또한 법규를 준수하면서 이용자 개개인의 처우 모두를 인권에 기반하여 지원하기에는 제약이 있다는 의견일 것이다.

시설종사자의 호소를 들어 보면 인권기반 시설운영과 서비스 제공은 매우 중요한 사안이지만 인권을 토대로 한 서비스 기준이 모호하고, 기관운영에 적용할 수 있는 지침이 마련되지 않았다는 것을 가장 큰 문제로 제기하고 있다. 더욱이 표준화된 지침을 제시하지 않으면서 시설이 자체적으로 해결하도록 강제하고 있는 현실은 해결방법을 고심하게 한다. 이와 같은 상황에서 문제가 발생하면 전후 사정 없이 시설이용자의 인권침해 여부만을 살피는 데 집중하여 시설종사자가 잘못한 것만이 부각되고 있어 이를 보호하기 위한 제도적 안전장치가 미흡하다는 것을 호소하고 있다. 오히려 사회복지사가 시설이용자의 폭력 등에 무방비로 노출되는 문제가 나타나는 경향이 있어 시설종사자의 권리문제에 관해서도 진지한 논의가 필요하다는 주장이다.[1)]

2. 사회복지실천과 인권

• 사회복지와 인권관련성

사회복지(social welfare)는 '사회 내에서 만족스럽고, 적절하게, 잘 지내거나, 살아가는 것'을 의미한다. 이에 따라 사회복지가 지향해야 할 목적은 이용자가 개인들의 바람에 따라 행복을 느끼고 만족하는 생활을 계속 추구해 나가며 적절하게 잘 지낼 수 있도록 돕고 이를 통해 사회 속에서 함께 어울리며 진정한 행복을 충족해 가는 삶을 살 수 있도록 하는 것이다.

1) 위의 논의에 대해 「사회복지사의 클라이언트 폭력 경험 연구(이재용 외, 2017, 보건복지학회)」 논문을 참조하기 바람.

지역사회 주민들은 복지에 대한 이해가 높을수록 사회복지와 다른 이의 삶에 관심을 갖는다. 사람들의 삶을 이해하기 위해 노력하면서 개인의 처지와 상황을 고려하고 원하는 것들을 얻도록 협력하게 된다. 어울림의 공동체 문화를 형성하기 위해 돕고, 돕는 활동을 통해 가치와 만족을 느끼면서 협력하는 사회를 만들기 위해 헌신하는 것이다. 개개인의 안위를 살피는 데 눈을 돌리는 것, 이것이 곧 인권에 기반한 복지 실천의 초석이 될 수 있다. 이를 볼 때 인권은 복지이며, 복지의 실현은 인권의 구현이고 사회복지는 인권의 토대 위에 마련된 이념이라 할 수 있다. 따라서 이를 실현하는 토대가 인권에 기반한 권리존중이다. 인권을 존중하는 사회는 개인들의 권리와 타인의 권리를 소중하게 인식하는 사회이다.

• 인권중심 실천의 제약

인권은 사회복지실천방법 가운데 핵심개념으로 인식되어 왔지만 사회복지실천과 결부시켜 논의된 것은 최근의 일이다. 이용자는 복지서비스가 필요한 수혜자라는 이해 속에 도움이 필요한 대상자라는 인식이 지배적이었다. 빈곤한 사람들과 장애인, 아동 등 근로 능력이 없는 사람들은 시설에서 생활해야 했으며 직원들이 제공하는 서비스에 의존하면서 생활해야 했다. 장애의 제약을 개선해야 한다는 등 개인의 상황이 주된 논의였고 재활을 목적으로 지원되는 프로그램에 의무적으로 참여해야 했으며 욕구와 거리가 있는 제한된 서비스를 제공받는 시설생활을 감수해야 했다.

최근 이용자의 인권중심 서비스 실천이 이슈가 되면서 시설장애인의 장애의 제약으로 인해 수행하기 어려운 지역사회 왕래, 대중교통 수단 이용의 불편함, 영화관람 등은 개인의 문제가 아니라 휠체어 장애인이 다닐 수 없도록 만든 도로의 턱이나 전동휠체어를 타기는 하지만 차로를 다니며 위험을 감수해야 하는 것, 은행을 방문하는 것조차 타인의 도움을 받아야 하는 불편함을 감수해야 하는 등 사회편의시설의 미비가 더 문제라는 인식으로 전환되기 시작하였다. 사회적 지원이 더 확대되어야 한다는 논의가 정당성을 갖는 이유는 국가가 시설장애인의 사회생활을 보장하기 위해 장애인의 편의시설 설치를 확대하고 제도적으로 안정된 생활을 할 수 있도록 충분하게 지원하지 못한 것이 영향을 미쳤기 때문이다. 즉 시설중심의 복지와 이용시설 중심으로 발전한 우리나라의 사회복지제도의 한계 때문이라는 지적이다.

이용자들에게는 선택할 여지도 주지 않은 채 장애특성만을 문제 삼아 부모 또는 보호자가 양육할 수 있는가, 돌볼 수 있는가 등으로만 기준을 정해 여의치 않다면 시설 입소를 강제한 것이다. 이러한 선택의 제한은 보호자들에게도 영향을 미치는데 도움을 받거나 정보를 얻을 기관이 부족하여 돌봄과 양육 등을 스스로 감수하거나 원하지 않게 보호해야 할 가족과 떨어져 생활하게 되는 양극단의 상황에 놓이게 되는 것이다.

• 인권의 본질과 사회복지실천의 가치

인권의 본질적인 논의는 '인간이기 때문에'라는 전제에서 출발한다. 이러한 전제는 이용자 개인의 인간다운 생활을 위한 생활 속 필요를 권리로써 충족하기 위한 사회복지실천 방법을 이용자 측면에서 지지하고 견지한다는 점에서 중요한 의의를 갖는다. 보건복지부 지침에서 '시설의 개방성, 투명성, 합리성, 이용자 중심의 운영 등은 인권을 기반으로 갖춤으로써 인간다움을 보장해야 한다.'는 분명한 목적을 제안한 것은 이용자의 정상적인 생활리듬을 회복하기 위해서이다. 인권보장의 토대만이 이용자의 복지를 지향하는 사회복지 이념을 실현하고 사회복지실천의 정당성을 주장할 수 있기 때문이다.

인권중심 사회복지실천은 이용자의 장애상태, 처지, 상황, 조건 등을 초월하여 인간에 대한 바람직한 이해를 촉구하고, 사회복지실천의 윤리적인 기준을 제시한다는 점에서 사회복지시설의 운영방향과 사회복지 서비스는 이용자를 중심으로 지원되어야 하는 당위성을 얻는다. 이용자 중심 서비스 기준이 인권이고 사회복지 실천의 핵심가치이다.

• 인권기반 서비스 지원원칙

인권기반 사회복지실천과 서비스 지원원칙은 사회복지 이념을 실천하는 사회복지기관과 사회복지사의 서비스 질이 나아지도록 계속 노력해야 하는 필요를 정당화하고 추구하게 한다. 사회복지시설의 서비스가 인권을 지향하고 인권의 기반에서 운영되어야 한다는 합법적인 대안이기 때문이다.

사회복지는 인간의 복지구현의 목표를 현실적으로 실현하기 위해 개인의 욕구를 중시하여 생활에 필요한 것들을 충족할 것을 우선한다. 개인의 필요를 충족하는 서비스를 제공하는 것은 혜택을 받는 이용자뿐만 아니라 '관계된 사람들'의 관심사이기도 하다. 도움 제공 과정에서 욕구가 발견되면 자원들의 도움을 통해 필요를 충족시키고, 지원하는 데 힘썼던 관계자들 또한 도움의 행위를 통해 보람과 가치 등을 얻게 되기 때문이다. 이러한 도움 제공은 서비스 이용자나 제공자 모두의 권리를 보장하게 한다. 이용자 권리를 생활측면과 사회생활 차원에서 보장하는 것이라 할 수 있으며 인간다움을 지키고 유지하며 의식하게 하는 매우 중요한 역할을 담당한다고 볼 수 있다. 이러한 공동체 의식은 복지실천이며 공동체 지향이라는 관계를 형성하게 하여 사회복지실천의 핵심가치인 무조건적인 긍정적인 기대에 부합하는 무보수적 사회복지 이념을 실천하게 한다.

하지만 개인의 권리를 정당화하기 위한 가치적인 논의가 확대되어야 할 필요가 제기된다. 시설이용자의 여건과 상황을 고려하지 않은 채 무조건적인 도움을 제공하는 것은 아무리 좋은 서비스로 다가가는 것일지라도 수혜자에게는 결코 선의로만 여겨지지 않기 때문이다. 또한 시설이용자의 욕구는 배제한 채 서비스 제공자의 필요에 의해 활동하고 이용자는 찾아오면 무조건 반긴다는 인식을 가지고 제공하는 사회복지 서비스는 지양되어야 한다. 시설이용자의 의사와 상관없이 사적인 생활 공간을 공개시키거나 서비스 제공 프로그램에 참여하게 하는 활동은 시설이용자의 권리를 침해하는 행위이다.

따라서 이용자의 권리를 보장하기 위해 시설의 시스템을 구조화하는 체계를 마련하고 이용자가 권리를 행사할 수 있도록 인권중심의 행정시스템으로 개편해야 한다. 하지만 이를 실천하기 위해서는 종사자들의 인권의식이 풍부해야 한다. 서비스 이용자의 생활의 필요는 권리보장과 생존을 위한 것들로 매일매일 충족되어야 한다.

여기에서 중요한 것은 사회복지시설 서비스의 한계, 이용자의 장애의 제약 등을 고려하여 지원할 수 있는 범위를 정해야 한다는 것이다. 이용자의 요구에 적합한 서비스를 제공하기 위해서는 이용자가 생활하면서 겪는 상황과 어려움을 상세하게 파악해야만 하며 이에 따라 권리보장을 위한 적절한 조치를 취할 수 있기 때문이다. 또한 사회복시시설 종사자는 사회복지와 관계된 사람들이 무엇을 기대하는지 파악하고, 그들이 원하는 시설의 서비스 유형과 서비스 기대, 이용자에게 제공하기를 바라는 서비스 등 처우 개선 노력이 합의되어야 한다.

이러한 합의 없이 서비스를 제공하게 되면 시설과 종사자의 입장만을 반영하게 되어 이용자의 욕구충족은 물론 문제해결과 상관없는 서비스를 제공하게 된다. 이를 볼 때 사회복지 이념 실천과 실현을 위한 인권중심의 서비스 실천은 이용자의 요구를 우선해야 하고, 또한 서비스의 지원 가능 수준을 점검하여 지원에 필요한 지역자원의 연계 등이 수반되어야 한다는 것을 알 수 있다.

• 제공자 중심의 서비스

사회복지시설 중심의 서비스가 일반적인 우리나라의 사회복지 현실은 시설입소를 할 수밖에 없는 이용자의 필요에 의해 유지된다고 할 수 있지만 한편으로는 시설에서 제공하는 서비스를 남발하게 한 요인이기도 하다. 일방적으로 제공하는 방식 또한 정당화시켰는데 이러한 제공의 관점은 이용자 중심이 아닌 시설운영의 정당성을 부각하게 하였다. 사회 내·외에서 활동하는 도움 제공자들의 지원을 복지이념의 가치로 인식하게 한 것이 예이다.

인력이 부족한 시설은 단순 활동에 필요한 자원의 참여를 촉구하면서 운전 등과 같은 활동조차 복지이념을 실천하는 것임을 강조하였다. 시설운영을 위한 방식이기는 하지만 수혜자라는 낙인과 돌봄 대상자라는 부정적인 이미지를 부각시킨 요인임은 분명하다. 물론 활동인력이 부족하여 참여만으로도 많은 도움이 되지만 도움 제공자들의 참여를 독려하기 위해 이용자의 절박한 상황만을 부각시키고 이러한 활동에 참여하는 것만으로도 이용자의 삶의 질이 높아진다는 주장은 과장된 것이다. 시간만 투자하면 도울 수 있는 방문봉사 또는 운전봉사만으로도 정서적인 만족이 높아지는 성과가 있다는 것은 과장된 것이다.

사실 이러한 사회복지사의 기술방식이 일반적이다. 다수의 사회복지사는 프로포절을 작성하거나 사업을 진행하면서 이용자의 현재 상황을 피력하기보다 사회문제를 거론하며 자원의 참여를 통해 이용자의 변화를 촉구할 수 있다는 등 추상적으로 기술한다. 그리고 이러한 기술 방식은 많은 사회복지사에게 활용되고 있다.

지금껏 이러한 사회복지사의 보고서 작성을 수용하고 이용자의 변화에 대한 확인이 어려운 것도 경제적으로 나아지지 않은 생활과 이용자의 욕구를 단순 설문조사를 통해 만족하였는지를 확인하는 답변 형식이 영향을 미쳤다고 볼 수 있다. 즉 시설의 사업과 운영을 합리화하기 위한 일방적인 입장을 대변한 결과이다. 종사자 중심의 서비스 제공이 요인으로 보조금 등이 부족한 시설의 상황을 자원들에게 호소하는 식의 복지활동을 정당화시키게 하였다. 상황이 어려우니 도움을 주어야 한다는 시혜적 이해만을 갖게 하였다고 볼 수 있다.

제공자 중심의 서비스 지원은 사회 내·외의 복지서비스가 필요한 사람들과 서비스를 제공받아야 하는 사람들에게 적합한 서비스 제공을 가로막는다. 시설 입장에서도 법규와 지침, 규정을 준수하며 지원에 전력하지만 이용자의 인권을 보장하고 종사자의 권리보호를 위한 조치와는 거리가 있는 대안을 마련하게 하였다.

더욱 우려스러운 점은 이용자와 사회복지사 간에 암묵적으로 상·하 관계를 형성하게 하여 의존하게 하고 이를 정당화시킨다는 것이다. 또는 해야 할 직무가 많아 성과 없는 일에 소진을 겪게 되면서 정작 이용자의 생활 욕구는 충족시키지 못하게 되는 악순환이 반복되면서 의욕이 저하되고 사회복지실천의 진정한 가치를 추구하지 못하게 된다는 점이다. 가진 것의 일부를 나누는 것이 사회복지 실천인가, 하지만 도움이 필요하다는 식의 메시지 전달을 통해 친구가 되고 이웃이 된다는 식의 호소는 시혜에 불과하다. 이는 진정한 복지공동체의 모습이 아니며, 사회복지의 지향점 또한 아니다.

• 인권중심의 복지공동체 지향

인간은 사회 내·외의 다양한 사람들과 교제하면서 존재감을 갖고 어울림의 문화를 경험하면서 권리를 행사하는 존재이다. 타인으로부터 존중받는 가운데 어울리면서 살아가게 될 때 인간다움 또한 충족된다. '인간다움의 추구'는 권리를 존중하고 인격적으로 대하는 인권중심의 토대에서만 실현될 수 있다. 이는 매우 가치적인 것으로서 더불어 사는 공동체 의식이 바탕이 되었을 때 사회복지가 지향하는 적절하고 만족스러운 삶을 살아가게 한다. 따라서 사회복지의 실천은 인권증진을 위한 활동이며 권리가 행사되는 생활의 추구는 인간다움을 회복하는 유일한 것으로 복지공동체 구현을 촉진하는 매개이다.

3. 사회복지실천과 인권 이슈

1) 인권침해 사건의 사회문제화 경향

최근 사회 일각에서는 시설의 서비스 제공방식과 운영방식에 대해 이의를 제기하면서 이용자의 인권침해 등의 문제가 발생하지 않도록 지침을 강화해야 한다는 논의가 부각되고 있다. 집단생활의 제약을 개선하고 이용자의 권리보호를 위한 보호자의 요구가 끊이지 않고 있는데 그중 하나는 주민들과 같은 생활방식을 향유할 수 있어야 한다는 것이다. 이는 이용자의 생활이 인권의 토대에서 생활해야 한다는 의미와 같을 것이다.

하지만 시설운영자와 종사자[2]의 입장에서는 난감할 수밖에 없는 상황이다. 종종 거론되는 화두가 인권침해 문제이다. 시설의 인권문제가 어디에서 유발되고 있는가를 살펴보면, 이용자와 종사자의 위계관계에서 촉발되고 시설운영자의 주장이 이용자의 권리보다 앞서기 때문이다. 인권침해 문제는 권력자와 약자 사이에서 누가 강자로서 역할하는가에 의해 촉발된다. 따라서 인권침해는 약자일 수밖에 없는 이용자에게 어떠한 방식으로든 피해를 입힌 것이다.

이와 같은 인권침해 등의 문제를 예방하고 인권 증진을 위한 조치로 '종사자는 연 8시간 이상 의무 교육을 이수해야 한다.'는 법적 제도를 마련했음에도 불구하고 어린이집을 비롯한 노인, 장애인, 아동 등의 사회복지현장에서 인권침해논란은 끊이지 않고 있으며 이러한 실정은 분명 성숙되지 않은 인권의식과 이해부족 때문이다.

한편 직무를 수행하는 사회복지사의 입장에서 인권의 개념과 정의에 대한 불확실성에 더해 이에 대한 이해 부족은 직무수행을 가로막는 장애물이 되고 있다. 연 1회 전달방식에만 그치는 인권교육과 권리침해 중심의 연수 외에는 사회복지현장에 적합한 인권교육은 실행되지 않고 있는 실정이다. 또한 인권기반 사회복지시설 운영지침은 명확하게 제시하지 않은 채 인권침해에 대한 처벌중심 교육을 시행하고 있어 강압적인 위기감만 조성되고 있다. 이러한 상황에서 사회복지 분야의 인권이슈는 침해사건 이후에 알려지고 있어 심각한 위협이 되고 있다. 잊힐만 하면 사람들의 입에 오르내리는 '어금니아빠 사건', '목사부부의 자녀살해 후 시신유기', '교사의 자녀 학대 사건' 등이 그것이다.

이러한 부적절한 행위들이 인권과 어떤 상관이 있어 문제가 되고 이슈로 제기되는 것인지 생각해 볼 필요가 있다. 인권이슈는 극단적인 반사회적인 문제에만 국한하지 않으며 일상생활에서 언제든 일어날 수 있어 인권침해는 사회복지사와 시설운영자에게 심각한 우려를 제기한다. 사회복지시설의 운영자가 이용자 및

2) 이후부터 이용자에게 서비스를 지원하는 직접적인 역할을 수행하는 직원을 사회복지사로 명시하고, 시설의 직원을 설명하고자 때에는 시설종사자 또는 종사자로 기술하겠다.

보호지에 대한 인권침해 예방을 위한 대안을 마련하여 시설운영에 반영하지 않는다면 이와 같은 문제는 지속될 것이다.

2) 인권이해와 사회인식의 확산

인권은 사회복지 분야뿐만 아니라 사회의 모든 집단에 적용된다. 개인적 만남과 친구사이, 가족 간에도 적용되고, 사적 모임에서도 지켜야 하는 것은 물론 조직에 속한 개인과 생계의 터전에도 적용되기 때문에 사람이 모인 모든 곳에는 인권이 적용된다고 볼 수 있다. 사람이 모이는 장소, 문화활동이 있고 어울림이 있는 곳에는 인권이 기반이 되어 관계하고 교류해야 한다는 의미이다. 하지만 인권의 적용은 사회적 현상과 시대적 상황을 반영하고 있어 문화적 생활양식에 따라 달리 해석될 수 있으므로 확장성을 갖고 적용해야 한다.

사람들 간의 교류가 확대되면서, 평등의 실현과 존엄성 보장을 위한 자기결정권 행사 등 개인의 권리보장과 증진에 관한 논의는 이슈가 된 지 오래이다. 개인으로부터, 또는 조직 간에, 나라 간에도 지켜야 할 보편적인 것으로 인식되었다.

인권은 공평한 처우를 위한 인간의 도리임을 천명하고 인간 자체로 대우해야 한다는 것을 의미한다. 인권중심의 사회적 이해가 확산되면 개인의 삶을 증진하고 인간다움을 보장하는 등 사회질서 유지에 기여할 뿐 아니라 '인간다운 사회인지'를 판단하는 것과 '행복정도'를 파악하는 등 사회지표로도 기능한다. 따라서 인간이 생활하는 모든 곳에는 인권이 보장되어야 한다.

3) 이용자에게 인권은 어떤 의미인가

사회복지시설은 시설이용자에 대한 서비스 제공을 위해, 또한 개인적인 처우를 보장하기 위한 적절한 조치를 취해야 하는데 시설의 모든 활동은 생활에 기반해야 한다. 지역사회 활동은 원만한 주민교류에 의해 활동을 촉진하게 되는데 미래의 생활거주지라는 점에서 모든 활동은 생활에 기반하여 지원되어야 한다. 보호자의 요구를 수용하는 것은 개인의 욕구충족을 위한 조치이다. 따라서 시설운영을 가로막는 장벽을 극복하기 위한 장치 등은 이용자의 입장에서 마련될 때 정당성을 갖는다.

위의 논의는 기존의 서비스 제공방식을 재점검해야 할 것을 분명히 한 것이다. 사회복지시설 운영은 사회적 약자, 돌봄이 필요한 사람에 대한 보호적 원리에 기반해야 하는 것은 맞지만 보호만이 강조된 시설운영이나 서비스 제공은 인간다움을 상실하게 만든다.

인권은 인간다운 삶을 위해 필연적으로 보장되어야 하는 이용자의 권리로서 시설생활의 기반이 되는 조건이다. 이용자 간에 관계를 맺는 중에도, 관계를 더 이상 하지 않더라도 지켜야 하는 인간다움에 관한 것이기 때문에 그 이상도 이하도 아닌 현실에서 보장되어야 할 권리이다. 즉 이용자에게 '인권'은 인간으로서 행사할 수 있는 모든 행위 이전에 인간다운 생활을 보장받는 가장 기본적인 것이기 때문에 인권을 어떠한 방식으로 보장하는가는 이용자가 얼마만큼 인간다운 생활을 할 수 있느냐를 판가름한다. 그렇기 때문에 이용자의 인간다운 생활을 위한 다양한 시도와 노력을 통해 양질의 서비스를 보장할 수 있어야 한다. 보장을 위한 모든 노력은 이용자의 권리를 위한 조치이기 때문이다. 따라서 이용자 개인의 권리가 없는 생활은 인간다운 생활이 아니다. 오히려 감옥과 무슨 차이가 있겠는가?

4) 이용자의 권리는 어디까지 보장되어야 하는가

사회복지시설의 운영자와 사회복지사들은 이용자의 인권보장 범위와 처우 지원을 위해 노력하고 있지만 타법과의 충돌 시 적용순위, 신변케어를 비롯하여 생활전부를 지원하는 역할의 과중함 외에 인권침해 예방을 위한 시설지침이 명확하지 않다는 것을 호소하고 있다. 인권은 인간의 권리에 기반한다. 따라서 인간다움을 보장하기 위한 장치 마련은 사회복지시설과 관계된 사람 모두의 과제임에는 틀림이 없다.

인권에 대한 최초의 선언은 버지니아 권리장전과 프랑스 인권선언에 기반한다. 기본권은 헌법에서 보장하는 기본적 권리를 의미하고, 인간으로서 누리는 생태적·천부적인 권리임을 천명하고 있어 독일 등 유럽에서는 기본권을 기본적 인권으로 인식하고 있다. 각 나라의 헌법에서 보장하는 기본적 권리(기본권)는 자유권적 기본권을 보장하기 위해 정치, 경제, 사회적 기본권 등도 인간의 권리와 상호 보완관계에 있기 때문에 보장을 확대하는 추세이다(권영성, 2002; 고명석, 2011: 18).

인권의 특징은 첫째, 인종, 성별, 신앙 및 사회적 신분 등에 구애받지 아니하고 모든 인간이 보편적으로 누리는 권리이다. 둘째, 인간이 인간으로서 생존하기 위해 당연히 누려야 할 고유한 권리이다. 따라서 국가나 헌법에 의해 창설된 권리가 아니다. 셋째, 일정기간에만 보장되는 권리가 아니라 영구히 보장되고 또한 박탈당하지 아니하는 항구적인 권리이다. 넷째, 인간이 향유하는 불가침의 권리이다(국가인권위원회, 2006, 고명석, 2011: 19 재인용).

오늘날 인권 이슈는 사회전반과 학문분야에서 주로 다루는 이슈로 인간을 향한 권리증진의 노력이 가시화되고 있다. 사회복지영역에서 인권은 더할 나위 없이 인간의 복지증진을 위한 실천방법으로 자리매김되었다. 하지만 사회적 약자인 이용자 개인의 권리증진이 복지임을 강조하는 인권기반실천 논의는 최근의 일이다. 그래서인지 적용하는 데 어려움이 있고 인권기반 실천을 위한 서비스 지침 및 운영체계 등의 마련이 미진한 상황이다. 대개 이용자 처우와 서비스 지원에 어려움이 많다는 점이 부각되고, 지원 절차와 지원방식이 인권중심인지 여부와 인권을 향유할 수 있도록 기관운영에 반영되었는지, 사회복지사의 직무와 결부되었는지 등에 관한 논의가 제기되는 정도이다.

이러한 위의 논의의 중심은 운영자의 기관운영방식과 시설종사자의 서비스 제공방식에서 요인된 것으로 우리나라 사회복지서비스의 발전은 1980년대 법제화 이후 급속하게 발전되었다. 수급권자는 재산 등의 조사를 통해 선정되고 자격을 갖췄다면 서비스를 제공하는 방식으로 정책을 추진해 온 것이다. 수급자가 발생하면 보호적 조치를 위해 주거문제를 우선 검토하여 시설입소를 권유하였고, 의(衣)·식(食)의 문제 또한 해결하게 하였다.

하지만 수급권자 자격취득 요건이 복잡하여 통장점검과 재산 여부, 부양가족이 있는 경우 등은 제외된다. 일부의 차상위수급권자는 집은 있으나 소득이 없는 상황에서 국가의 도움을 받지 못하였고, 부양하지 않는 자녀와 연락이 두절된 지 오래지만 자녀가 있다는 이유 등에 의해 수급권자 선정에서 배제되기도 하였다.

5) 인권기반 시설운영이 어려운 이유는 무엇인가

보다 근본적인 문제는 보호조치를 우선하는 서비스 전달방식에 있다. 시설중심의 복지가 발전하여 왔기 때문에 가족의 보호가 더 이상 지원되지 않는다면 시설보호를 강제 받아야 했다. 이는 지역사회 생활이 시설보호로 인해 제한받게 되는 문제를 낳는다. 보호조치 우선은 현재에도 우리나라 사회복지서비스의 일반적인 지원방식으로 지역사회 케어보다 시설중심의 지원이 우세하다. 이는 개인의 권리행사에 치명적인 결과를 유발한다. 즉 보호한다는 명목 아래 이용자의 주거 결정의 권리를 제약하게 될 뿐만 아니라 설사 지역사회에서 생활하겠다고 주장을 하여도 어려움에 노출되어 있으므로 이용자가 할 수 있는 최선의 선택은 시설에 입소하는 것 외에는 없다.

일부 사회복지시설에서 인권문제 및 침해사실이 밝혀지는 이유도 이와 무관하지 않다고 할 수는 없다. 정신요양원의 비자의(非自意)적 입원문제는 개인의 의사와 무관한 인권침해의 대표적인 예로, 타의에 의한 강제적인 구속 행위이다. 개정된 법규에서는 이를 명백한 인권침해로 규정하고 2017년 5월 지역사회 복귀를 판결하였다.

사회복지사와 이용자의 권력관계에 대한 문제 또한 보고되고 있다. 외출조차 사회복지사의 지원과 허락이 있어야만 가능한 시설생활은 이용자의 자유권을 제한하는 행위이다. 사생활이 보장이 안 되는 시설생활은 구속일 뿐이다. 사회복지사가 이용자의 욕구를 지향하고 충족하기 위한 대안을 모색하고 있다고는 하지만 여전히 인권의 사각지대에서 드러나는 문제가 속속 보고되고 있어 인권침해가 심각한 위협이 되고 있음을 알게 한다. 개인생활이 없는 반강제적 프로그램의 참여 등은 개인의 자유권을 침해하는 대표적인 예이다.

하지만 직무과중에 시달리는 사회복지사가 이용자 개인들이 자유권을 행사하며 지역사회를 자유롭게 왕래할 권리를 보장하기 위해 역할하기는 쉽지 않다. 더욱이 프로그램의 시행 후 성과가 있었고 변화가 있었다는 등 만족도 조사결과만을 반영하는 경우가 있는데 지적장애인부터 노인에 이르기까지 질문에 대한 답변을 듣는 방법이 문자로 이루어진 설문지 방식이어서 글을 모르거나 답변하기 어려운 형편에 처해 있는 이용자들에게조차 일률적으로 이루어진 응답을 신뢰할 수 있을지를 확신하기 어렵다.

이러한 문제는 우리나라 시설서비스가 집단지향을 추구하고 있음을 의미한다. 또한 보호중심의 시원이 민연해 있고, 소수의 운영자에게 집중된 관리중심의 지원이 일반적인 상황임을 알게 한다. 시설운영자의 운영방침과 의지에 따라 침해될 수 있고 아닐 수도 있다는 것을 내포하고 있어 인권친화적인 서비스 지원의 필요성이 상당한 설득력이 있다는 것을 알게 한다. 보다 근본적인 문제는 개인의 권리보다 시설중심의 복지정책을 제도화하였기 때문이라는 것을 알 수 있다.

이를 설명하듯 지적장애인 또는 자폐성 장애가 있는 발달장애인 등은 의사표현의 제약으로 인해 권리를 주장하는 경우는 거의 없다. 당사자들은 이러한 보호방식을 수용할 수밖에 없는 피해자임을 확인하게 된다. 따라서 보호중심의 서비스 지원은 뻔한 처우와 단조로운 집단생활에 의한 사적 생활의 제약 등을 예측하게 한다.

타인과 공유하는 공동체 생활의 장기화 및 지속은 집단생활의 익숙함 정도를 적응한 것으로 판단할 소지가 높다. 그렇다면 시설생활에 이의를 제기하지 않는 의존적인 성향을 적응한 것으로 판단할 수 있다는 것이다. 사회복지사의 결정에 따르고 순응하는 생활을 안정적인 이용자의 심리상태로 판단할 소지가 있어 동료와 다투거나 시간을 지키지 않는 행위 등을 문제로 보고 개선해야 할 행동으로 규정할 수 있다.

소극적인 자기주장을 펴고, 결핍된 욕구를 간직한 채 생활해야 하는 답답함, 결정권 없는 생활로 인한 존재감 저하, 공용화된 물건의 사용으로 인한 자기 소유가 없는 무능력의 경험 외에 자유권 행사의 제약, 정해진 시간에 주어지는 과업 등에 대한 참여부담, 식사시간 지키기, 강제적으로 정해진 취침시간 준수 등은 규칙을 준수해야 한다는 갈등을 유발하게 하여 무기력한 생활을 겪게 하는 요인들이다.

더 심각한 문제는 이러한 생활서비스 지원방식이 기관의 운영방침으로 정해지면 서비스를 지원하는 실무담당자인 사회복지사에 의해 강제되기 때문에 따라야 할 규칙으로 정착되어 이용자의 입장에서는 순응할 수밖에 없게 된다는 것이다. 만약 거절이나 개선을 요구하게 되면 이용자와 그 부모, 사회복지사는 갈등할 것이다. 한편으로 이러한 생활패턴을 수용하고 포기하는 생활이라면 그는 문제가 없는 괜찮은 이용자로 인식될 것이다.

따라서 공동체 생활이라는 실정에 맞추되 시설이용자의 자유를 보장할 수 있는 있는 수준의 처우 개선이 필요하다. 또한 기존 사회복지시설의 운영구조를 복지증진을 위한 인권시스템으로 체계화해야 한다. 사회복지사의 인권지킴이 역할이 강화되어야 하는 것은 물론 인권침해 예방을 위한 시설의 운영체계 마련 또한 시급하다. 이용자의 권리보장을 위한 조치를 취하지 않는다면 인권침해문제는 지속적으로 발생할 수 있음을 어느 정도 예측하게 된다. 구조적으로 인권친화적인 시설생활로 개선하지 않는다면 인권문제는 시설을 옥죄는 과제로 남을 것이라는 것을 알게 한다.

2장

인권의 이해

1. 인권의 정의

1) 인권의 개념

인간은 태어나는 순간부터 다른 사람과 차별없는 동등한 존재로서 인간다운 생활을 통해 존재감을 갖는다. 개인의 존재감은 인간이기 때문에 당연히 추구되고 추구해야 할 권리이다. 개인의 권리를 보장하고 보장받는 생활은 인간다움을 권리로 인식하고 인격적인 인간관계에서 비롯된다. 따라서 인권은 삶의 주체로서 개인의 고유한 정체성을 권리로 누리는 생활을 의미한다.

타인의 권리를 존중하지 않고 신분과 외모, 빈부 등을 문제삼아 문화적으로 배제시키거나 처지를 이용하여 차별하는 행위는 인권을 침해한 것이다. 인간의 권리는 개인의 신분 또는 처지에 따라 보장되는 것이 아니며 법률과 정책, 제도를 초월하여 인간이기 때문에 존재감을 갖고 보장받는 권리주체이다. 따라서 가정에서부터, 사회생활을 하면서 어느 곳에 있든지 장소와 상관없이, 개인들이 모여 있는 곳에는 인권이 보장되어야 하고, 사람들 간에 지켜지고 보장되어야 할 권리가 인권이다.

따라서 인권을 한마디로 규정하기는 어렵다. 인권은 시대마다, 사회적 상황에 따라 변화되고 풍부하게 변화된 개념이기 때문이다. '사람이기 때문에 당연하게 갖는 권리로서 사람답게 살기 위해, 또한 사람답게 살아가기 위해 반드시 보장되어야 할 권리'이다(김형식 외 역, 2001; 고명석, 2011: 14).

인간의 존엄성과 평등권리는 태어나는 순간부터 갖게 되므로 타인에게 넘겨 줄 수 없다. 인권은 누구나 가진다. 인권은 법에 따라 보장되는 권리로서 일부의 권리에 한정하지 않는다. 따라서 법에 명시되지 않더라도 인간의 존엄성을 보장하는 것이라면 인권에 포함되고 모든 생활에 반영되어야 한다(고명석, 2011: 14).

인권(人權) 개념은 영어와 불어의 인권과 관련된 용어를 번역한 것으로 중국과 일본에서는 민권(民權)으로 사용되었다. 1946년 포츠담선언(Potsdam declaration) 제10항의 'fundamental human rights'를 '기본적 인권'으로 번역하면서 인권은 한자 문화권에서도 보편적으로 사용되었다(국가인권위원회, 2015a: 26 재인용). 독일에서는 인권을 인간의 권리로 사용하였고, 영어권에서는 자연권이라는 용어를 사용하다가 프랑스혁명에서 공포된 '인간과 시민의 권리선언(Declaretion des droits de Phomme et du citoyen)'에서 사용된 'droits de I'homme'를 토머스 페인(Thomas Paine)이 1791년 '인간의 권리(Rights of Man)'로 번역하면서 유래하였다(Paine, 1987; 안치민, 2003; 국가인권위원회, 2015a: 26-27 재인용).

하지만 'man'이라는 단어가 여성의 배제 또는 차별한다는 오해가 있을 수 있다는 반론이 제기되면서 'human rights'로 사용하게 되었다. '권리(rights)'는 '옳다(rectitude)'는 의미와 '어떤 것을 요구할 수 있는 자격(entitlement)'이라는 의미이다. 따라서 인권의 의미는 '옳은 것, 정당한 어떤 것을 요구할 수 있는 자격'을 내포하고 있다(류은숙, 2009; 국가인권위원회, 2015a: 27).

인권(human rights)의 용어는 17~18세기 자유주의 사상에 입각한 자연법 사상에서 유래되어 시대마다 다양한 개념으로 정의되어 왔다. 인권은 정태적인 개념이 아니며 시대 상황과 사람 간의 상호작용을 통해 구성되는 등 진화하는 역동적인 개념이다(Ife, 2000; 국가인권위원회, 2015a: 27).

따라서 인권에 대한 이해, 관점, 서술하는 방식에 따라 개념정의는 차이가 있으며, 오늘날 인권의 보편적인 이해는 인간이기 때문에 갖는 천부적인 권리, 또는 인간이기 때문에 존엄성을 보장받는 권리라는 이해이다. 인권에는 평등권리 또는 차별받지 않을 권리 외에 「인권에 관한 국제규약」과 「세계인권선언」 등에서 규정한 권리로 이해하는 것이 일반적이다. 사전적으로는 '사람답게 살기 위해 필요한 것을 누리기 위한 기본적 권리, 자연인으로서의 당연한 권리'로 정의하고 있으며, 세계인권선언에서는 '인간이 지닌 권리'로 정의하고 있어 인권은 인간이기 때문에 갖는 선천적인 권리이고, 인간 자체로서 존엄하고 인정받아야 하며 인간다운 생활을 위해 필요한 본질적인 권리인 것으로 정의하고 있다(국가인권위원회, 2015a: 28-29).

고명석(2011: 14-15 재인용)은 인권은 다음의 의미가 포함되어 있다고 하였다. 첫째, 법률 및 관습의 정당성을 판단하는 기준이 되어 근본적으로 국가권력을 제한한다. 둘째, 인권의 보편성으로 인권은 모든 인간이 평등하게 향유하는 것이어야 하고 모든 특권개념과는 반대된다. 셋째 인권의 상호의존성에 관한 것으로 특수한 입장에 있는 개인이나 집단의 권리는 다른 사람의 권리나 공동의 이익을 위하여 필요한 만큼만 제한되어야 한다. 넷째, 인권의 불가분성으로 인권은 내재된 일부의 권리 구현으로는 보장될 수 없고 전체가 실현될 때에만 완전히 보장되는 권리이다.

학자들의 정의를 정리하면 인권은 인간다움에 관한 것이다. 인간으로서 누려야 할 생활에 관한 모든 영역에서 보장받는 권리이다. 제도와 정책, 각종의 규제들이 개인의 권리를 제재해서는 안 되고 사람들과 교류하는 중에도 원하는 것들을 방해받지 않는 상황에서 바라는 기대를 채우기 위해 또는 살아가는 데 필요한 것들을 얻기 위해 시도하는 모든 행위는 보장되어야 한다. 이렇듯 권리는 타의에 의해 구속되어서는 안 된다. 살아가면서 추구하는 모든 것들은 보장받고 누릴 수 있어야 한다는 대의의 원칙으로 개인의 능력과 상관없이 인간이기 때문에 보장받아야 할 당연한 권리이다.

따라서 인권은 상대의 태도와 마음가짐에서 우러나오고 존중하는 태도에서 인식되는 상호적인 것이다. 인격적인 인간관계의 기본원리로서 개인 간의 존중에 의해 지켜지는 기본적 권리인 것이다. 개인간의 상호 존중을 통해 보장되기 때문에 타인에 대한 선의행동 정도에 따라 지켜지고 보장되지 않을 수 있다. 따라서 더 확장된 개념으로 발전시켜 가면서 추구해야 할 인간관계의 토대라고 할 수 있다.

2) 세계인권선언(Universal Declatation of Human Rights, 1948)

「세계인권선언」 제1조는 "모든 사람은 태어날 때부터 자유롭고 동등하며 존엄성과 권리를 가진다. 사람은 천부적으로 이성과 양심을 갖고 있으며, 서로 형제애의 정신으로 행동하여야 한다."고 하였으며, 제2조는 "모든 사람은 인종, 피부색, 성, 언어, 종교, 정치적 또는 그 밖의 견해 및 민족적 또는 사회적 출신, 재산, 출생, 기타의 지위 등에 따른 어떠한 종류의 구별도 없이 이 선언에 제시된 모든 권리와 자유를 누릴 자격이 있다."고 선언하였다.

세계인권선언은 시민적, 경제적, 정치적, 문화적, 사회적 권리를 포괄하고 있으며, 인류를 위한 자유와 규칙을 규정한 선언이다. 하지만 법률적인 구속력이 없는 윤리적 규정이다(UN Centre for Human Rights, 이혜원 역, 2005: 63).

「세계인권선언」에서 다루는 사항은 자유와 권리를 중심으로 시간과 장소에 구애받지 않는다. 의무를 포함하고 있으나 법적인 구속력이 없으며 시대의 흐름에 따라 해석을 달리하는 등 국가적, 사회적 변화를 반영하고 있다. 세계인권선언의 핵심내용은 언론의 자유, 공포로부터의 자유, 신앙의 자유, 욕구로부터의 자유에 관한 내용으로 1941년 프랭클린 루스벨트가 의회에서 밝힌 내용에 기초한다. 주요 연합국들은 전쟁 종료 후에 평화유지와 인권을 보호해 줄 국제기구의 필요성을 절감하면서 국제연합, 즉 유엔(United Nations)을 설립하였다. 유엔의 인간 권리, 즉 인권에 대한 합의는 인간의 권리와 존엄성, 가치에 대한 신념을 확고히 하고 결의를 통해 인종, 성별, 종교, 언어적 차별 등을 배제하면서 인권과 인간의 기본적 자유에 대한 존중을 촉진하고 장려해야 한다는 것이다(양옥경, 2017: 167-168).

3) 유엔헌장(Charter of the United Nations, 1945)

「유엔헌장은」 총 19장 111조로 구성되어 있다. 유엔의 헌법은 회원국의 권리와 의무를 명시하고 절차를 규정하고 있는 국제조약으로 주권과 평등, 국제관계에서의 무력사용 금지 및 모든 인간의 기본권 향유에 이르기까지 국제관계의 주요 원칙을 성문화하였다. 제1조 2항은 "사람들의 평등권 및 자결 원칙의 존중에 기초하여 국가 간의 우호관계를 발전시키며, 세계 평화를 강화하기 위한 기타 적절한 조치를 취한다."고 하였으며 제3항은 "경제적 · 사회적 · 문화적 또는 인도적 성격의 국제문제를 해결하고 또한 인종 · 성별 · 언어 또는 종교에 따른 차별 없이 모든 사람의 인권 및 기본적 자유에 대한 존중을 촉진하고 장려함에 있어 국제적 협력을 달성한다."고 명시하고 있다(외교부, 2011).

유엔 창립회원국들은 1945년 6월 26일 유엔헌장을 채택하여 서명하였고 동년 10월 24일 반포하였다. 유엔헌장 전문에는 기본적 인권, 인간의 존엄, 평등권에 대한 신념을 확인하고 회원국들의 의무사항을 명시하였다. 인권을 지키고, 자유를 존중하면서 촉진하는 결의를 통해 국제적 협력을 달성하려는 목적이 있다(양옥경, 2017: 168-169).

4) 인권에 관한 국제규약(Intermational Covenants on Human Rights, 1966)

인권에 관한 국제규약은 인권침해 여부를 판단할 수 있는 국제적인 승인 기준을 규정하여 채택하였다. 먼저, 시민적 · 정치적 권리에 관한 규약과 경제적 · 문화적 · 사회적 권리이다. 위 규약은 첫째, 자기결정권리, 둘째, 남성과 여성의 동등한 평등 · 성별 · 종교인종에 의한 차별 금지, 셋째, 불가분성의 원리로 정치적 · 시민적 자유, 경제적 · 문화적 · 사회적 기준 간의 필수불가결한 상호 의존성이다(UN Centre for Human Rights, 이혜원 역, 2005: 63-65).

따라서 사회 안에서 적절하고 만족스럽게 살아가고 인간다운 생활을 향유하도록 돕는 사회복지의 본질적 가치를 실현하는 대안으로 인식되고 있는 인권은 인간이 가치 있는 존재임을 알게 한다. 인권중심의 사회복지실천의 중요성은 인권이 복지이고, 사회복지 이념을 실현하는 유일한 대안이 인권이므로 인권이 토대가 되어 사회복지 이념을 실현할 수 있기 때문이다.

2. 인권의 특징과 유형

1) 인권의 특징

인권(human rights)은 인간이기 때문에 갖는 권리임을 앞 장에서 소개하였다. 법률에서 정하고 있는 제도, 문화, 사회적 지위와는 별개로 인간으로 태어났다는 자체로서, 또한 인간이기 때문에 자연스럽게 갖게 되는 자연적 권리임을 분명히 하였다. 인권은 실정법에서 정한 모든 법률상의 지위를 초월하는 권리로 개인들이 생활하는 모든 곳에 적용된다.

UN에서는 인권의 특징을 다음과 같이 소개하고 있다(양옥경, 2017: 142-146).

(1) 천부성

천부성은 태어날 때부터 타고나는 인간의 특성을 말한다. 태어나는 순간부터 고유한 권리를 갖게 되기 때문에 존엄성을 부여받는다. 고유한 인간의 특성은 태어나는 순간 부여되고, 권리를 갖는 존재로서 천부성은 인간에게만 주어지는 권리이다. 따라서 인간에 대한 존중은 세계의 자유, 정의, 평화의 기초라고 할 수 있다(UN Center for Human Rights, 이혜원 역, 2005: 25).

(2) 보편성

인권의 보편성은 인간이기 때문에 부여되는 당연한 권리로서 임의적인 노력을 통해 얻는 것이 아니라는 개념이다. 개인의 노력과 사회적인 제도의 마련 또는 법규의 제정 등 후천적으로 획득되는 권리가 아니며 개인뿐만 아니라 상대, 집단, 사회, 국가 등을 포함하는 고유한 권리이다(국가인권위원회, 2006). 즉 차별 없이 모든 사람이 인권을 향유하는 것을 의미한다(UN Center for Human Rights, 2005: 25-26).

따라서 사회복지사는 배경, 장애 등의 조건, 개인적 취향, 빈부차이 등과 상관없이 이용자라면 누구나 동등한 권리를 가졌다는 것을 인식해야 한다. 이는 사회복지실천의 가치인 무조건적인 긍정적인 기대를 갖고 이용자를 처우하는 것을 말한다.

보편성은 일반성 또는 공통성으로 이해되는데, 인간은 공통적으로 공유하는 특성이 있고 일반적인 현상이라는 데 초점을 둔다. 예를 들면 인간은 누구나 먹어야 하고 숨을 쉬고 생활하기 위해 일을 한다. 따라서 쉴 수 있는 주거지에서 생활하면서 의·식·주의 기본생활을 향유하는 데 필요한 것들을 충족해 가며 살아가는 존재이다. 누구나 이러한 것들이 충족되어야만 살아갈 수 있다. 의(依)와 식(食)과, 주거지(家)는 다를 수 있으나 공통적으로 소유하고 유지해야만 살아갈 수 있는 것은 필연적인 충족조건이다. 하지만 충족되지 못할 수 있는데 인권은 바로 인간이 필수불가결하게 누려야 할 기본적이고 공통적인 생활을 유지하는 데 필요한 요소들을 충족시키는 보충적인 역할을 한다(Reichert, 2011: 5).

하지만 인권의 보편성은 사회 내·외의 모든 사람이 같음을 의미하는 것이 아니며 또한 모두에게 동일하게 적용해야 한다는 것을 의미하지 않는다. 오히려 개인들과 개별 집단 간의 차이를 인정하는 등 다양성을 수용하는 것을 말한다. 따라서 보편성의 수용과 인정은 개인과 집단 등의 다름을 인정하고 차이를 수용하는 데 있다. 즉 다름의 문화를 이해하고 각각의 문화적 다양성을 존중하면서 서로 다른 차이를 인정하는 것이다. 서로 다른 문화의 수용은 동일한 방식으로 동일하게 적용하는 것이 아니라 오히려 다름을 수용하고 존중하는 것을 의미한다. 보편성은 개인들이 존재감을 갖도록 하면서 인간의 권리를 회복하는 것이다(Reichert, 2011: 7).

하지만 보편성을 오해하면 다른 문화, 다른 국가의 인권기준을 이해하지 못하게 된다. 국가의 상황과 다른 문화, 법률적 제도, 정책 등과 충돌하여 국민들이 생각하고 이해하는 수준에서 폄하되는 등 갈등의 소지가 있다. 이러한 갈등은 때로 다른 국가의 문화를 이해하지 못해 발생하기도 하는데, 빈곤 문제 등과 같이 해당 국가의 문제만을 집중적으로 다루다 보면 내정 간섭으로 비쳐지기도 한다.

(3) 불가분성

불가분성은 인권을 설명하는 데 있어 보편성과 같이 중요한 개념이다. 개인에게 부여된 인권은 누구에 의해서도 나뉠 수 없다. 인권은 자신에게만 속해 있는 고유한 권리로서 인권을 지키고 실현하려 할 때에는 어떤 개인의 인권은 존중하고 다른 어떤 이의 인권은 무시하는 등 선택적으로 행동해서는 안 된다(Reichert, 2011: 7).

불가분성의 또 다른 의미는 인권 자체로서 하나임을 의미한다. 인간이 식사를 해야 하는 인권이 중요한 것처럼 거주지 선택에 관한 인권은 중요하지 않다는 식의 우선순위에 의해 선택적으로 나뉠 수 없다는 것이다(이샤이, 2008: 372; Glendon, 2001: 172). 인권은 개인적인 것으로 그 자체로서 존중되어야 한다.

(4) 불가양성

불가양성은 불가분성과는 다른 의미가 있는데 인권은 개인이 소유하는 고유한 권리이므로 타인에게 양도할 수 없고, 개인 또한 다른 사람의 인권을 침해하거나 탈취할 수 없다는 것이다. 이에 대해 UN은 "특정 개인이나, 집단, 국가가 다른 사람들의 권리를 빼앗거나 침해하려 하였을 때 또는 위협하는 등 유사한 형태의 행위를 하게 될 때 권리를 제한할 수 있다."고 명시하였다(UN Center for Human Rights, 2005: 26).

최근 이와 유사하게 불가양성이 침해되는 사건이 뉴스를 채우는 등 우려스러운 일들이 발생하고 있다. 즉 서비스를 지원하는 과정에서 이용자에게 폭력을 당하거나 신체적 접촉 등을 당하면서 사회복지사가 보호받지 못하는 것 등이다. 불가양성은 이용자의 인권을 지키는 일체의 노력을 시행하면서 사회복지사의 인권 또한 지켜져야 한다는 것을 의미한다.

2) 인권의 유형

인권은 개인의 권리를 보장하기 위해 세 가지 단계로 발전하면서 보편적인 개념으로 알려지게 되었다. 시대적 상황에 따라 개인의 권리에서 사회권으로, 더 나아가 집합적 연대 권리로 발전하면서 인간의 권리를 조명하고 삶을 질을 높이려는 시도를 통해 발전해 왔다. 인권의 유형은 개인의 권리침해에 대한 억압에 저항하려는 소극적인 활동에서 평등한 참여라는 적극적인 권리로 발전하였다.

세부내용을 살펴보면 다음과 같다(양옥경, 2017: 146-147).

(1) 1세대 인권: 자유권

자유권은 개인의 억압, 불리에 대한 시민적 권리이다. 개인적 권리는 자유권 또는 시민권과 정치권 등이다. 개인주의에 기반하고 기본적 자유를 누리는 데 목적이 있다. 신체의 자유, 투표권, 언론의 자유, 차별(성별, 종교, 장애, 나이, 사회적 신분, 출신지역, 출신국가, 출신민족, 신체적 조건, 혼인 여부, 임신 또는 출산, 가족형태 또는 가족상황, 인종, 피부색, 사상 또는 정치적 의견, 형의 효력이 실효된 전과, 성적 지향, 학력, 병력 등을 규정하고 있음)을 받지 않을 권리 등을 포함한다. 1세대 인권은 개인의 가치에 대한 자유주의적 견해에 기초하고, 공권력 등으로부터 보호하는 것이 강조되기 때문에 소극적인 권리로 이해된다(국가인권위원회, 2006, 고명석, 2011: 30-31 재인용).

1세대 인권은 인권의 문제가 대두되면서 최초로 국제사회가 인정한 권리이다. 개인의 자유로운 의사결정을 비롯하여 자유롭게 권리를 행사하는 데 목적을 둔 권리이다. 자유권은 선거의 참여를 비롯하여 결사결정, 참정권리, 언론 참여, 자유로운 자기표현, 종교 활동의 선택, 재판받을 권리 등 개인의 의사에 따라 자유롭게 활동할 수 있는 권리이다.

이렇듯 1세대 인권은 개인의 자유로운 결정권 보장에 초점을 두고 있어 소극적 권리라고 할 수 있다. 개인의 자유권 권리는 국가 및 지역사회에 의해, 또는 강자가 약자에게 행사하는 힘의 관계에 의해 침해될 수 있다. 따라서 자유권의 보장은 국가와 사회의 적극적인 개입이 있어야만 보장된다.

자유권은 인간다운 생활을 위해 반드시 실현되어야 할 권리이다. 따라서 제도적 장치 마련, 법규의 보호 등을 통해 보호되고 보장되어야 할 권리로서 인간다운 생활을 향유하고 누려야 할 인간생존과 존엄을 위한 권리이다.

(2) 2세대 인권: 평등권 또는 사회권

2세대 인권인 평등권은 사회적, 경제적, 문화적 권리를 누릴 수 있어야 한다는 사회적 권리 행사에 관한 것으로 개인의 잠재력을 발휘할 수 있도록 기회를 부여하고 실현하는 데 목적이 있다. 따라서 평등권은 개인의 잠재력과 기회 부여를 통해 실현되는 권리이다. 적정한 임금을 받을 권리, 적절한 교육을 받을 권리, 취업을 하여 사회생활을 할 권리, 문화생활을 할 권리, 의료 서비스를 받을 권리, 레크리에이션과 여가를 즐길 권리, 사회보장을 통해 안전하게 생활할 권리, 존엄하게 노령기를 보낼 권리, 주거권, 적절한 의복과 음식을 섭취할 권리 등을 포함한다.

하지만 사회권을 보장하기 위해서는 국가와 지방자치단체가 권리보장을 위해 안정적으로 사회보장급여를 확보해야 하는 과제가 있다. 평등하고 공평하게 배분하기 위한 제도적 노력과 정책들을 효율적으로 시행해야 하는 책임이 따른다.

국가는 정책을 시행하기 위해 충분한 사회보장급여 등 재원을 확보하고 평등을 실현할 수 있는 안정된 제도적 장치를 마련해야만 완성되는 권리이다. 따라서 이러한 장치 마련은 사회권에 대한 이해가 높아야만 추진될 수 있다. 이를 위해서는 추가적인 재정 부담에 대한 국민들의 인식이 성숙되어야 한다. 2세대 인권의 이슈는 국민의 부담을 가중시키면서 차등 없이 사회권을 실현할 수 있는가 등 2세대 인권을 보장하기 위해서는 국가의 적극적인 정책의지가 수반되어야 한다. 그렇지 않다면 조세증가 등에 의해 국민의 부담만 가중시키기 때문이다.

2세대 인권은 권리보장을 위해 제도를 보충하는 것이 아니라 실질적으로 보장하기 위한 제도적 장치가 마련되어야만 보장되기 때문에 사회보장제도는 충분하고 적절한가, 이를 감시하기 위한 장치가 마련되어 있는가 등을 고려해야 한다. 따라서 법규 마련 후 사회보장제도가 충분히 안정되어야만 실현되는 권리이다.

(3) 3세대 인권: 집단적 연대의 권리(집합적 연대의 권리)

집합적 연대의 권리는 최근에 부각된 권리이다. 자연권과 사회권이 인권의 발달에 의해 계속 진화해 온 것처럼 기본권 보장체계가 변화되는 현상이 곳곳에서 발견되고 있다. 집합적 연대의 권리는 사회권으로 볼 수 없는 독특한 성격이 있어 전통적인 인권의 개념에서 한 단계 진화된 것이라 할 수 있다.

이러한 변화는 기본권의 역할 증대와 보호영역의 확장이라는 측면에서 이해된다. 오늘날 기본권의 보장은 국내뿐만 아니라 국제법을 통해 권리보장의 범위가 점차 확장되고 있어 일부 국가에서는 지역적 인권규약의 실효성이 높은 것으로 보고되고 있다.

따라서 3세대 인권은 집단적 수준에서 정의될 때에만 의미가 있는 권리이다. 개개인에게 적용되기보다 전체국민, 지역사회, 사회 또는 국가에 해당되는 권리로서 경제개발 및 경제성장을 통해 혜택받을 권리, 오염되지 않은 공기로 숨 쉴 권리, 깨끗한 물을 마실 권리, 자연을 즐길 권리 등 환경을 마음껏 즐길 권리이다. 국가인권위원회(2006)는 집단적 권리는 식민지 국민들의 경제적, 사회적 개발에 대항하는 투쟁 등에 의해 최근에야 인식되고 있는 인권이며, 선진국에 비해 정치적, 경제적으로 불리한 여건에 놓여 있는 개발도상국과 저개발국을 중심으로 이해되는 권리라고 하였다(고명석, 2011: 32-33 재인용).

3세대 인권은 개인의 권리보장에 관한 내용을 포함하지만 보다 포괄적인 차원에서 이해되어야 할 권리로서 쾌적한 자연환경의 확보와 유지 등의 중요성에 의해 부각된 권리이다.

3) 인권유형의 시사점

(1) 1세대 인권

1세대 인권은, 개인적 차원의 억압과 제약을 개선하고 보장하기 위한 권리이다. 개인의 권리를 제한하는 상황은 다양하고 일상생활을 살아가는 중에, 또는 사회생활을 하면서 등 사람이 모여 활동하는 모든 곳에 적용되는 권리이다.

Tip

어린이집 영유아의 인권은 보호적 조치를 우선하는 교사의 '하지말라'는 지시에 의해 침해당할 수 있다. 교도소 재소자들이 교도관에 의해 활동할 공간을 지정받고 정해진 식사시간 내에 식사할 것을 강제 받는 것, 의견을 마음대로 표현하지 못하는 제재 등은 자유권을 침해받은 것이다. 대학입시를 준비하는 학생들이 성적의 압박 속에 학업을 지속해야 하고 교칙으로 인해 의사표현을 제재받는 것, 빈곤가정의 가장이 일자리가 없다는 이유로 이웃들로부터 무시를 당한다면 인권을 침해당한 것이다. 시설에 입소한 자녀를 보호자가 만나지 못하거나 외출 등을 제한받는다면, 또는 환자가 의사의 지시를 무조건 수용하면서 자신의 의견을 얘기하지 못한다면 권리를 침해받은 것이다.

개인의 자유권 침해는 사회생활에서도 언제든 발생할 수 있다. 외국인 노동자의 임금착취, 의료보험 미적용, 결혼이주여성에 대한 폭력 등 한국사회의 부조리 사례가 속속 보고되고 있어 권리침해가 심각하다는 것을 알게 한다.

최근에야 권리회복을 위한 조치들이 개선되고 있는데, 정신장애인시설 또는 병원에 입원한 정신질환자들이 예이다. 기존에는 보호자 1인과 가족의 동의에 의해 또는 경찰 등 관계된 사람들의 신고 등에 의해 입소를 동의한 타의에 의한 비자의적인 입소가 강제되었다. 지난 2017년 5월 타의에 의한 비자발적인 강제입소에 관한 법률이 개정되었다. 이후 타의에 의한 입소자는 자발적인 입소결정이 아니라는 확인을 받게 되면 퇴원이 가능하게 되었다. 하지만 그들의 문제는 지역사회로 복귀하여도 원가족들의 반대에 부딪히면서 가정으로 돌아가지 못한다는데 있다. 더욱이 지역사회는 정신질환자에 대한 이해부족과 부정적 인식 등으로 인해 거처할 곳이 마땅치 않은 상황이다.

그럼에도 비자발적 입소환자가 자의적 퇴원을 결정하도록 개정된 법률은 정당하다. 여전히 우리 사회가 1세대 인권인, 자유권 권리침해를 타인에 의해 강제하고 있음을 보여 주는 사례로 아직도 자유권에 대한 이해가 부족하다는 것을 알게 한다. 타인의 자유를 구속할 수 없다는 금번 조치는 자신의 권리를 보호하려 한다면 타인의 권리 또한 보장해야 하고, 타인의 권리를 자신의 권리처럼 보호하고 지켜야 한다는 인식의 공유만이 해결방법임을 확인하게 한 조치이다.

이와 같이 인권침해를 누가 개선할 것인가에 대한 논의에서 어떠한 방식으로 개인의 자유권 권리를 보장할 것인가를 사회적 차원에서 합의한 사례라고 할 수 있다.

(2) 2세대 인권

2세대 인권은, 국가 및 사회적 차원에서 보장되어야 할 권리이다. 개인들의 활동을 통해 사회가 운영되는 것처럼 개인 간의 상호작용 과정에서 존중에 의해 2세대 인권은 발전한다.

어떤 이는 취업을 하였지만 직장에서 요구하는 기대를 충족하기 위해 60시간, 65시간을 근무하면서 성과달성에 매진한다. 사회복지시설의 종사자들은 주 40시간 근무와 12시간의 시간 외 수당이 보장되기는 하지만 1일 2교대로 12시간을 근무해야 한다. 09시에 출근하여 09시에 퇴근하는 근무형태를 감수하면서 회의와 행사가 있으면 참여해야 한다. 과연 여가·문화생활권리를 보장받는다고 할 수 있겠는가.

이러한 문제는 사회복지분야에서 오랫동안 이슈가 되어 온 것으로 시설종사자의 사회권이 침해되고 있다는 보고는 무수히 제기되어 왔다. 그럼에도 사회적 이슈로 다루어지지 않는 이유는 사회복지시설에 대한 부정적인 인식에 대한 부담과 시설을 회피하는 분위기 등 사회적 인식이 영향을 미쳤다고 할 수 있다. 따라서 사회권 보장을 위한 제도의 개선이 필요하다. 개인의 노력도 중요하지만 '사회적 차원에서 보장되어야 할' 국민의 2세대 인권을 보장하는 것은 국가 및 사회의 역할이기 때문에 사회권 보장을 위한 제도 개선이 더 중요하다는 것이다.

2세대 인권을 보장하기 위해서는 개인의 권리보장을 위한 제도적, 법률적 장치가 견고해야 하고 사회적 인식이 성숙되어야 한다. 하지만 국가가 의지를 갖고 법과 제도적 장치를 마련해야만 보장되고, 재원의 마련이 충분해야만 실현되는 권리이다. 사회 구성원 또한 성숙된 시민의식을 갖고 자발적으로 참여해야만 실현된다는 제약이 있어 나라별, 지역별로 차이가 있는 인권이지만 반드시 실현되어야 할 권리이다. 왜냐하면 2세대 인권이 침해를 당하면 불평등을 초래하기 때문이다.

(3) 3세대 인권

3세대 인권은, 집합적 연대의 권리로 다수의 집단과 국가가 포함된 지구사회 전체를 망라하는 권리이다. 환경의 파괴는 국가와 개인들에게 치명적인 문제를 야기시킨다. 공기가 오염되었다면 사회와 개인들에게 치명적인 문제를 유발한다. 기름유출 등에 의한 바다 오염은 생계를 위해 고기를 잡아야 하는 어부들이 생업을 포기하게 만들고 고기를 먹는 자국민의 건강에도 심각한 위험이 된다.

저개발 국가인 브라질의 경우 외국계 회사의 난립과 값싼 자국국민들의 노동력을 통해 목재를 생산하고 있지만 생태환경 파괴의 요인이 되고 있다. 아마존은 지구환경의 4분의 1에 해당하는 이산화탄소배출을 감소시키는 산소공급처라는 점에서 자국의 경제력을 높이기 위한 개발도상국의 문제가 전 세계적인 문제가 되고 있다. 중국의 스모그는 우리나라 국민들의 건강에 치명적으로 영향을 미치고 있다. 미세먼지를 주의하고 마스크를 쓰라는 등 건강에 유의하라는 뉴스가 연일 보도되고 있다. 그럼에도 중국발 황사가 심각하다는 보고만 할 뿐 대책을 마련하지 못하는 상황이다. 이와 같은 사례는 자국의 이익을 위한 조치 등이 전 세계적인 문제로 나타난다는 것을 말해 주고 있다.

3세대 인권은 자연재해를 비롯하여 환경의 문제와 공해 등 각 나라의 상황이 심각하여 국가 또는 사회적으로 연대하여 문제를 해결해야 한다는 점에서 집합적 연대의 권리이다.

• 자유권과 사회권, 집합적 연대 권리의 관계

자유권의 핵심은 자기결정 권리이다. 1세대 인권인 자유권의 보장은 사회권 권리를 행사하는 데 중요하다. 2세대 인권인 사회권은 개인보다 국가의 제도적 보장을 통해 완성된다는 점에서 사회권의 추구는 개인들의 풍요로운 생활을 위해 상관성을 갖는다. 3세대 권리인 집합적 권리는 자국의 발전을 위해 성장 동력을 갖게 하였지만 저개발국가는 환경오염과 자연파괴 등의 문제를 야기하게 되어 종래에는 자국 또한 문제에 직면하게 된다는 최근의 권리이다. 따라서 선진국과 개발도상국의 역할을 강조한 권리이다.

하지만 우리나라의 인권 수준은 2세대 인권과 3세대 인권보다 1세대 인권인 기본권을 중심으로 자유권 권리보장을 위한 논의가 주로 제기되어 왔다. 사회권 보장 논의는 사회서비스를 중심으로 민간사회복지시설의 여가·문화생활을 위한 재정보조 수준이어서 이 또한 보장정도가 낮다고 할 수 있다. 이는 개인의 권리보장이 취약하다는 것을 의미하고 사회권 또한 부실하다는 것을 의미한다.

따라서 사회권 보장은 국가와 사회의 성숙된 인권수준과 인간에 대한 존엄성을 보장하는 강력한 실행 의지가 있어야만 실현되는 권리이다. 국가의 의지를 통해 사회보장 제도를 정책으로 연계시켜야 하고 국민의 복지 체감수준을 높이기 위한 실효적인 정책이어야 한다. 결국 체감되지 않는 정책과 제도는 허구에 불과하다.

하지만 사회권을 인권으로 인정하지 않는 논의가 일부에서 제기되고 있다. 그 이유는 첫째, 이행가능성의 문제로 실현이 가능해야 하는데, 완전 고용과 의료보장 등은 국가의 경제상황 등에 따라 실현되지 못할 소지가 있기 때문이다. 둘째, 보편성과 일반성의 문제가 제기된다. 인권은 모든 사람들이 누리는 개인의 권리로서 타인에게 양도할 수 없다. 따라서 타인에게 해악을 끼치지는 말아야 할 의무를 모든 국민에게 부여할 수 있지만, 이들을 구할 책임을 모든 사람들에게 요구할 수는 없다. 따라서 인권의 보편성과 일반성 측면에서 인권으로 보기 어렵다는 주장이다(고명석, 2011: 34-35).

지금까지 논의한 인권에 대한 이슈를 종합하여 보면, 현행 법규에 우선하는 것이 인권이다. 인권은 제도적 권리 및 실정법적 권리보다 우선한다. 이는 실정법의 권리가 인권 형성 등의 평가기준이 아니라, 인권이 실정법적 권리의 내용을 형성하고 평가하는 규준이 된다는 것이다. 따라서 인권을 침해하는 실정법은 정당하지 못하고, 부당함은 단순히 도덕적 부정에 지나지 않는 것이 아니라 법적인 성격을 갖는다. 이는 인권을 침해하는 법률은 법이 아니라는 것으로 실정법보다 강한 우선성을 갖는다는 것이다(국가인권위원회, 2003; 고명석, 2011: 30 재인용).

3. 인권감수성

타인의 처지와 상황을 충분하게 이해하고 받아들이는 공감을 인권감수성이라고 한다. 타인이 어떠한 처지에 놓여 있든 간에 그를 존중하고 권리를 보장하는 인권의식을 말한다.

인권감수성은 일상의 공감, 희로애락(喜怒哀樂)을 즐기는 존엄에 대한 이해 등이 많아질 때 형성되기 때문에 타인을 위한 평등과 자유, 존엄에 대한 다양성을 공감해야만 감수성이 높아진다(국가인권위원회, 2015b: 8). 따라서 인권감수성이 높은 사회는 주민들 간에 공감하는 공동체 의식이 강하다. 어려운 상황에 노출된 사람들을 돕기 위한 자발적인 참여가 활발하다.

인권감수성은 인권의식을 높이는 목적도 있지만 우리 사회의 공동체 의식의 함양과 서로를 위한 것들을 나누려는 의도가 있어 사람 간의 협력이 활발하고 서로를 이해하려는 인권감수성에 민감하게 반응하면서 참여에 적극적이다. 즉 자발성, 배려, 존중, 인간에 대한 외경심, 타인의 처지를 이해하는 데 있어 협력을 위한 논의가 활발하고 적극적으로 행동한다.

국가인권위원회(2002)는 인권감수성을 "인권문제가 게재되어 있는 상황에서 그 상황을 인권 관련 상황으로 자각하고 해석하며, 그 상황에서 가능한 행동이 관련된 사람들에게 어떠한 영향을 미칠지를 알고, 상황을 해결하기 위한 책임이 자신에게 있다고 인식하는 심리적 과정이다."라고 하였다. 즉 처지와 상황에 대한 내면인식으로 정의하였다(국가인권위원회, 2015b: 13 재인용).

인권감수성을 높이기 위해서는 옳은 것과 그른 것에 대한 윤리적인 지각을 통해 인권의 가치를 우선적으로 적용해야 한다. 지각된 인권의식이 바탕이 되어야만 바른 판단을 하고 행동할 수 있기 때문이다. 인권감수성을 일상생활에서 실천하려면 타인의 권리를 존중하는 자세를 견지하면서 권리침해 요소를 파악하면서 행동할 수 있어야 한다. 자신의 권리가 소중한 것처럼 타인의 권리 또한 중요하다는 의식의 전환을 가져야 한다.

사회복지시설은 주요 사업과 이용자 지원의 필요성을 설득하기 위해 홈페이지에 장애명, 장애특성, 개인사진 등 개인의 사적 정보를 동의 없이 게시하는 경우가 있다. 후원자 발굴과 후원의 필요성을 설득하기 위한 것이지만 사람들은 이러한 게시물을 통해 이용자를 연민의 정으로 대하고 수혜자라는 생각을 무의식적으로 하게 된다.

인권적 시각에서 보면 이용자의 사진을 게시하기보다 기관의 주요 사업과 활동을 게시하여 사업의 필요성을 독려하는 것이 인권감수성에 기반한 홍보일 것이다. 따라서 개인들의 장애특성을 게시할 때에는 정보보호 차원에서 익명으로 하고 장애특성을 소개하는 정도로 게시하고 후원의 필요성은 사업의 필요성을 토대로 정부보조금 부족 및 자원 활동의 가치 등을 부각하는 것이 홍보에 효과적이다.

프로그램을 시행하면서 참여의 당위성을 강조하기보다 참여동기를 갖도록 설명하고 동의하에 참여하도록 이끄는 것, 이용자의 연령에 적합한 용어를 사용하는 것, 이용자가 생활하는 사적 공간인 생활실 입실 시 노크하여 동의를 구한 후 입실하는 것, 무궁화실, 난실 등과 같은 생활실의 명칭을 주민들의 일반적인 주거공간처럼 호칭하는 것 등이다.

별명은 개인에게 상처를 주는 대표적인 예이다. 별명은 신체특성이나 장애 또는 특별한 처지를 빗대어 표현하는 등 상대의 약점을 드러내어 기득권을 잡으려는 압력이 내포되어 있다. 뚱뚱한 사람을 느림보와 빗대거나 동물에 비유하여 말하는 것 등은 개인의 인격권을 침해하는 행위이다. 미혼여성에게 결혼하지 않는 이유를 집요하게 묻는 것 등은 타인의 인권을 침해하는 행위이다.

장애인을 배려하지 않고 편의장치 등을 마련하지 않는 것, 거리에 턱을 만드는 것은 대중교통을 원활하게 이용하기 위한 조치라고 볼 수 없다. 저상버스를 도입하는 것이 인권친화적인 조치이다. 하지만 대부분의 노선에 저상버스를 도입하는 것이 아닌 일부 노선에만 그치고 있어 자력으로 휠체어를 끌지 못하는 장애인에게 시내 방문은 엄두조차 내지 못하고 있는 실정이다.

비단 이러한 것들만 있겠는가, 누군가의 실수를 소문으로 전파하는 것, 타인의 치부를 공공장소에서 얘기하는 것, 장애 등을 거론하며 도움의 절실함을 공공연하게 얘기하여 수혜 대상자임을 알리면서 상처를 주고, 서비스 기록과정에서 개인적인 비밀을누설하거나 또는 직무와 관계없는 사람들에게 '이용자에게 문제가 있다.'는 식으로 얘기하는 것 등은 인권감수성을 이해하지 못한 행동이다.

인권감수성은 타인에 대한 존중에 기반하고 그의 상황을 공감하는 반응이다. 따라서 인권감수성을 높이기 위해서는 인권의 개념을 이해하고 인권의 가치를 인식하는 데 필요를 자각해야만 높아진다.

3장

인권의 가치와 이슈

가치는 옳지 않은 것에 대한 기준이고, 좋은 것에 대한 원칙을 알려 주는 등대와 같다. 즉 인간의 생활에 부정적으로 영향을 미치는 그른 것을 구별해 냄으로써 추구해야 할 바람직한 가치를 인식한다. 가치는 좋은 것에 대한 옳은 판단을 내리고 나쁜 것을 판단하게 하여 옳고 나쁜 것을 구별하게 한다. 결국 가치는 윤리적인 행동의 기반이므로 인간의 옳은 행동과 생활을 더 추구하도록 이끈다. 인권이 가치 있는 것은 인간에 대한 바르지 않은 것과 좋은 것이 무엇인지를 분별하게 하는 지표이기 때문이다. 인권의 가치는 다음의 권리들이 포함되어 있다.

1. 생명권 가치와 이슈

우리나라 헌법에는 생명 권리를 명문화하여 규정하지는 않았다. 「대한민국헌법」 제10조에서는 '인간의 존엄과 가치', 제12조에서는 '신체의 자유'를 명시하고 있다(고명석, 2014: 52). 생존권리는 개인의 출생 시부터 부여되는 기본권 중의 기본이 되는 권리이다.

생존하기 위한 인간의 사투는 생활에서 확인된다. 생활비가 부족하여 여가·문화생활을 못하지만 의·식·주를 해결하기 위해 일을 하고 생활하기 위해 야근을 하면서 살아가는 것이다.

의·식·주가 충족되지 않는다면 다른 부가적인 것들을 충족한다 하여도 생존하지 못한다. 타인을 도우며 의(依)와 식(食)을 지원하는 행위가 인간의 가치를 높이고, 옳은 것임을 주장하는 이유도 생존권이 인간의 고귀한 권리이기 때문이다.

하지만 인간의 생존권을 위협하는 일들이 생활 중에 언제든지 생길 수 있어 타인의 일이라는 무관심은 생존권을 위협하는 행위이다. 2017년 여름 부산 여중생 폭행사건은 학교청소년들이 저지른 일이라고는 상상이 가지 않을 정도로 심각한 사회문제였고, 학교청소년들의 폭력이 타인의 생존권을 위협할 정도로 심각하다는 것을 알게 한 사건이었다. 입시위주의 교육정책에 의해 수능시험 기간 중에 고등학생이 자살하는 사건이 끊이지 않고 있다. 극심한 경제적 빈곤을 이겨내지 못한 시민이 생존권을 포기하는 것은 남의 일이 아니다. 자녀에게 짐이 되기 싫다는 노부부의 아파트 투신, 장애자녀의 미래를 걱정하는 부모의 양육부담은 결국 부양포기가 아닌 자살로 이어졌다. 세 살 된 장애자녀가 짐이 된다며 살해한 부모의 경우도 마찬가지이다.

중학생 시절 마을 이장에게 성폭행을 당한 후 남성을 기피하게 된 여성은 결혼 후에도 그때의 사건을 괴로워하다 결국 이장을 살해하였다. 15년 전의 상처 때문에 말이다. 이 일로 여성은 7년 형을 선고 받았고 여성단체를 중심으로 정당방위라는 찬성여론과 아울러 성폭행이 얼마나 심각한 문제를 야기하는지를 말해 준 사건이었다.

섬마을 여교사가 학부모들로부터 성폭행을 당한 사건은 사회적 충격이었다. 학부모들은 여교사에게 의도적으로 술을 마시게 한 후 성폭행을 하였다. 이 사회의 불안이 스승과 제자 사이를 멀어지게 한 사건이었고 제자와 스승이라는 용어를 사회 밖으로 밀어버리게 한 범죄였다. 이 사건 이후 '섬마을 분교에는 여교사들을 파견하지 말아야 한다.', '교사의 처우가 열악하다.', '관사를 따로 지어야 한다.', '섬 또는 오지에는 남교사와 여교사를 파견해야 한다.'는 의견이 분분하게 제기되는 등 교육계는 물론 정치, 사회적으로 큰 반향을 일으킨 사건이었다. 위의 사건은 우리 사회가 안전하지 않다는 것을 보여 주는 사례로 2017년에 이슈가 된 기사이다.

생명권을 경시하는 문화가 얼마나 심각한 사회문제를 유발하는지를 보여 주는 예로 생명경시는 사회불안을 심화시킨다. 인간의 생명을 경시하는 위험은 사람 간의 신뢰를 무너뜨리고 사회 불신을 조장하는 등 사사롭다 여긴 일들이 본인에게도 위협이 된다는 것을 알게 한다.

이보다 근본적으로 짚고 넘어가야 할 이슈는 사형제도와 의사의 결정에 의한 낙태, 안락사 등이 정당하다는 암묵적인 사회적 합의이다. 사형제도는 한 사람의 범죄자로 인해 다수의 생존에 위협이 될 수 있기 때문에 존치해야 한다며 정당성을 주장하는 입장과 그에 반대하는 의견이 격렬하게 맞서며 여전히 쟁점이 되고 있다.

1) 사형제도

사형제도는 타인의 생명권을 빼앗는 형법적 처벌이다. 독자는 극악한 범죄 등을 저지른 흉악범에게 내려지는 사법기관의 사형결정에 동의하는가? 형벌제도 가운데 중형에 속하는 범죄는 다양하지만 3년 이상의 형벌을 중형에 속하는 것으로 보고 있다. 이보다 더 심각한 범죄를 저지르는 경우 도저히 사회구제가 안 된다는 판사의 판단과 아울러 다수의 사람들을 구하기 위한 조치로써 사형제도가 존속되고 있다. 이러한 논의에 찬성하는 사람들은 사형 제도를 존속해야 한다는 의견이다. 반면 사형제도를 반대하는 의견 또한 다양하다. 생명을 선택할 권한이 누구에게도 없는 것처럼 생명의 귀중함을 인식하지 않는 사람이 없다는 의견이다. 태어나는 것은 신이 주신 기회이고 축복이다. 누구도 생명을 빼앗거나 판단할 권한은 없다.

범죄가 만연한 사회가 안전하지 않은 것처럼 범죄를 예방하기 위한 제도가 충분하게 마련되지 않은 것이 더 문제이다. 그럼에도 범죄를 저지를 수밖에 없었던 이유가 있을 것이라는 참작, 이러한 행동을 할 수밖에 없었던 요인을 살피면서 해결 방법을 모색하자는 것이다.

생존권을 보장하는 것은 개인의 힘으로는 불가능하다. 사회적으로 생명권을 보장하기 위한 제도적인 보완과 사회안전망이 구축되어야만 보장되는 권리이기 때문이다. 생존에 필요한 것들을 충족하지 못하면서 개인적인 문제로만 치부한다면 냉혹한 평가만이 있을 것이다.

2) 낙태의 선택

낙태를 모의 권리로 인정할 것인지 또는 태아의 생명권이 더 귀중한지는 여전히 찬반양론이 격렬하다. 최근 성폭행에 의한 임신 등 부득이한 사유가 인정되는 임신에 대해 낙태를 제한적으로 허용한다는 판결이 있었다. 낙태의 제한적 허용은 모의 입장을 우선한 조치이다. 그러나 원치 않는 임신과 강제에 의한 임신이라고 하여도 태아의 생명권을 강제로 빼앗을 수 있는 것인지 생각해 볼 필요가 있다. 임신은 모의 상황이지만 낙태에 의한 태아의 생명권 권리를 묵살할 수 있는지는 재고되어야 한다.

낙태 허용은 임신한 모를 보호하기 위한 것 이상의 의미가 있다. 여성의 권리이고 여성만이 다음 세대를 출산할 수 있는 고유한 권리를 인위적으로 판단하고 결정하는 권한의 남용이기 때문이다. 임신은 개인의 의지에 더해 신의 축복이므로 개인이 판단하고 선택할 것이 사실 없다. 태아에게도 생명을 지킬 권리가 있다는 의식의 전환을 하게 되면 임신한 것을 알게된 순간부터 태아에게도 생명권이 있다는 것을 인정할 수 있게 될 것이다.

여성의 임신의 권리를 인정하고 후손을 생산하여 지키려는 사회적 인식이 성숙되면 태아의 생명권은 당연히 보장받아야 한다는 논의로 바뀔 것이다.

혼자된 모가 양육부담을 걱정하지 않도록 제도적인 장치를 마련하고 지원이 충분하다면 양육부담을 덜 수 있을 것이다. 하지만 이보다 앞서 미혼모에 대한 사회적 편견을 개선해야 한다. 모의 낙태 결정은 충분하지 않은 사회보장제도의 문제로서 미혼모에 대한 부정적인 사회적 인식 때문이다.

독자는 베이비박스를 아는가, 어느 목사가 교회 담벼락에 버려지는 아기들이

배고픔에, 추위에 얼어 죽는 것을 안타까워하여 아이디어를 낸 것이 박스모양의 사물함이다. 박스를 여는 순간 종이 울리게 되어 있다. 이 아이디어 덕분에 아기는 목사에게 인도되어 지킬 수 있게 되었다. 겨울에 버려지는 아기의 생명을 구하는 위대한 일을 목사의 아이디어를 통해 해결한 것이다.

하지만 베이비박스가 미혼모의 어려운 상황과 버려지는 아기의 생명권을 지키기 위한 것이라면 더더욱 현대 사회는 미혼모와 아기가 함께 살아가기에 충분한 가족정책을 펼쳐야 한다. 베이비박스는 결국 원치 않는 임신 후에 발생하는 문제이고 자녀를 키울 능력이 없는 미혼모의 상황만이 부각된 결과로 나타난 비극이기 때문이다. 태아의 생명권보다 중요한 것은 없으며 태아가 성장하면서 겪게 될 문제를 간과해서는 안 된다.

목사에게 인도된 아기는 선택할 것도 없이 입양될 가정을 기다려야 한다. 다행히 입양될 가정 또는 부모가 있다면 가족을 갖게 되지만 그렇지 않다면 영·유아시설로 인도된다. 만 3세 이전까지 생활하다가 20살까지 생활할 장기거주 아동복지시설로 전원된다. 비슷한 처지의 아동들이 형, 누나, 동생이 되어 집단생활을 해야 한다.

시설중심의 보호가 복지현실인 우리나라의 상황은 어린 나이부터 집단생활을 하면서 스무살이 되면 퇴소를 준비해야 한다. 성장하면서 '혼자 살아가야 하기 때문에 자립해야 한다.'는 말을 종사자들과 후원자 등에게 들어야 한다. 싫다고 말하지도 못한 채 살아 가는 데 필요한 것들을 배워야만 자립할 수 있다며 프로그램에 참여하고 직업기술 등을 배우기 위해 준비해야 한다. 여느 가정의 아이들과는 성장과정이 다른 생활인 것이다. 어린 나이에 입소했기 때문에 누구인지도 모르는 부모를 그리워하면서 왜 시설에서 생활해야 하는지조차 정확히 알 수는 없지만 형과 누나, 동생들과 함께 생활해야 하는 것은 현실이기 때문에 선택의 여지 없이 이러한 현실을 받아들이며 생활하는 것이다.

만약 이러한 상황에서 문제가 나타나면 그것은 아동에게 문제가 있는 것이라 여기는 등 개인적인 일로 치부하면서 건강하게 자라기를 바라는 것은 모순이다.

태어나는 과정도 힘들었고 어린 시절부터 수급자로 생활해야 하는 현실은 분명 비극이다. 성장하면서 얼마나 많은 생존의 위협과 어려움을 겪게 될지는 모르지만 분명한 것은 모의 버림과 시설생활의 버거움 등 정신적·육체적으로 심한 고통을 안은 채 버겁게 지낼 것이 뻔하다.

강원도 아동복지협회장과 대화하는 중에 알게 된 사실은 아동복지시설 입소아동 75%가 우울증을 앓고 있으며 그 가운데 35%는 고위험군 우울증 환자로 입원치료가 시급하다는 것이었다. 이른 나이에 생존의 문제를 걱정해야 하는 아동들의 상황이 이처럼 절박하다면 과연 건강한 성인기를 맞이할 수 있을지 생각해 볼 문제이다.

3) 연명치료 중단

뇌사자에 대한 치료 중단은 곧 죽음을 의미한다. 이러한 문제는 개인의 생명권을 타인의 결정에 의해 끊을 수 있는가와 의료적 한계로 인해 치료를 중단하는 것이 정당한가에 대한 것이다. 또한 최종 결정은 가족들이 내리도록 하고 있지만 의사의 판단이 결정적으로 영향을 미친다는 점에서 사회적 합의가 충분하지 않은 상황이다.

연명치료 중단에 대한 사회적 합의가 필요한 이유는 돌봄을 제공하는 자녀들과 부양자의 입장에서 판단할 수 있는가, 의사의 판단은 곧 죽음에 이르게 하는 선택이어서 임의적으로 치료를 중단하는 행위가 정당한가 등이다.

가족들의 입장에서는 매우 힘든 선택일 수밖에 없다. 의학지식이 부족한 상황에서 의지할 수 있는 대상이 의사이다. 더 이상 치료할 것이 없다는 의사의 선언은 치료중단을 선택할 소지가 있고 치료중단은 죽음을 의미한다. 현행법에서는 의사만이 사망진단서를 발급할 수 있기 때문에 처치할 것이 없다는 의사의 선언은 더 이상 치료할 수 없다는 사형선고와 같다.

의사의 치료가 어렵다는 얘기는 보호자와 가족들에게 치료중단을 결정하는 데 영향을 미친다. 치료가 불가능하다는 얘기를 따를 수밖에 없다. 한 달 후, 6개월 후, 또는 십 년 후에 깨어날지 알 수 없기 때문에 최선을 다했고, 더 이상 치료할 것이 없다는 의사의 얘기를 수용할 수밖에 없다. 가족들이 연명치료를 중단하지 않겠다면 위대한 자연의 힘과 끈질긴 생명연장의 기적에 일말의 희망을 걸 수밖에 없다.

한편 환자와 가족들은 치료된다는 희망을 갖고 기댈 수 있는 유일한 대상이 의사이기 때문에 많은 치료비를 지불해야 한다고 해도 문제를 제기하지 않는다. 연명치료에 "얼마의 비용이 더 추가되며 이런 치료를 하면 호전될 수 있는데 치료비는 얼마입니다."라는 의사의 말은 곧 경제적 어려움이 가중되는 비용부담을 의미하기 때문에 보호자는 경제적 상황을 고민하지 않을 수 없다. 생계를 위해 매일 일을 해야 하는 상황에서 깨어날 것이라는 희망을 갖는 것은 심각한 스트레스를 갖게 한다. 경제적인 어려움에 처해 있다면 포기를 결정할 수밖에 없다. 사회보장 차원에서 가족들과 보호자들이 겪는 어려움을 지원한다면 문제가 되지 않겠지만 사실 위의 문제는 가족들이 감당할 몫이기 때문에 보호자는 고심을 하면서 받아들이는 경우가 대부분이다.

위의 문제는 심각하다. 인권을 보장하는 여러 이슈 가운데 우선이 되는 권리가 생명권이기 때문이다. 따라서 생명권을 중단할 권리가 자신 외에 누구에게 있는가의 결정은 신중하고 또 신중해야 한다. 생명권이 소실된 여타의 권리는 무의미하기 때문이다. 따라서 연명치료 당사자가 생명연장을 결정하고 선택할 것도 없이 보호자와 가족들의 입장에서 판단해야 한다는 점에서 사회적 합의가 충분해야 한다.

연명치료의 핵심은 생명권을 권리로 인정하는 것이지만 가족들과 보호자의 동의에 의해 생명을 중단하는 선택과 결정이 쟁점이다. 더 이상 처치할 것이 없다는 이유로 가족 또는 보호자에게 판단하라는 의사의 선언은 죽음을 의미하고 의학지식이 없는 보호자가 의사의 결정을 따라야 할지 또는 깨어난다는 희망을 갖고 엄청난 비용을 지불하면서 기다려야 할지를 결정하는 것은 쉬운 일이 아니다. 분명한 것은 의사의 선언이 가족들의 연명치료 중단에 직접적으로 영향을 미친다는 것이다.

의사의 치료중단 선언에 의해 연명치료를 결정해야 한다면 가족들은 참담할 것이다. 건강했던 시절은 가장이었을 것이고, 가족들의 생계를 책임지기 위해 최선을 다했던 생활이었을 것이다. 침상에서 기계의 도움을 받으며 호흡해야 하는 상황만이 전부가 아니라는 것을 가족들은 알고 있기 때문에 언제 깨어날지 모르지만 희망을 갖는 것이다.

따라서 연명치료 중단의 선택은 전문가의 조언과 자문을 충분히 제공하고 윤리적으로 옳은 결정을 했다는 확신이 될 때에 결정하는 등 합의가 전제되어야 한다. 최종 결정은 좋은 선택이었다는 위로가 담긴 마지막 판단이어야 한다는 것이다. 물론 가족들 간에 충분히 논의되고 고민하였을 것이다. 하지만 한 번 더 주장하고자 하는 것은 회복될 가능성이 없다는 것만을 논의하기보다, 의식이 없다는 의학적 판단이 아니라 생명권을 지키기 위한 주변의 역할이 분명해야 한다는 것이다.

치료 중단은 희망조차 잊게 한다. 가족들의 어려움과 깨어날 가능성이 없다는 이유로 치료중단을 선택했다는 것이 중요한 것이 아니라 숨 쉰다는 자체만으로 감사하고 희망을 품게 하는 것이 더 중요하다. 그는 분명 활기차고 생동감 있게 가족들의 기억에 있다. 이것만으로도 연명치료 중단을 재고하고 재고해야 할 이유이다.

현대사회의 많은 부모들과 가족들이 생존에 필요한 것들을 얻기 위해 희생하며 최선을 다해 생활한다. 하지만 현실을 버티듯이 생활하면서 생존을 위한 생명권이 얼마나 소중한지를 잊고 살아간다.

생명 권리는 생존을 위한 권리이다. 생명권을 보장하는 사회는 생존권을 보장하기 위해 지켜야 할 것이 무엇인지를 아는 사람들이 많은 사회이다. 또한 생존을 위해 불안해할 필요가 없는 사회이다.

2. 인간의 존엄성 가치와 이슈

이용자의 존엄함을 증명하고 보장하는 것은 사회복지시설의 중요한 기능이고, 이용자의 존엄성을 지켜가기 위한 역할이 사회복지사의 핵심사명이다.

이용자의 존엄함을 명시적으로 규명한 것이 헌법이다. 「대한민국헌법」 제10조는 "모든 국민은 인간으로서의 존엄과 가치를 가지며, 행복을 추구할 권리를 가진다. 국가는 개인이 가지는 불가침의 기본적 인권을 확인하고 이를 보장할 의무를 가진다."고 명시했다. 위의 조항은 인간의 존엄과 가치, 행복추구권, 기본적 인권의 보장에 관한 조항이다. 인간은 「대한민국헌법」 제10조를 통해 법률적, 사회문화적, 정치적으로 자유로울 권리를 부여받고 국가는 인권을 보호해야 한다는 명문화된 조항을 마련한 것이다.

인간은 빈부의 격차, 직위의 차이, 능력의 차이, 장애의 유무, 소속, 학벌 등의 차이가 아닌 인간이기 때문에 권리를 부여받는다. 하지만 인간의 존엄성을 말살하였던 극단적인 사건은 세계 역사를 통해 확인할 수 있다. 일본의 식민지 지배기간 동안 학살된 사람들, 유태인 학살 등의 사건이 그것이며 미국 남북전쟁의 시발점은 흑인에 대한 인종차별이 요인이었다. 약자의 지배를 당연시하였던 당시의 상황은 인종, 성별, 피부색, 빈곤, 사회적 지위 등의 차이를 악용하여 소수의 권력가들로부터 자행되었다.

현대사회에서는 이러한 극단적인 상황이 자행되지 않지만 권력에 의한 부의 축적, 남성중심의 조직권력 장악, 이주노동자에 대한 직업적 차별, 다문화 이주여성에 대한 선입견, 장애인에 대한 이동권 제약 외에 문화적 편견, 여가시설의 부족과 편의장지 미비로 인한 사회활동 제약을 초래하는 것 등이 만연하게 일어나고 있다. 지역색깔론의 강조, 학벌과 출신학교 선호, 특정지역 출신의 기득권 행사 등은 차별을 조장하고 편견 등을 유발하여 개인의 행복추구권을 침해할 뿐 아니라 인간의 존엄성을 침해하는 행위이다.

인간의 존엄성은 인간이기 때문에 갖는 권리로서 인간만이 누리는 사람의 지위다. 권리를 포함하고 권리행사의 주체로서 인간적인 품위에 해당한다. 사회적 지위, 인종, 성별, 빈부 등의 차이에 구애받지 않고 사람이기 때문에 부여되는 존엄한 권리이기 때문에 살아가면서 자연스럽게 획득되는 사람의 지위다.

사실 존엄성을 이해하지 못하는 사람은 없지만 타인의 권리를 침해하는 행위는 언제든 일어날 수 있다. 타인을 불편하게 하여 마음을 상하게 하거나, 사소한 한마디 말로 인격을 모독하는 것, 명예를 실추시키는 것 등으로 상처를 주는 것이다. 인격을 모독하는 댓글을 달거나, 타인을 비판하고 흉을 보는 것, 원하지 않는 일을 강제로 시키는 것 등은 존엄성을 훼손하는 행위이다. 따라서 생명권과 마찬가지로 특정한 사건과 문제 등을 빌미삼아 권리를 침해하는 것은 인간의 존엄성을 무시하는 행위이다.

인간은 살아가는 데 필요한 것들을 충족하기 위해 더 나은 것을 추구하며 살아간다. 조건을 따지지 않고 기대와 희망을 통해 진로를 결정하는 것, 보다 나은 삶을 위해 도전하는 것 등은 인간다운 생활을 위해 필요한 것들이다. 누구의 압력이나 제재, 간섭을 받아서도 안 되며 이러한 것들을 권리로 인정하고 존중해야 한다.

권리존중은 인간다움을 추구하면서 서로의 권리를 존중하려는 노력과 의지 등이 조화를 이룬 상태에서 보호되고 개인의 존엄성을 지키고 추구하는 과정에서 타인의 권리 또한 의식하게 되어 존중하는 태도로 나타난다. 따라서 개인의 권리를 존중하지 않으면서, 어느 권리를 인정하고 다른 권리를 배제하면 존엄성은 보장되지 않는다. 각각의 권리가 조화롭게 어우러지고 지켜질 때 인간다운 생활은 보장된다.

3. 자유권 가치와 이슈

1세대 인권인 자유권은 소극적 권리와 적극적인 권리로 구분된다. 소극적 권리는 신체의 구속, 금지, 고문, 또는 형벌의 금지 등 개인의 기본권을 침해받지 않을 권리이다. 적극적 권리는 이를 저항하면서 신체구속을 방어하고, 언론과 출판의 자유, 정치적으로 자유로울 권리를 포함하고 있어 사회권이 확장된 개념이다. 선거권, 집회의 자유로운 권리, 자의적으로 시행할 권리 등이다(고명석, 2011: 56-57).

「세계인권선언」 제29조 1항은 '모든 사람은 자신이 속한 공동체에 대해 의무를 진다. 어떤 사람이든 공동체를 통해서만 자신의 권리를 자유롭고 온전하게 발전시킬 수 있다.'고 명시되어 있으며 2항은 '모든 사람이 자신의 권리와 자유를 온전하게 행사할 수 있지만 다음의 경우 예외적으로 권리행사가 제한될 수 있다.'고 명시하였다. 즉 타인에게도 자신과 같은 권리와 자유가 있다는 사실을 인정하고 존중하기 위해 제정된 법률, 민주사회의 도덕률과 공중 질서, 사회 전체의 복리를 위해 정당하게 요구되는 것들을 충족시키기 위해 법률에 의해 제한될 수 있다는 것이다. 3항은 어떤 경우에도 권리와 자유를 유엔의 목적과 원칙에 어긋나게 행사해서는 안 된다.'고 밝혀 두고 있다.

자유권의 구속은 개인들 간의 구속보다 권력에 의한 힘의 관계에서 자행되는 경우가 대부분이다. 대개 국가의 억압, 폭제, 강압, 신체구속 등이 해당한다. 이러한 자유권 침해는 권력집단, 또는 국가에 의해 자행되기 때문에 뉴스와 신문지상, 또는 인터넷을 통해 알려지고 시간이 지나 피해자들의 증언 또는 보고를 통해 밝혀지는 경우가 많다.

개인의 자유권을 침해하는 것이 비단 국가의 권력뿐이겠는가, 아니다. 사회생활을 하면서 자유권을 구속하는 빌미는 가진 자와 못 가진 자, 억울한 일을 당한 사람 등 사회적 약자에게 가해진다.

현대사회에도 개인의 자유권을 침해하는 일은 지속적으로 일어나고 있으며 흔한 일이다. 집단의 힘을 통해 개인들에게 무리하게 요구하거나 집단의 몰염치한 요구를 수용해야 하는 강제가 자유권을 구속하는 예이다. 또한 언론과 종교의 자유권 침해이다. 종교집단에서 탈퇴하려는 개인들을 억압하고 강제하여 구금하는 것, 언론 통제 등이 그것이다. 최근 정권이 바뀌면서 정부의 언론통제 사실이 알려지게 되었다. MBC에 근무하던 PD들이 직위해제를 당하고, 직위해제를 당하지 않은 PD들 또한 직무와 상관없는 일에 배치되는 등 피해자들의 안타까운 사연이 소개되었다. 연일 뉴스는 그들의 행보에 관심을 두었고 취재에 열을 올렸다. 결국 그들은 모두 복직하였다. 이를 볼 때 자유권 침해는 개인 간에 이루어질 수 없다. 권력을 가진 개인 또는 집단에 의해 자행되기 때문이다.

자유권은 생명권 다음으로 인간의 존엄성을 실현하는 기본이 되는 권리로서 자유권 보장은 그 나라의 경제수준과 민주사회의 정도를 가늠하게 한다. 개인들의 의식과 사회적 성숙, 국가의 경쟁력을 확인하는 기준이 되기 때문에 자유권 수호를 위한 노력은 중요하다. 따라서 자유권 보장은 사회문화의 성숙, 경제발전가능성, 문화적 이해, 시민사회의 성숙정도에 의하므로 사회적 합의가 충분해야 한다.

4. 평등권 가치와 이슈

인류사회에서 평등을 실현하기 위한 노력만큼이나 사회적 약자에게 평등은 구속되어 왔다고 할 수 있는데 상대적인 차이에 의한 조건의 불리함이 영향을 미쳤고, 성숙되지 않은 인식도 한몫했다. 평등권의 보장은 생존권과 마찬가지로 자유권의 보장 없이는 보장되지 않는다. 평등권의 실현은 개인의 자유를 보장하는 개인의 능력과 역량에 따라 기회를 보장하는 것에 머물지 않고 인간의 존엄성을 보장하면서 인간다운 생활을 향유할 수 있을 때 실현된다. 따라서 평등권의 실현은 소수자와 사회적 약자 등에 대한 사회의 합의가 충분할 때에 보장된다.

「대한민국헌법」 제11조 1항은 법 앞의 평등, 성별, 종교, 사회적 신분의 차별금지와 정치, 경제, 사회, 문화 간 각 생활영역에서의 차별금지를 규정하고 있고, 제2항은 사회적 특수계급의 부인을 규정하고 있으며, 제3항은 영전일대의 원칙을 규정하고 있다. 평등의 권리를 헌법이 지향하는 권리임을 천명한 것이다. 평등권은 인간의 존엄과 가치와 더불어 실정법을 뛰어 넘는 자연법적인 권리이다(고명석, 2014: 59 재인용).

평등권은 개인 차원에서 주관적 평등과 절대적 평등, 상대적 평등으로 구분하고, 사회적 차원에서 실질적 평등과 기회의 평등으로 구분하기도 한다.

1) 주관적 평등

주관적 평등은 개인이 인식하는 평등으로 대개 가정생활과 사회생활을 하면서 인식되는 평등이다. 개인의 인식정도에 의해 느껴지는 평등으로 절대적 평등의 구현 외에 상대적 평등에 의해 체감되는 평등이다. 따라서 주관적 평등은 개인이 생활정도, 소득수준, 형편, 처한 상황, 사회적 박탈감 정도 등 차이를 인식하는 경우에 인지되는 평등이다. 1백만 원의 소득에 만족하다면 불평등하다고 인식하지 않겠지만, 적다고 느끼거나 차이가 있다고 인식하면 불공평하다고 여긴다.

주관적 평등을 심각하게 고민하였다는 것은 그만큼 상황이 힘겨웠다는 것으로 공평하게 배분하고 상대적 평등의 격차를 줄이기 위한 제도적 장치가 마련되어야 한다. 따라서 개인들이 느끼는 차이의 격차를 줄여야만 불평등을 인식하지 않는다는 점에서 사회적 인식이 성숙되어야만 극복할 수 있는 평등이다.

사회경쟁의 심화, 불공평하게 주어지는 기회 또한 주관적 평등을 심화시키는 요인이다. 소득의 불평등, 여성과 남성의 진급 차이, 더 힘든 직업에 종사하는 것, 임금이 열악한 것, 직무과중에 의한 차이 등은 주관적 평등을 심화시킨다.

2) 절대적 평등

정말 필요한 때에 도움을 준 누군가가 고마운 것처럼 공평하게 배분하는 사회는 따듯한 사회이다. 절대적 평등은 모든 것을 공평하게 나눈다는 의미이다. 소득의 일부를 나누는 것이 아니라 모든 것을 공정하게 배분하는 것이다.

하지만 이런 식으로 배분하는 사회는 없다. 개인의 능력에 맞게 기회를 제공하고 역량을 발휘할 수 있는 평등을 구현만 해도 좋은 사회이다. 자본주의 사회에서 지향하는 평등은 개인들에게 최대한의 기회제공을 통해 역량을 발휘할 수 있도록 하는 데 있다.

모두가 평등을 누리고 행복하다는 것을 느낀다면 불안, 근심, 어려움 등을 염려하지 않을 것이다. 사회 구성원 모두가 의식적으로 노력하고 평등권을 실현하겠다는 성숙한 시민의식을 갖는다면 차별은 발생하지 않는다. 다수의 사람들이 자신의 능력을 통해 얻은 것을 나누는 사회는 인간다운 사회이다. 이러한 평등의 실현은 사회제도의 보장과 재원이 충분해야만 실현된다. 국민 모두가 자신의 소득을 이웃을 위해 나누려는 의지가 있어야만 달성되는 평등이다.

국가는 최저수준의 생활을 보장하기 위해 조세를 통해 지원하고 일부 국가는 사회보험을 통해 제공한다. 최저수준의 지원은 말 그대로 최저한의 생활을 위한 지원이다. 하지만 절대적 평등은 최저수준의 평등을 구현하기 위해 소수의 사람들에게 편견을 조장하게 한다. 상대적 평등을 심화시키는 낙인과 빈곤, 일자리가 없는 실직자, 학교를 다니지 않는 청소년 등 수혜가 필요한 일부의 사람에게만 제공하기 때문이다.

3) 상대적 평등

상대적 평등의 박탈감은 사회적 차별에 의해 조장되고 직업유무와 소득정도 등이 영향을 미친다. 개인 간에도 소득정도, 주거정도 등의 차이에 의해 인지된다.

주변 사람들은 소득이 높더라도 생활이 어렵다고 느낀다면 차이를 인식하게 된다. 급여 차이를 인지하는 경우, 또는 직장동료보다 월급이 적어 생활의 차이를 인식하는 경우 등이다. 상대적 평등은 사람들 간의 차이에 의해 체감되는 평등이다.

상대적 평등의 격차를 줄이기 위해서는 공평한 분배를 통해 혜택을 확대하고 차이를 느끼지 않도록 해야 하는데, 개인의 주관적 인식에서 비롯된 평등이기 때문이다.

4) 실질적 평등

모든 사람들에게 공평하게 처우하는 절대적 평등을 구현한다 하여도 사회문화적인 상황 등에 영향을 받기 때문에 개인들의 체감 정도는 차이가 있을 수밖에 없다. 개인의 상황과 여건에 따라 체감되는 평등의 정도가 다르기 때문이다. 일부의 사람들에게 혜택이 제공되거나 편승된다면 실질적인 평등의 체감정도는 낮을 수밖에 없다. 따라서 체감 수준을 높이기 위해서는 욕구에 적합한 평등이어야 한다.

개인들은 실효적인 혜택을 제공받아야만 평등하다고 체감한다. 따라서 사회문화의 성숙은 실질적 평등을 구현하는 대안이다. 하지만 개인들의 상황을 개선할 수 있을 정도로 충분해야 한다. 빈곤가정의 가장이 기회의 평등에 대한 불신을 갖게 되면 가난의 문제뿐만 아니라 자녀교육과 생계의 문제에 더 민감해진다. 제도적 장치는 가장의 생계곤란 등 어려움을 극복할 수 있을 정도로 충분해야 하는데 최저수준의 지원으로는 가장의 역할수행이 불가능하다. 일자리 마련을 통해 정기적인 소득을 유지할 수 있게 하고 생계를 유지할 수 있는 소득보장, 자녀 학비 등의 부담을 갖지 않을 정도여야 한다.

국민들은 실질적인 평등을 체감할수록 국가와 사회를 신뢰한다. 하지만 미흡하다고 느낀다면 불평등하다고 여기며 권리를 침해받는다고 인식한다.

5) 기회의 평등

모든 사람에게 공평한 기회를 부여하는 것은 동일한 기준으로 처우하는 것을 의미하지 않는다. 개인의 능력과 적성에 따라 참여와 활동을 보장하는 것을 말한다. 지체장애인의 운전면허 취득과정에서 기회의 평등을 방해하는 예를 살펴보면, 누구나 응시는 가능하지만 시험장에 턱이 있거나 편의시설을 마련하지 않았다면 참여기회를 제공한 것이 아니라 기회의 평등을 침해하여 차별을 겪게 한 셈이다. 이와 같이 기회의 평등은 개인의 여건과 처지에 따라 기회를 제공하는 등 참여가 자유로워야 한다. 성별, 나이, 자격조건, 문화적 이질감 등 조건의 불리함과 불편을 느끼지 않아야 한다. 기회의 평등을 통해 개인은 비전을 품고 원하는 일에 대한 의욕을 갖는다.

「세계인권선언」 25조의 평등의 실현은 사회와 국가는 물론 개인들에게 영향을 미치고, 특히 시설의 방향을 모색하게 하여 이용자의 불리함을 국가와 사회적 차원에서 보장할 것을 명시하고 있다. 평등의 진전된 상황과 현재를 알게 하기 때문에 평등을 구현하는 것은 이용자의 자유권 보장과 생명권을 존중하고 사회적 책임을 다해야 할 것을 천명한 것이다. 인간의 권리와 인간다움을 보장하기 위해 국가의 제도와 정책이 개인의 권리행사를 제한해서는 안 되며 인간다운 생활을 모색하기 위한 대안을 제시하고 있다.

평등의 실현은 인권의 구현에 있으며 각각의 인권의 실현을 통해 완성된다. 따라서 각각의 인권을 구현하기 위해 최선을 다해야 하고 어느 한편의 인권만을 추구하거나 다른 인권의 보장을 소홀히 한다면 인권의 본질적인 가치는 구현될 수 없다.

5. 사회권 가치와 이슈

고명석(2014: 78)은 사회권의 특징을 다음과 같이 소개하였다.

첫째, 1세대 인권이 개인의 자유권을 중심으로 국가의 개입과 간섭을 배제하는 것이라면 2세대 인권인 사회권은 국가의 개입과 적극적인 급부에 대한 의지를 통해 실현되기 때문에 보장정도에 의해 안정된 생활을 보장받게 된다.

둘째, 사회권의 내용은 광범위하기 때문에 급부의 실현대상, 사업, 보장수준 등 입법자와 정부의 구체적인 실행방안에 의해서만 구현된다.

셋째, 사회권을 실현하기 위해서는 많은 비용이 소요되기 때문에 재원의 마련 정도에 따라 보장정도가 달라진다. 특히 재원의 마련은 그 사회의 급부능력과 의지 등에 의하기 때문에 한계가 있을 수밖에 없다.

「대한민국헌법」 제10조는 인간의 존엄과 가치를 천명하고 있으며 모든 인간은 인간다움을 유지하는 가운데 생존에 필요한 모든 것들을 보장해야 한다고 천명하고 있다. 이는 인간이 누려야 할 권리임을 분명히 한 것이다. 개인의 처지와 상황, 경제력, 생활능력, 주거지의 상황과 여타의 조건 등이 열악하다고 하여도 법률로 보장하고 인간다움을 유지하면서 생활할 수 있도록 해야 한다. 국가는 다양한 사회보장제도를 통해 인간다운 생활을 보장하고 충분히 제공해야 할 의무가 있다. 또한 보장하기 위한 제도를 효율적으로 운영하고 실현해야 할 책무가 있다.

사회권의 추구는 자유권과는 별개로 국가의 정책이 개인의 자유를 어느 정도 보장하고 생존에 필요한 것들을 효율적으로 제공할 수 있는가와 관련되어 있기 때문에 미흡하다면 자유권은 제약을 받게 된다. 따라서 인간다운 생활을 위한 실효적인 정책개발과 실현이 사회권의 목표이다. 하지만 사회권을 보장하기 위한 제도적·법률적 장치에 비해 개개인의 인간다움을 충족하는 방식이 시대마다 달랐고, 환경의 영향을 받는다는 점에서 실행의 방법이 구체적이어야 하고 실현가능성 또한 높아야 한다.

사회권을 보장하기 위해서는 사회 구성원들의 충분한 합의가 있어야 한다. 재원의 조달방식을 조세로 충당할 것인지 또는 사회보험방식으로 부담할 것인지 또한 합의되어야 하고, 재원의 조달을 통해 실현될 수 있는 제도의 개선이 선행되어야 한다. 이를 통해 개인들의 필요가 충족될 수 있을 정도로 현실적이어야 한다. 즉 사회권의 실현은 시대와 환경에 따라 적정한 수준임을 증명하기 위해 시대적 상황에 부합하고 개인들의 요구에 적합해야 하는 등 다양한 세대의 요구를 충족할 수 있을 정도여야 하는데 이는 사회적 합의에 의한다.

사회권을 보장하기 위해서는 사회적, 경제적, 문화적 권리보장을 강화하는 등 국가의 적극적인 개입이 필요한데, 사회보험 제도를 통해 위협이 될 만한 요소를 제거해야 한다. 실제 위협이 발생하였을 때 신속하게 조치하기 위한 대비장치 또한 마련해야 한다. 국가의 정책은 사회보장제도를 통해 공공부조 등을 국민의 편에서 시행하였는지에 따라 인간다운 생활이 보장되기 때문이다.

1) 법률적 권리보장

(1) 사회보장제도에 의한 권리

1935년 미국에서 사회보장법이 제정된 이후 1880년 독일의 비스마르크에 의해 건강보험, 산재보험, 노령폐질연금이 제정되면서 입법화되었다(원석조, 2002: 21). 1942년 영국의 베버리지(W. Beveidge, 1942, 최일섭 · 최준보, 2012) 보고서는 결핍, 무지, 질병, 나태, 불결을 철폐하고, 전 국민의 최저한의 소득보장을 위해 실업, 재해, 질병 등에 의한 소득감소, 퇴직 이후 소득중단에 따른 빈곤예방과 최소한의 생활유지를 위한 소득보장, 결혼, 출생, 사망 등 추가적인 비용의 발생, 주부양자의 사망 시 생계곤란 등의 어려움을 대비하기 위한 소득보장정책을 포함하고 있다(최일섭 · 최준보, 2012: 155-156).

사회보장은 사람이 살아가면서 불행한 사건을 겪게 되면 극복할 수 있는 최소한의 보장정책에 관한 것으로 시행주체가 국가이다. 실업을 포함하고 빈곤, 사망, 출산, 장애 등 생계를 이어가기 곤란한 지경에 처한 개인을 보호하고 인간다운 생활을 유지하도록 지원하는 국가의 사회보장프로그램이다.

따라서 사회보장 프로그램은 국가가 주도하고 경제적 보장뿐 아니라 비물질적인 사회서비스를 포함하고, 각종의 사회적 위험으로부터 국민을 보호하기 위한 국가주도의 복지제도이다(최일섭 외, 2012: 155-156). 즉 실업을 당했다면 최소한의 급여보장을 통해 생계를 지속할 수 있도록 하는 것, 사망하였다면 남은 가족들의 생계를 책임질 수 있기까지 급여를 지급하는 것, 노인들에게 노령연금을 지급하는 것, 장애인들에게 장애연금지급을 통해 생활할 수 있도록 지원하는 제도로 인간다운 생활을 유지하기 위해 필요한 현물과 현금을 제공하는 사회제도이다.

국가주도의 사회보장은 자산조사를 시행하지 않으면서 급여를 보장하는 방식, 즉 노인, 아동, 장애인 등 자격조건을 갖추면 급여를 지급하는 방식과 소득과 자산 조사를 통해 지급하는 방식으로 구분된다. 소득과 자산 조사 방식은 소득 수준이 일정규모 이하의 사람들에게 급여를 제공하는 방식으로 일반적 공공부조와 범주적 공공부조로 지급된다. 빈곤대상자에게 제공된다는 점에서 소득재분배 효과 등의 장점이 있기는 하지만 수혜자의 낙인화, 존엄성 훼손, 납세자에 대한 과도한 부담을 초래할 수 있어 거부감을 갖게 할 위험이 있다. 마지막으로 사회보장 성격의 사회보험이 있다(최일섭 · 최준보, 2012:157-161).

사회보장은 국가가 국민들의 인간다운 생활을 보장하기 위한 정책과 제도의 마련을 통해 최소한의 생활을 보장한다는 점에서 중요하다. 결국 국가가 국민들이 요구하는 정책체감 정도에 따라 인식되기 때문에 국가의 책임이 막중하다 할 수 있다. 이를 대체하기 위해 마련된 사회보험 또한 국가의 사회보장 의지를 반영한 것이므로 국민들을 설득해야 하고, 재원의 정도에 따라 제도의 실효성이 평가되므로 필요에 의해 시행되거나, 재원의 급속한 증가 또는 부족으로 시행되지 않는다면 민영보험 등 다른 대체수단을 강구해야 한다. 하지만 체감 수준이 낮거나 미흡하다면 국가는 책임을 다하지 못했다는 비판을 받게 된다.

결국 사회보장제도는 국민의 생활의 질을 좌우하는 중요한 기능을 담당하지만 국민의 생활을 보장하기 위한 사회제도, 정책, 보험이 탄탄해야만 사회권을 보장할 수 있다.

(2) 사회보험에 의한 권리

사회보험은 국민의 최저한의 생활보장과 인간다운 생활을 보장하기 위한 목적을 구현하기 위한 사회보장제도의 일환으로 국민연금제도와 실업급여, 산재보험, 의료보험, 노인장기요양보험이 해당한다. 노후대비와 실직 시 소득보장, 일을 하는 중의 사고 등을 대비하고 고액의 치료비 부담을 완화하기 위한 국가의 보장제도이다. 국민들의 안전을 보장하기 위해 사회보험제도를 통해 해결하는 것이다.

사회보험은 미래의 위험으로부터 국민을 보호하고 인간다움을 추구하기 위한 목적에서 시행된 제도로 조세와 사회보험에 대한 이중 과세를 국민들이 부담해야 한다. 또한 일정기간 납부해야 하는 조건부 급여이기 때문에 자격을 갖춘 사람만이 혜택을 받는다. 실업급여 및 산재보험의 경우 직장을 다니면서 급여를 납부해야 한다. 노인장기요양보험 또한 질병을 앓고 있는 노인에게만 혜택을 제공하기 때문에 다수를 위한 제도로 보기 어렵다. 국민연금제도와 의료보험 급여만이 전국민을 위한 사회보험 제도이다.

생애주기 중에 수급권자 자격을 갖추면 급여혜택을 받을 수 있다는 점 등은 국가가 국민들을 보호하기 위한 의지를 제도를 통해 실현한 것으로 볼 수 있다. 다만 급여 인상을 위한 대책 마련과 안전한 보호, 직장조건에 따른 급여납부 비용에 의한 급여수준의 결정, 장애를 입은 후의 소득 및 생활보장, 산재 시 분쟁을 줄이기 위한 대안 마련 등이 국민들의 입장에서 보장되어야 한다는 과제가 있다. 그럼에도 국민의 안전을 보장하고 위험으로부터 보호하기 위한 제도가 사회보험이다.

제도는 시대적 상황에 따라 탄력적으로 적용하는 융통성이 필요하다. 국가가 국민 개개인의 안정된 삶을 지원하기 위한 정책이기 때문에 체감정도가 높아야 한다. 체감수준이 높지 않으면 불합리한 제도이기 때문이다.

(3) 공공부조 권리

사회복지실천은 사람과 문제를 별개의 것으로 이해하고 문제해결에 필요한 서비스 지원을 중요하게 인식한다. 문제는 생활하면서 겪는 자연스러운 것이라는 이해를 통해 인간다운 생활의 회복을 목적으로 이겨낼 힘을 제공하고 여러 방법을 모색하면서 도움을 제공하는 사회복지 실천방법이다.

하지만 개인이 겪는 생활의 문제와 그의 형편을 결부시킨 서비스 제공방법이 공공부조이다. 자산조사 등을 통해 수혜자를 구분하고 최저의 비용을 조세를 통해 제공하는 지급방식이 불평등을 유발할 수 있다. 공공부조는 생계곤란, 빈곤 등에 노출된 개인의 생활을 보장하기 위한 목적에서 급여를 지급하는 제도이지만 국가가 조세를 통해 구제하는 방식이어서 다수의 사람들에게 낙인 받을 소지가 있다.

공공부조는 자립생활을 촉진하기 위해 마련된 경제적 보호제도로서 국가의 책임 아래 최저수준의 생활을 영위하도록 하는 데 목적이 있다(전남련 외, 2015: 171). 공공부조의 목적은 경제적 부조를 통해 소득의 재분배를 통한 빈곤예방과 빈곤문제를 대응하기 위한 국가적 대응정책이다. 따라서 자산조사를 통해서만 급여를 수급받을 수 있기 때문에 일정 급부 이하의 소득수준이 확인되어야 한다. 공공부조의 원리는 생존권 보장, 국가책임, 최저생활의 보장, 무차별 평등, 자립 조성, 보충성의 원리 등이다(전남련 외, 2015: 173-175).

공공부조 대상자는 나라와 지역 상황에 따라 차이가 있지만 계속적으로 생겨났다. 세대 간의 대물림을 예방하고 가난의 문제를 해결하기 위해 정책을 보완하고 제도를 개선하여 왔지만 빈곤의 문제를 해결하지는 못하였다. 자활사업, 공공근로는 국가에서 추진하는 빈곤퇴치를 위한 대표적인 정책이다.

공공부조 급여는 생계, 주거, 교육, 해산, 장제, 자활급여로 구분되고, 긴급복지 지원제도에 의해 생계지원, 의료지원 주거지원, 사회복지시설 이용 외에 민간기관 및 단체를 연계하여 지원된다(전남련 외, 2015: 184-186). 하지만 민간사회복지기관에서 시행하는 참여자들이 중도에 포기하는 경우가 있어 보다 강력한 빈곤퇴치 정책이 시행되어야 할 필요가 제기된다. 사업에 참여한 수급권자들의 자활 성공률이 낮다는 문제와 민간사회복지기관의 부실한 사업성과를 용인하고 수용하는 점 외에 자활사업과 관련 없는 사업이 성과가 있었다는 식으로 평가하는 기관의 문제 등에 대한 대책 마련이 미흡한 상황에서 해마다 반복적인 사업을 수행하는 것이 원인으로 지적되고 있다.

개인의 급부수준을 개선하지 않으면서 조직과 단체중심으로 사업을 시행하고 평가하는 것도 문제이다. 매년 수급권자들의 참여를 확대하기 위해 예산을 투입하고 있지만 사업의 성과를 확인하기 어렵고 그나마 참여하는 사람들조차 최저수준의 급여를 지급받고 있어 이탈자 또한 증가하는 상황이다. 그럼에도 사업은 반복적으로 시행되고 있어 예산낭비라는 비판이 있으며, 기관중심의 사업추진과 참여자들의 생활안정에 기여하지 못할 정도로 낮은 급여를 지급하는 것도 문제로 지적되고 있다.

국민개개인이 시민권을 보장받고 자율권을 행사하도록 책임을 지고 보장해 줄 의무는 국가에 있다. 공공부조는 인간다운 생활을 향유하기 위한 국가의 제도로 소득보장이 핵심이며 실현될 때 국민은 인간다운 생활을 보장받게 된다. 하지만 실효적인 정책이 아니거나 최저한의 생활수준조차 보장하지 못하는 정책이라면 제도에 불과하다.

이를 볼 때 공공부조 정책은 국가에 의한 강제제도가 아니며 국민들의 인간다운 생활을 보장하고 평등권을 실현하기 위해 시행하는 제도이다. 더 나아가 시민권 회복이라는 국가책무의 완성이라는 점에서 의의를 갖는다.

2) 사회·문화·경제적 권리

(1) 여가·문화권리

최순남(1999)은 여가를 다음과 같이 구분하였다. 첫째, 창조적 여가는 스트레스와 피로 등을 해소하기 위해 에너지를 재충전하게 한다. 둘째, 오락적인 성격으로 즐거운 시간을 보내는 것이다. 셋째, 일과는 반대되는 개념으로 강제성과 의무성이 적고 휴식의 개념을 갖는다고 하였다(이해영, 2015: 213-214).

여가의 어원은 정지, 평화와 평온, 중지, 자유로운 토론을 의미하는 'scole'에서 기원되었으며, 로마시대에는 'otium'의 '아무것도 하지 않는 소극적인 행위'로, 현대의 'leisure'는 '허용된 활동'이라는 의미인 라틴어 'licrer'에서 유래되어 '일로부터의 해방, 자유, 휴식, 즐거움을 누릴 수 있는 여유로움'을 의미한다(유성호 외, 2015: 385; 박선태 외, 2012: 171).

따라서 여가는 의무가 없는 자유, 자유재량과 같이 자발적으로 활동하는 것이며, 휴식을 취하고 경제적 보상에서 벗어나 개인, 가족, 사회적 책임감에서 활동하는 의무가 아니며 스스로 선택하여 참여하는 자유와 평화의 감정을 느끼는 활동이다(박선태 외, 2012: 171-172).

여가와 문화권리는 생명권 다음으로 인간다운 생활과 삶의 질을 높이는 권리이다. 시적활동이든, 가정에서의 생활이든 또는 사회생활과 조직에서의 활동이든 적당한 여가생활을 보내면 소속감을 갖고 여유로운 상태에 놓인다.

인간은 여가를 통해 삶의 의미를 찾고 문화적인 생활 정도에 의해 존재가치를 인식하는 존재이다. 문화생활은 전 세대에 걸쳐 영향을 미치기 때문에 문화적 향유는 존재감 있는 생활을 위해 반드시 필요한 것이다. 따라서 여가는 개인적인 시간에도, 가족들과, 소속된 집단 등 삶의 활력과 에너지를 충전하기 위해 누려야 할 당연한 권리이다. 일상을 풍요롭고, 즐겁게 보내기 위해 더 여가를 즐기려는 것은 당연한 것이다.

여가를 즐기기 위해 타인과 활동하기도 하는데 이를 촉진하는 것이 문화이다. 문화는 한 시대의 사람들이 공유하는 가치, 사고, 생각 등 생활양식으로 추구되고 교류된다는 특성이 있다. 그래서 문화는 개인들이 원하는 것이라고 하여도 타인들과 교류되지 않는다면 형성될 수 없고, 문화적 생활을 해야 한다고 의식하지 않더라도 개인의 선택에 의해 추구되는 생활양식이다.

문화의 공유는 생활방식이 같아지는 것을 의미한다. 그래서 좋은 문화가 생활양식으로 공유되면 구성원들은 생활이 풍요롭게 되어 삶의 질이 높아진다. 가치 있는 문화는 개인들의 생활에 영향을 미치는데 참여정도에 따라 조직에서 인정을 받고 있다는 소속감을 갖게 되어 성취감이 높아진다. 여가·문화를 권리로 향유하는 것은 개인들의 삶의 질을 높이기 위해서이고 인간다움을 추구하는 유일한 것이기 때문이다. 여가·문화권리를 향유하면서 이용자는 건강증진, 자율적 활동에 의한 강한 존재감, 성취욕구 증가, 원만한 대인관계 등 생활의 활력을 갖게 된다.

(2) 주거권리

의(衣)와 식(食)과 마찬가지로 인간의 생존에 필수적인 것이 주거지이다. 주거지는 개인의 안락한 생활과 삶을 여유롭게 하는 휴식의 기능과 가족 관계를 결속시키는 등 타인의 구속과 해야 할 의무가 없는 유일한 거처로 재충전과 사생활을 보호받기 위해 주거권리는 중요하다.

주거권리 행사는 이용자의 안정된 생활을 위해 반드시 필요하다. 사회생활을 활기 있게 보내고 개인의 주체성과 건강한 노후를 보내는 공간이기 때문에 사생활은 반드시 보장되어야 할 권리이다.

주거권리 행사는 이용자의 주체성을 높이고 자립생활을 준비하는 등 존엄한 생활을 향유하게 한다. 자기정체감을 갖게 하고 존재감을 인식하게 하여 사회생활을 원만하게 유지하게 한다. 주거권리행사는 사회생활을 더욱 활동적이게 한다. 또한 사회적 역할수행에 필요한 에너지를 공급하여 문제에 직면한 상황에서도 극복할 힘을 제공한다. 주거지 선택과 결정은 이용자의 자립생활을 촉진하는 기저이다.

인간은 태어나는 순간부터 가족들의 돌봄을 받으며 성장한다. 가족임을 알게 하면서 가족 관계를 돈독하게 만드는 유일한 공간이 주거지다. 부모의 헌신 속에 자녀들은 건강하게 성장하면서 미래를 준비하는 등 격려와 지지의 공간이 가정이다. 가족들은 가정 안에서 서로를 의지하며 사회생활을 하기 위한 힘을 얻음으로써 사회적 역할을 수행할 수 있다. 가정 밖의 무거운 것들을 재충전하기 위해 가족들과 휴식을 취하고 자유로움을 느끼는 공간은 오직 가정밖에 없다. 가정의 안락함은 어떠한 외부의 압력과 힘듦이 있다고 하여도 휴식을 갖게 하여 새로운 힘을 준다. 가족의 결속과 행복을 위한 터전이 가정인 것이다. 따라서 주거권리를 통해 타인의 간섭 없이 사생활이 보장되어야만 한다. 가정은 사생활이 보장되고 가족들만의 안락한 공간이어야 하기 때문이다. 그러므로 주거지를 방문하는 경우에는 허락이 있어야 한다.

(3) 건강권리

사람들은 건강하기를 기대한다. 하지만 건강한 생활을 유지하기 위한 안전망의 구축은 국가의 책임이다. 개인들은 건강을 관리하기 위해 운동 등을 통해 지킬 수는 있지만 환자가 치료받을 의료기관이 부족하거나 의료 인력이 턱없이 부족하다면 건강권을 보장받을 수 없다. 건강권리는 개인의 노력과 국가의 책무가 조화를 이룰 때 행사되는 권리이다.

건강권의 위협은 개인의 생활습관과 기질, 스트레스 등 다양한 요인에 의해 발생하지만 환경 또한 영향을 미친다. 최근 환경오염으로 인해 질병이 증가하고 있다는 것은 알려진 사실이다. 대기오염은 건강권을 위협하는 위험이 되었으며 오존층 파괴 또한 전 인류가 해결해야 할 과제가 된 지 오래이다. 3세대 인권은 자국민을 보호하고 연대하여 해결해야 할 권리로 인류공존의 과업이 되었다.

우리나라는 1963년 「의료보험법」을 제정한 이후 1988년 농어촌 의료보험 실시, 1989년 도시지역의료보험 실시를 통해 전 국민 의료보험 시대로 진입하였다. 2000년 7월 「국민건강보험법」을 제정하여 공무원, 사립학교 교직원 의료보험 및 지역의료보험, 직장의료보험을 통합하였다. 보건복지부(2013, 의료급여사업안내)는 1종 급여 대상자와 2종 대상자로 자격요건을 구분하여 진찰, 치료, 약제 급부, 수술, 간호, 이송 외에 입원 등의 급여를 제공받게 하였다. 사무직 등에 종사하는 근로자는 2년에 1회 건강검진과 기타 현장 근로자인 경우 매년 건강검진을 실시하고, 2003년부터 노인 인검진 및 개안수술을 지원하고 있다. 최근 치매상담센터를 통해 60세 이상을 대상으로 치매조기검진을 실시하고 있으며 노인장기요양보험의 경우 65세 이상의 노인성질환을 앓고 있는 대상자 누구나 보험급여를 제공받을 수 있도록 지원하고 있다(이해영, 2015: 129-139).

하지만 건강권 보장을 위한 정부의 노력에도 불구하고 건강을 위협하는 위험이 지속적으로 증가하는 실정이다. 우리나라의 등록장애인은 2014년 현재 272만 6,910명으로 추정되고 있으며, 교통사고 등 후천적 장애인 또한 증가하는 추세이다(이채식 외, 2017: 40-41). OECD국가 10만 명당 평균 자살률 또한 한국 28.7명(헝가리 19.4명, 슬로베니아 18.1명, 일본 17.6명)으로 가장 높은 상황이며, 노인 자살률 또한 급속하게 증가하는 추세이다(YTN 뉴스 사회면 http://www.ytn.co.kr/ 2017. 08. 3.).

(4) 소득보장권리

빈곤문제를 해결하기 위한 정책이 일자리 창출사업이다. 일할 수 있어야만 사회참여를 하고 사회활동이 가능하다는 면에서 일자리 창출은 개인들의 사회생활 권리를 행사하게 하여 생활을 안정시킨다. 일할 기회가 없다면 사회진출은 물론 권리행사를 제약받게 된다.

일할 수 있는 기회를 제공하는 것은 국가의 책무이다. 일자리 창출을 통해 개인들의 사회진출을 용이하게 하여 역량을 발휘할 수 있도록 사회분위기를 조성하는 것은 개인뿐 아니라 가족의 안녕과 국가 발전을 위해서 중요하다. 더 나아가 일을 하는 사람들이 많아질 때 국가 경제가 활성화되고 튼튼해진다는 점에서 일할 기회는 개인과 사회, 국가의 힘을 탄탄하게 만드는 초석이 된다.

일할 권리는 소득과 관련되고 일을 하는 것은 사회활동과 직결된 권리이다. 일을 할 수 있는 기회제공은 소득을 창출하여 생활하게 한다는 점에서 일할 권리와 소득의 권리는 동일한 것이다.

(5) 안정된 사회생활 권리

인간다운 생활은 안정된 생활정도에 의한다. 그래서 인간은 자신의 삶이 안정되기를 바라고 안정을 찾기 위해 많은 노력을 한다. 안정된 생활은 주관적인 인식정도에 의하기 때문에 개인에 따라 차이가 있지만 생활할 수 있을 정도여야 한다는 것이 일반적인 이해이다. 누구는 물질적인 풍요로움을 통해 안정을 찾고, 누구는 여가와 문화생활을 통해 안정을 찾는다.

안정된 생활을 위한 첫 번째 조건이 의·식·주의 보장이다. 의·식·주를 충족하고 안정된 생활을 위해 직업을 선택하고 직장이 안정되어 가면서 미래를 도모하고 준비하는 것처럼 여가·문화권리는 안정된 생활의 필수 조건이다.

인간은 안정된 미래를 준비하기 위해 현실을 개척하면서 살아간다. 하지만 미래는 알 수 없는 내일의 일이다. 그럼에도 더 나은 생활을 위해 미래를 준비하고, 새로운 시도를 하면서 창의적인 것들을 도전하는 이유는 현실이 어렵다거나 만족하지 않는다고 하여도 내일은 나아질 것이라는 희망을 갖기 때문이다. 결핍을 느끼면서 충족되지 않는 것들이 많고 자주 겪는다면 결핍된 욕구를 간직한 채 생활하게 된다. 생활 속 결핍이 많아지고 자주 겪게 되거나 또는 인식하는 정도가 잦거나 스스로 결핍되었다고 인지하게 되면 생활의 안정성은 위협받게 된다.

사실 개인의 생활을 위협하고 안정성을 저해하는 위험은 항시 있다. 저출산 문제를 해결하기 위해 출산을 장려하는 정책은 인구증가를 위한 대처가 아니라 양육비용과 부모의 사회활동에 직접적으로 영향을 미친다는 점에서 국가의 적극적인 개입이 필요하다. 교육비 투자는 부모에게 엄청난 부담이기 때문에 자녀가 경제력 부족 등을 느낀다면 다양한 것들을 시도하지 못한다. 여기에 더해 자녀양육이 불가능하여 떨어져 지내거나 시설에 입소해야 한다면 불안정하게 생활하게 된다.

안정된 사회생활을 영위할 권리는 인간다운 생활을 위해 필수적인 것이다. 안정된 생활은 주변 관계 또한 나아지게 하고 사회 구성원 전체가 영향을 받는다는 점에서 개인의 의지와 노력 또한 필요하다. 국가의 사회보장정도에 따라 권리를 행사할 수 있다는 점에서 개인의 안정성은 사회 환경의 조성에 의해 영향을 받는다. 그러나 개인 또한 안정된 생활을 위해 노력해야만 보장되는 권리이다.

4장

인권침해 유형과 딜레마 극복전략

1. 폭력의 개념

인류 역사상 끊이지 않게 제기된 이슈가 폭력이다. 피해자와 가해자가 있으며 물리적 힘을 통해 피해를 입히는 등의 모든 행위를 폭력으로 간주한다. 폭력은 강자가 힘을 통해 약자를 지배하고 군림하려는 의도적인 행위이다. 국가는 국민들의 인간다움을 권력을 통해 침해할 수 있고, 단체에 의해 또는 개인 간에도 물리력을 동원하여 행사될 수 있다. 국가가 개입하는 폭력은 범죄로 이어지는 경우가 많아 처벌의 대상이다.

폭력은 사회학, 심리학, 법학 등 학문적 정의에 따라 차이가 있으며, 폭력행사의 주체, 대상, 폭력의 정도, 발생장소 등에 따라 서로 다른 관점에서 제각각 정의된다. 폭력은 '사납다'와 '힘'을 의미한다. '정도에서 벗어나 지나치다'는 의미로 '지나치게 사용되는 힘'을 의미한다. 이는 파괴를 수반하고 두려움을 주는 영향력이다. 따라서 신체에 한정되지 않으며 언어적으로 행사되는 두려움과 고통을 주는 폭력을 포함한다(오승호, 2009: 98-99).

폭력의 개념은 명확하지 않으나 학대와 혼용되어 사용되기도 한다. 학대보다 포괄적인 개념이 폭력이다. 폭력의 유형으로는 방임, 방임적 처우, 신체적 폭력, 자해, 정신적 폭력, 유해한 관행, 정보통신에 의한 폭력, 아동 권리의 침해 외에 대중매체에 의한 폭력 등이다(임시아, 2017: 204-205).

폭행은 신체적, 정서적 협박을 포함하고 공격적으로 행해지는 행동으로 정의한다. 성적, 신체적, 정서적 폭행 중 어떤 행동은 학대가 되며, 보호할 책임이 있는 사람이 보호하고 있는, 또는 보호해야 할 사람에 대한 기본적인 욕구를 지원하지 않거나 충족시키지 않는다면 방임으로 정의된다. 가장 심각한 폭력은 구타로 신체적 상해를 유발하고 또는 상해의 위험성이 있는 학대로서 다른 학대와 구별된다(김운회, 2008: 20).

따라서 폭력은 심리적 협박, 신체적 위협, 학대적 행동으로 정의되고, 신체적 폭행, 성적 폭행, 정서적 폭행의 패턴은 학대를 가하는 형태로 구분된다. 권력 또는 힘을 가진 사람이 책임져야 할 위치에 있으면서 보호 등의 욕구를 지원해야 함에도 시행하지 않을 경우 방임에 해당하고, 신체적 피해를 가하는 경우 신체적 폭행으로 정의한다. 따라서 행동 또는 언어적으로 표출하는 모든 행위는 폭행이라고 할 수 있다. 상해를 입히는 모든 행위는 학대로 정의되고, 신체적으로 상해를 입히면 신체적 학대, 정서적·심리적 공격이 상해에 이르게 했다면 정서적 학대, 단순한 심리적 욕구에 대한 방치라면 방임으로 정의된다. 성적 만족 또는 성적 접촉을 시도하거나 지배 등 반강제적으로 시행했다면 성폭행이다(Alan Kemp, 이화여자대학교사회사업연구회 역, 2001: 33-34).

따라서 폭력은 물리적 힘 또는 도구를 활용하거나 힘을 활용하여 타인에게 신체적, 정신적으로 위협을 가하는 행동, 피해를 주는 모든 행위이다. Straus(1979: 75-87)는 물건을 던지는 행위, 떠밀거나 움켜잡는 행위, 뺨을 때리는 행위, 발로 차거나 물어뜯거나 주먹으로 때리는 행위, 물건으로 때리거나 때린다고 위협하는 행위, 때리는 행위, 칼이나 망치, 도끼, 총 등을 사용하여 위협하는 행위, 또는 구타하는 행위를 폭력으로 구분하였다(김운회, 2008: 20-21 재인용).

아동에게 가하는 폭력을 아동학대 또는 아동폭력으로, 노인에게 물리적 힘을 가하는 행위를 노인폭력으로, 여성에게 가해진 폭력은 여성폭력으로 구분된다. 물리적인 힘 또는 도구를 사용하여 상해를 입혔다면 신체적 폭력으로 분류하고, 원치 않는 강압적인 방식으로 동의 없이 성적 행위를 하였다면 성폭력이다. 또한 상해를 입히지 않았지만 언어와 행동으로 상처를 주는 등의 행위를 하였다면 정서적 폭력이다. 언어를 사용하여 상처를 주거나 모욕을 주는 등의 행위는 언어적 폭력이다. 보호를 하거나 도움이 필요한 대상의 욕구를 무시하거나 요구 등을 정당한 사유 없이 거절하고 무시하는 등의 행위를 하였다면 방임에 해당한다. 자살충동이나 무가치한 존재로 인식하여 의도적으로 자신을 돌보지 않는다면 자기방임이다. 동의 없이 임의적으로 재산의 매도, 대출받기, 증여 등의 행위를 하였다면 재정적 폭력에 해당한다. 이는 부모의 재산 등을 임의적으로 사용하는 것으로 가족 간에도 성립된다. 의도적으로 낯선 장소에 버리거나 또는 비의도적으로 장기간 방치한다면 이는 유기에 해당하는 폭력이다.

폭력을 당한 후 피해자들의 반응은 다양한 신체적, 심리적인 변화를 겪으며 후유증을 앓으면서 이전과 다른 생활에 처해지게 되는데 학자들은 극심한 심리적인 변화를 겪는다고 보고하고 있다.

심리적 학대를 당한 아동의 피해에 대해 Kemph 등(1980)은 체중 및 신장 저하, 비정상적인 발달로 인한 체중감소 및 신체발육부진, 체중저하, 성장실패, 지체된 정신발달 등을 보고하였다(Alan Kemp, 이화여자대학교사회사업연구회 역, 2001: 154). 따라서 폭력은 긍정적인 인간관계를 저하시켜 가로막으며 더 이상 희망이 없다는 것과 무가치한 존재임을 인식하게 하여 우울증 등을 유발시킨다. 종래에는 사회적 단절을 선택하게 한다.

최근 데이트 폭력은 폭력에 노출된 피해자의 실상이 상당히 심각하다는 것을 알게 한 사건이다. 연합뉴스(2018. 01. 31.)는 데이트 폭력의 실상을 고발하면서 다음의 뉴스를 보도하였다. 한 남성이 여성을 무차별적으로 폭력을 가하는 영상으로 저항하지 못하는 여성은 피하지도 못한 채 매를 맞고 있었다. 피해자의 영상이 보도된 후 여러 방송에서도 같은 뉴스를 보도하였다. 하지만 같은 영상만을 방영하면서 데이트 폭력의 위험과 문제만을 보도하였다.

우리 사회가 폭력이 만연된 사회라면 누구도 안전하게 생활하지 못할 것이다. 누가 불안한 나라에서 폭력의 문제를 간과하면서 거리를 걷고 사람들을 만나겠는가, 폭력은 우리가 경계해야 할 것이 분명하다. 폭력은 언제든지 일어날 수 있으며, 누구든지 당할 수 있는 일로 자신의 의지와 상관없이 생길 수 있기 때문에 경계해야 할 병폐이다.

2. 폭력의 유형

1) 폭력

(1) 신체적 폭력

안타깝게도 신체적 폭력의 많은 피해자들이 가족과 친족 등에 의해 폭력을 당한다. 신체적 폭력은 도구를 이용하는 상해와 물리적 힘을 통해 타인을 위해하는 행위로 구분되는데 신체적 외상과 손상 등을 포함한다. 신체적 폭력은 외상 후유증을 통해 확인할 수 있는데 피멍, 상처, 타박상, 골절, 할퀸 자국, 절뚝거림 등 신체의 일부를 사용하지 못하는 신체적 외상 흔적을 통해 확인이 가능하다. 회피, 시선을 피하는 등의 모습을 통해서도 확인할 수 있다.

또한 신체적 외상뿐만 아니라 정서적 폭력을 당한 후에 보이는 반응을 통해서도 확인할 수 있다. 평소와 다른 행동을 보이는 정서적 불안 행동, 또는 친하게 지내는 사람에게 외상 후 스트레스 장애를 수반한 증상을 호소하거나 일상생활을 유지하기 어려울 정도로 대인기피 증상을 보이는 등 장기간 치료를 요하는 상태에 놓이는 경우가 대부분이다.

(2) 언어적 폭력

폭언, 모욕적인 언어, 위협하는 말, 협박, 불쾌한 어투, 욕설, 비꼬는 말, 과격한 어투 외에 비언어적으로 표출하는 위협적인 행동, 무서운 표정과 태도, 폭력을 행사하려는 손짓과 발짓, 때리려는 행동 등 상대를 위협하는 의사표현을 언어적 폭력으로 정의한다.

인권침해에서 다루는 언어적 폭력은 타인의 권리를 침해하는 신체적 특성이나 외모를 빗대어 별명을 부르는 불쾌한 호칭, 비웃는 표정, 위협적인 손동작, 발길질을 하며 으름장을 놓는 비언어적 표정과 태도, 거만하게 무시하는 시선 등 상대를 얕잡아 보는 행위를 포함한다. 이러한 행동은 상대에게 위압감과 공포심을 갖게 하여 무기력한 존재임을 의식하게 하는데 혼자서는 아무것도 할 수 없는 위기의식을 조장하면서 억압하는 폭력이다.

언어적 폭력은 상대를 인격적인 존재로 처우하는 것이 아니라 무가치하고, 무기력한 존재임을 받아들이라는 강압적이고 폭력적인 분위기에서 자행된다. 따라서 피해자의 의사는 중요하지 않다. 가해자는 피해자에게 무시와 강요, 복종을 요구하는 등 강압적인 분위기를 조장하면서 언어적 폭력을 행사하는데, 언어적 폭력을 통해 힘을 과시하면서 피해자에게 무조건적인 복종을 요구하는 경우가 대부분이다. 언어적 폭력을 당하는 피해자는 폭력을 피하기 위해 침묵, 순종하는 표정, 지시에 따르는 수동적인 행동을 보이며 의사를 주장하지 않는다. 의미 없는 태도와 무언의 표정으로 복종하겠다는 의사를 표시하고, 또는 반응 없이 가만히 있기, 얘기하는 대로 듣기 등과 같이 힘없는 표정으로 무기력하게 모든 폭언을 감수한다. 그래야만 가해자의 폭력이 조금이라도 일찍 끝나기 때문이다.

전문가들은 가해자에게 피해를 당하더라도 굴복하지 않겠다는 저항을 통해 중지시켜야 한다고 얘기하지만 폭력을 당하면서 저항하는 것은 불가능하다.

언어적 폭력이 심각한 이유는 일상생활을 하지 못할 정도로 자존감에 상처를 입히고 심각한 후유증을 유발하는 정서적 피해를 주기 때문이다. 계속되는 폭언에 노출된 생활은 폭언을 일상의 언어처럼 인식하면서 학습화된다. 불안정한 정서상태에 노출되면서 폭력을 당하는 긴장된 생활이 안정된 것처럼 공포의 감정에 놓이는 것이다.

언어적 폭력을 당하면 당할수록 존재감이 없다고 인식하고 무가치하다는 생각을 갖는다. 정서적으로 고갈된 상태라면 도움받을 방법을 몰라 처지를 비관하면서 벗어나기 위해 도움을 줄 사람이나 대상을 찾아보지만 도움을 받을 곳이 없다는 현실을 비관하면서 기대 없는 미래를 불안해하는 생활에 익숙해지는 것이다. 더욱 심각한 문제는 폭력에서 벗어날 수 없다는 생각을 하면서 스스로 벗어날 가망이 없다는 비관적인 생각을 당연시하며 폭력의 노예로, 희생자로 지내는 것을 받아들인다는 것이다. 폭력을 되돌릴 수 없다는 착각 속에 벗어날 가망이 없다는 사망선고를 스스로 내리는 것이다.

언어적 폭력의 피해자들이 보이는 행동 특성은 사소한 얘기에 화를 내고 신경질적으로 반응하면서 화를 내지 않아도 될 상황인데도 감정을 자제하지 못해 물건을 부수는 등 억압된 감정을 분노로 표출하는 것이다. 사소한 일에 스트레스를 받고 상황을 참지 못해 돌발적으로 행동하면서, 분노를 참지 못해 감정적으로 대처하고 이웃들과의 관계가 멀어지고 있음에도 혼자 있는 시간을 오랫동안 보내기도 한다. 폭력을 당한 상황을 자신의 무능력과 결부시켜 자녀에게 폭력을 행사하기도 하는데 문제가 있으나 책임을 자녀에게 전가하고 또는 괴롭힘을 정당화하기 위해 거짓말을 하기도 한다.

피해자의 중얼거리는 혼잣말은 불안의 초기증상이다. 물건을 부수고 이상한 행동을 서슴없이 아무도 모르게 한다면 피해로 인한 후유증이 심각하다는 전조증상이다. 화를 참지 못해 의미 없는 행동을 하거나 집착하는 등의 행동은 치료가 필요한 상태임을 의미한다. 공포감은 폭력에 노출된 피해자의 대표적인 불안 행동이다. 자살은 불안 증세를 호소하는 피해자의 특성으로 폭력을 벗어날 가망이 없다는 비관적인 생각이 스트레스로 가중되고 우울증이 악화되면서 더 이상 삶의 희망이 없다는 생각에 마지막으로 선택하는 것이다. 이렇듯 언어적 폭력은 타인의 삶을 망가뜨리는 치명적인 인권침해이다.

(3) 정서적 폭력

언어적 폭력을 포함하고 물리력을 동원하여 공포감을 조성하는 등 위협을 가해 상대에게 상처를 주는 모든 행위는 정서적 폭력이다.

정서적 학대는 가해자의 조직적인 은폐음모에 의해 피해자를 고립시킨다. 가해자가 학대사실을 왜곡하여 주변 사람들에게 전파할 때는 피해자 모함, 왜곡 등이 포함된다. 이로 인해 정작 피해자는 가해자에 대한 두려움 속에 괴로워하면서도 피해를 호소할 대상이 없고 혹여 도움 호소를 하더라도 외면당하는 상황에 놓이게 되어 심각한 정서적 고립감과 자존감 훼손 등의 상처를 입게 된다. 이러한 상황이 지속되다 보면 피해사실이 알려지는 시점에는 폭력의 정도가 심각하게 진척된 상황에서 발견되는 경우가 대부분이다. 피해자는 타인에 대한 불신 또는 도움을 요청해도 거절당할 것을 두려워한 나머지 정말 도움을 받을 수 있을지를 확신하지 못하는 등 두려운 감정 상태에 놓여 있는 경우가 대부분이다. 도움을 주려는 전문가 또는 제공자는 피해자의 미온적인 태도를 이해하지 못해 일부의 도움을 제공하거나 도움을 제공하지 못하는 경우가 발생하기도 한다.

피해 사실이 알려진 시점의 피해자는 왜곡된 인지로 인해 정신과 치료를 받아야 하는 경우가 대부분이며 피해자 스스로 잘못하였기 때문에 학대를 당한 것이라는 인지 왜곡에 의해 사실 여부 확인이 어려운 경우가 많다. 또는 가해자의 정서 학대사실은 정황적 증거뿐이어서 피해자의 엇갈린 피해 진술로 인해 가해자의 일방적인 주장이 인정되는 경우도 많다. 따라서 피해자는 피해사실을 적극적으로 알릴 기회를 포기하는 경우도 허다하다. 또는 피해사실을 알리기는 하였지만 처벌할 수 없다는 막막한 현실에 분노하면서 가해자에 대한 처벌을 포기하기도 한다.

정서적 학대가 심각성한 이유는 학대를 당할수록 존재감이 없다는 무기력을 경험하는 정서적 고갈상태에 놓이기 때문이다. 벗어나야 한다는 생각자체를 갖지 않는 것은 매우 심각한 지경의 학대피해 증후군에 처해 있는 것이다. 고립된 생활이 지속되면 저항하지도 않은 채 가망이 없다는 자괴감 속에 생활하면서 자살을 선택하기도 한다. 생활 의욕을 상실한 상태이기 때문에 더 이상 기대할 것도 희망도 없다는 절망을 숙명인 것처럼 착각하여 존재감이 없다고 인식한다. 폭력은 자신의 문제 때문에 일어난 것이라는 착각이 마치 현실인 것처럼 의식하는 것이다.

정서적 학대는 잦은 거부를 당한 피해자의 사례에서 보고되고는 하는데, 보호가 필요하지만 보호를 거부당한 경험이 잦거나 많고, 요구할 수 없는 상황을 많이 겪으면서 존재감이 없다는 생각을 하는 것 등이다. 모든 상황은 자신의 잘못 때문에 생겼다는 것을 인정하는 등 비난을 받아들인다. 낙인 받는 것을 당연하게 여기면서 열등하다고 인식한다.

정서적 학대의 범주에는 다음과 같은 것들이 있다. '공포'는 언어 또는 위협 등 공격을 당하는 중에 증가하지만 저항을 포기하는 가해자의 강압적인 태도를 의식하는 감정의 상태로 초조함, 집중하지 못하는 불안정한 감정상태 등 안정되지 않는 심리적 상태를 말한다. '고립'은 사회적 접촉을 배제당하는 것이다. '물들이기'는 약물사용, 게임중독 등 부적절한 행동에 중독되도록 조장하는 행위이다. '착취하기'는 보호자가 자신의 욕구를 충족하기 위해 피해자를 이용하는 잘못된 행위이다. '필요한 자극을 부인하기'는 보살핌 등 필요한 자극이나 정서적 반응을 회피하는 것이며, '믿을 수 없고 일관성 없는 보호역할'은 모순된 논리의 강제, 무리한 기대를 요구하는 것이다. 이상과 같이 정서적 학대는 정서적으로 손상을 주어 무가치한 존재임을 인식하게 한다(Alan Kempe, 2001: 123-124).

피해자는 정서적 폭력을 심히게 당할수록 관계단절을 선택하고 자신을 무가치한 존재로 인식한다. 사회적으로도 고립된 채 생활한다. 가족관계가 단절되거나 해체되기도 하는데 오랫동안 정서적 폭력을 당했기 때문에 자력으로는 일상생활을 할 수 없는 상태인 경우가 대부분이다. 정서적인 안정이 필요하고 심한 경우 심각한 외상 후 후유증을 동반하고 있는데, 신체발달, 정신적인 미성숙, 괴팍한 성격, 약물의존 또는 알코올 의존, 우울, 자살충동 등은 대표적인 증상이다.

회복을 위해서는 치료 또한 장기적으로 지속해서 집중적으로 이루어져야 한다. 정서적 안정을 위한 가족의 지지는 물론 심리적인 회복을 위해서도 오랜 시간이 걸릴 뿐만 아니라 타인에 대한 경계심을 풀기까지 문화적, 사회적, 가족 지원 등이 다양하게 제공되어야만 회복을 기대할 수 있다. 회복은 의학적 치료를 병행하면서 자조적으로 생활을 할 수 있는가에 의하므로 안정된 생활을 하기까지는 오랜 시간이 걸린다.

(4) 물리적 폭력

물리적인 힘 또는 도구를 사용하여 상대를 강압적으로 위협하는 행동, 폭력을 행사하는 것 등을 포함하는 모든 행위를 물리적 폭력이라고 한다. 물리적 폭력은 강자와 약자의 관계에서 행사된다. 완력을 사용하여 강제로 신체를 압박하기, 누르기, 손과 발을 움직이지 못하도록 잡기, 팔을 잡거나 움직이지 못하게 붙잡기, 밀기, 넘어뜨리기 등 타인에게 상해를 입히는 행위와 위협을 포함한다.

도구를 사용하는 폭력은 빗자루를 집어 때리거나 위협하는 행동, 못으로 때리고 그릇이나 칼, 쓰레기통을 집어 폭력을 행사하는 등 생활 도구 외에 물건으로 상해를 입히거나 위협하는 행동 등이 물리적 폭력에 포함된다. 도구를 사용하는 폭력은 완력을 사용하여 행사하는 폭력보다 더 위험하고 심각한 상해를 입힌다. 심한 경우 사망에 이르기도 한다. 따라서 물리적 힘보다 더 위험한 폭력이 도구에 의한 폭력이다.

도구를 사용하는 폭력은 피해자에게 심각한 후유증을 입히는 것은 물론 회복기간 또한 오래 걸리고, 심한 경우 목숨을 잃게 하는 범죄이다. 뉴스를 통해 종종 접하게 되는 강도상해의 경우 타인의 금품을 빼앗기 위해 칼을 들고 위협하는 행위가 보도되고 있는데, 여기에 더해 상해를 입힌다면 심각한 범죄이다. 그만큼 물리적 폭력은 단죄해야 할 범죄이다.

(5) 재정적 폭력

재정적 폭력은 가족, 또는 친족, 타인이 당사자의 동의 없이 명의를 도용하여 집을 저당 잡히는 것, 당사자의 허락 없이 은행에서 대출을 받는 것, 통장의 현금을 허락없이 인출하는 것, 허락 없이 부동산 등을 저당 잡히거나 파는 행위 외에 재산적 가치가 있는 현금 또는 물건을 허락 없이 사용하는 것 등이다.

재정적 폭력은 사전 동의 없이 타인의 자산을 임의적으로 사용하는 것을 금지하고 있다는 점에서 폭력으로 규정된다. 이를 폭력으로 규정한 것은 결국 범죄와 다를 바 없기 때문이다. 가족 간에도 재정적 폭력을 금지하는 것은 폭력의 정도가 심각하고 만연되어 있기 때문이다.

자녀가 부모의 집에서 마음에 드는 물건을 허락 없이 가져갔을 때 부모가 돌려달라고 요구해도 돌려주지 않는다면 재정적 폭력에 해당한다. 인감도장을 몰래 가져간 자녀가 부모명의의 집을 담보로 대출을 받고 이를 안 부모가 변제하고 대출을 취소해야 한다면 이 또한 재정적 폭력에 해당한다.

동의 없이 강제로 타인의 물건을 빼앗거나, 허락 없이 남의 물건을 훔치고 사용하는 행위는 절도이다. 주인이 있는 자전거를 허락 없이 사용하였다면 처벌을 받게 된다. 지갑을 주워 신고하지 않거나 현금을 사용하게 되면 절도이다. 따라서 재정적 폭력은 광범위하고 상황에 따라 다르게 적용된다.

(6) 가정폭력

가정폭력은 위의 폭력 유형을 포함하는 복합적인 범죄로 가정에서 일어난다는 특성이 있다. 개인 간 또는 사회 내에서 일어나는 폭력이 아니라 가정에서 행사되는 폭력으로 정의한다. 현행법은 가정에서 일어나는 폭력행위를 가정폭력으로 규정하고 있다.

가정폭력은 가족 성원이 가족들에게 어떠한 형태로든 폭력을 행사하는 것을 폭력으로 규정한다. 즉 부모가 자녀를 때리는 것, 남편이 아내에게 폭력을 행사하는 행위, 자녀가 부모에게 폭력을 행사하는 것 등이다. 언어폭력, 신체폭력, 방임, 유기, 재정적 폭력 등을 포함한다. 남편에 의한 폭력에 국한하지 않으며 약자인 가족 성원에게 행사되는 모든 유형의 폭력이 가정폭력이다.

가해자에 의한 가정폭력의 유형은 배우자학대, 아동학대, 노인학대로 분류되고, 신체적 학대, 정서적 학대, 성적 학대, 스토킹, 방임 등으로 구분할 수 있다. 신체적 학대는 손과 발로 때리고 차기, 물어뜯기, 흉기로 위협하기, 상해 입히기, 머리 잡아당기기 등 상해를 입히는 것이며, 정서적 학대는 고민이나 걱정을 하게 하는 행위, 관심을 주지 않는 방임, 언어적으로 학대하는 것, 모욕감을 느끼게 하는 것, 놀라게 하는 것, 위협, 집요한 괴롭힘 등이다. 성적 학대는 원치 않는 성적인 접촉, 강간, 수간, 강제적으로 옷을 벗기는 행위, 신체부위의 임의적인 촬영, 성적인 수치심을 유발하는 행위를 강요하고 성관계를 강제적으로 갖는 것, 타인이 보는 앞에서 성적인 행위를 강제로 하는 것, 가학적인 성행위, 품위를 손상시키거나 손상하게 하는 성행위 등 모든 성적 행위를 포함한다. 스토킹은 파트너, 과거의 부인·자녀 등에게 행하는 것으로 이메일, 편지, 문자, 카톡 등을 보내는 것도 해당할 수 있고, 따라다니기, 괴롭힘, 위협으로 가해지는 폭력이다. 방임은 보호해야 할 의무자가 보호받아야 할 대상자를 방치하여 위험에 처해지도록 하는 것을 말하는데 가정에서 이루어지고 가족 성원에게 행해지는 모든 행위는 가정폭력이다(김운회, 2008: 27-32).

최근 가정 폭력이 사회적인 이슈가 되었다. 가해자의 집착에 의한 스토킹 또한 심각한 사회문제로 확산된 실정이다. 하지만 사회 범죄로만 다루고 있어 피해자를 보호하기 위한 대처가 미흡하다는 지적이 있다. 가정폭력은 사회문제 이상의 국가차원에서 다루어야 할 현안으로 법률적, 형사적 문제로만 해결하기에는 한계가 있다. 따라서 법률적인 차원에서만 해결하려는 것은 가정의 문제를 방치하는 것과 다름없다. 이제껏 형법으로 개선된 사례가 드물기 때문이다.

가정폭력은 경찰의 적극적인 개입에도 불구하고 증가하고 있으며 사회문제로 확산되고 있어 대책이 시급한 상황이다. 첫째, 가족 성원의 폭력 기준, 훈육, 사소한 언쟁, 다툼 등을 폭력으로 규정할 수 있는가, 둘째, 가족폭력 가해자로 지목된 부모 또는 자녀를 처벌하는 것이 가정폭력예방에 효과적인가, 셋째, 가해자가 부모 등 보호자이고 처벌받게 된다면 피해자인 미성년자, 심신미약자, 보호가 필요한 중증의 장애인 또는 노인에 대해 국가는 보호조치를 충분하게 마련하고 있는가, 넷째, 피해자의 구제를 목적으로 가족관계 단절을 예방하기 위한 조치와 장치는 마련되어 있는가 등의 대책이 마련되어야 할 것이다.

(7) 성폭력

성폭력은 성희롱, 성추행, 성폭력, 강간 등을 일컬으며 강압적인 방법에 의해,

또는 성적 욕구를 충족하기 위해 상대의 동의 없이 강제적으로 가해지는 모든 성적 행위를 말한다. 성폭력은 권력과 지위를 이용하여 원치 않는 성적 접촉을 시도하거나 행위를 망라하고 부부간에도 이러한 폭력은 적용된다.

성희롱은 언어, 사진, 영상 등을 통해 성적 수치심을 유발하는 행위로서 상대의 동의 없이 신체 또는 특정 부위를 빗대어 비유하거나 성적인 농담을 포함하고 언어적 비언어적으로 행해지는 폭력이다. 성희롱은 일상 또는 퇴근 시간 이후 조직에 속하건 아니건 간에 타인의 신체 부위, 신체 특성을 비유하는 성적인 언어표현, 비언어적으로 비유하는 행위, 다른 여성, 또는 남성의 특정 부위, 성행위와 유사한 언어적·비언어적인 모든 행위를 망라한다.

성추행은 신체적 접촉을 시도하거나 특정 부위 등을 거론하면서 성적 수치심을 유발하는 행위로서 성희롱 다음으로 우리 사회에 만연된 성폭력 유형이다. 직장상사, 동료, 일반인 등 사회 전반적으로 퍼져 있는 성폭력 유형으로 대중교통을 이용하는 중에도 빈번하게 발생되는 성 범죄이다. 성적 충동을 억제하지 못해 유발되지만 타인에게 수치심을 유발한다는 점과 성적 결정권리를 침해하는 폭력이라는 점에서 심각한 범죄이다.

이상을 종합하여 볼 때 성폭행 등의 위험성은 직위 등을 통해 자행되는 경우가 대부분이어서 심각성을 더한다고 할 수 있다. 성폭행 가해자들은 신고의 두려움을 피하기 위해 피해자가 반항할수록 공포심을 조장하고 이러한 폭력적인 행동을 통해 성적 욕구를 충족한다는 점에서 심각한 범죄이다. 인간의 성(性)은 인간만이 자유권을 행사하는 고유한 권리라는 점에서 근절되어야 할 범죄이다.

성폭력은 성희롱과 성추행보다 더욱 심각한 범죄이다. 개인의 성적 욕구를 충족하기 위해 타인의 성적 자기결정권을 침해하고 억합하는 행위이기 때문이다. 더 심각한 문제는 정신적·신체적으로 상해를 입히고 후유증 또한 심각하다는 점이다. Alan Kempe 등(2001: 187-190)은 성폭력 피해자는 외상 후 스트레스 장애, 성격변화, 일상생활 저하, 퇴행적 행동, 남성 또는 여성에 대한 회피와 반감, 성관계 혐오 등의 문제가 나타나는 것으로 보고하였다. 또한 약물중독과 대인관계 회피, 목욕 등에 대한 신체청결 부정, 자해, 자학적 행동, 자살충동, 우울, 예민한 성격, 흥분, 대인기피, 성관계 거부, 다중인격 등을 호소한다고 하였다.

성폭력 범죄는 감정을 고갈시키고 타인과의 원만한 교류기회를 박탈하는 등 인간다운 삶을 훼손시킨다. 보기 싫은 상대와의 대화가 의미 없고, 시간을 낭비했다는 것으로 판단하듯이 성과 관련된 폭력이 만연된 사회는 안전한 사회가 아니다.

2) 의도적 방임

방임은 보호받아야 할 사람이 보호를 해야 하는 사람으로부터 보호를 받지 못해 위험에 노출되어 상해를 입는 것을 말한다. 의도적 방임은 보호의무가 있는 사람이 의도적으로 돌봄, 양육, 보호 등을 하지 않아 위험에 처하도록 내버려 두어 상해를 입히는 행위이다.

방임은 일상생활에서의 방임, 즉 외부활동의 차단, 타인과의 접촉 제재 등 의도적으로 방치하여 보호가 필요한 대상자의 생활에 관여하지 않고 신체적 건강에 위협을 당하도록 내버려 두고 또는 외부관계 단절을 통해 정서적으로 메마르게 하는 등 방치하는 것을 말한다. 보호가 필요한 사람에게 비위생적인 생활 등 위험에 빠지게 하여 정신적·신체적으로 건강상태를 악화시키고 또는 위험에 빠져 있음에도 방치하는 것을 말한다.

Munkel(1994)은 방임에 대해 물리적 환경, 환경적 위험, 부적절한 보호 등으로 분리하였는데, 물리적 환경은 부적절한 주거환경, 수면관리, 비위생적인 조건과 환경, 가사환경 등에서 구조적으로 위험이 존재함에도 방치하는 것이며, 환경적 위험은 방화위험의 방치 및 인화물질들의 접근가능성, 지나치게 높은 수온 또는 낮은 수온 등이라고 하였다. 마지막으로 부적절한 보호는 영양소 섭취 방치, 의복방치, 개인적 위생 방치, 건강을 위한 간호방치, 지도·감독에 대한 부적절성을 포함하였다(Alan Kempe, 이화여자대학교사회사업연구회 역, 2001: 152-153).

의도적 방임은 보호의무자의 의도적인 방치이다. 식사시간이 되었음에도 식사를 제공하지 않거나, 약을 먹어야 하지만 제공하지 않아 병을 악화시키는 것 등이다. 동일한 주거지에 지내면서 없는 사람처럼 취급하여 존재감을 상실하게 하는 행위, 의도적으로 개입하지 않고, 외출을 동행하지 않거나 또는 방에서 나오지 못하게 하는 등 상황을 악화시키는 행위들은 방임에 해당한다.

3) 자기방임

의도적 방임이 보호자에 의해 행해지는 것이라면 자기방임은 스스로 자신을 학대하고 방치하는 것을 말한다. 자신을 돌보지 않고 타인과 관계 맺기를 거부하는 등 자신을 위해 아무런 조치를 취하지 않는 것을 말한다. 자기방임은 상처를 받았던 특별한 사건에 의해 또는 타인들과의 관계에서 심각한 상처를 받은 후 상처로 인해 스스로 방치하는 것이다.

자기방임 학대자는 스스로 건강을 돌보지 않고 식사를 거르며 약을 복용하는 시간을 지키지 않고, 병이 있음에도 약을 타러 병원을 방문하지 않는 등 자신을 학대한다. 과도하게 다른 약물에 의존하는 등 병이 악화되고 있다는 것을 알면서도 건강을 지키지 않는다. 지병이 있음에도 건강을 관리하지 않고, 운동을 하지 않으며 제때 식사를 하지 않아 영양상태가 불균형하고 고른 영양소를 섭취하지 않는 등 자신을 방치한다.

4) 유기

유기는 보호가 필요한 대상자가 알지 못하는 장소에 버리고 또는 알고 있더라도 방치하는 것을 말한다. 유기는 의도적 또는 비의도적 유기로 구분된다. 낯선 장소에 방치하여 찾지 못하도록 하는 것 외에 연락하지 않고 그대로 지내게 하거나, 방치한 장소에서 찾지 않는 것을 의도적 유기라고 한다. 반면 비의도적 유기 또는 자기 유기는 스스로 보호자를 피해 찾지 않거나 연락하지 않은 채 또는 자신도 모르는 낯선 장소에서 그대로 지내는 것이다. 이때 보호자 등과 연락하지 않고 그대로 지내면 자기 유기이다.

유기는 격리를 포함한다. 집안의 지정된 장소에 거주하게 하지만 찾지 않고 없는 사람처럼 취급하는 것이다. 필요한 도움을 주지 않고 욕구 등을 무시하면서 전혀 상관하지 않으며, 지내는 방법 등을 알려 주지 않고 전혀 관심을 두지 않는 것을 소극적 유기라 한다. 이는 방임과 다소 유사하지만 방임의 경우 그를 상관없는 사람으로 취급하거나, 없는 사람처럼 방치하는 것인 반면, 유기는 특별한 장소에 가두어 두고 상관하지 않는다는 점에서 차이가 있다.

유기의 본래 의미는 보호자가 의도적으로 낯선 장소에 유기하여 보호가 필요한 대상자가 찾지 못하도록 한다는 점에서 적극적 유기 또는 의도적 유기라 한다. 반면 소극적 유기는 일정한 장소에 가두고 운신의 폭을 제한하면서 상관없는 사람, 즉 존재하지 않는 사람처럼 처우하는 것이다. 자기 유기는 보호자가 찾지 못하도록 모르는 장소에서 지내면서 자신을 위해 아무런 조치를 취하지 않는 행위이다.

3. 인권 딜레마 극복전략

1) 사회복지 시설이용자의 인권 딜레마

(1) 생명권의 딜레마

사회복지시설에서 생명권을 보장하기 위한 활동이 적절하지 않다고 오해할 수 있다. 생명을 헤칠 정도의 활동이라면 사회적 범죄에 해당하기 때문이다. 하지만 생명권을 위협하는 행위는 사회복지서비스가 필요한 이용자의 생명권을 위협하는 보호 장치의 부재, 안전장치 미비 등의 행위를 포함하고 있어 예방을 위한 안전장치를 마련해야 한다.

고명석(2014: 52)은 생명권은 인간에 관한 모든 것이며 필수적인 것으로, 가치의 근원이라고 하였다. 따라서 생명을 위협하거나 부정하는 행위들을 배격하고 생명에 관한 모든 것을 긍정하면서 지지해야 한다고 하였다. 생명권은 명문화된 규정은 없지만 「대한민국헌법」에서는 인간의 존엄과 가치를 보장(제10조)하고 신체의 자유에서 비롯된다고 하였다(제12조).

사회복지사는 생명권을 지키기 위해 직접적으로 활동하지는 않지만 이용자의 권리를 주장하면서 경시된 문화의 배격과 예방을 위한 활동을 통해 권리를 보장하게 된다. 장애인 부부의 자녀출산 시 장애를 갖게 될 것이라는 불안을 얘기하며 출산을 하지 말라고 하거나 피임을 적극적으로 권장하고 사용방법을 설명하면서 임신하였을 때 유산을 강요하는 행위 등은 생명권을 침해하는 행위이다. 최근 이슈가 되고 있는 호스피스 치료가 필요한 이용자의 치료중단의 권고는 생명 권리를 침해하는 행위이다.

말기치료가 필요한 사람에게 삶의 의욕을 갖도록 치료의 필요성을 적극적으로 설득하는 것은 사회복지사의 중요한 역할이다. 임신을 고민하는 장애여성에게 사회복지 현실을 설명한 후 양육을 감내할 수 있을지를 선택하도록 얘기하는 것은 결심이 필요한 일이다. 선택은 태아의 생명권과 장애여성의 임신을 결정하는 것이어서 판단의 보류 등 딜레마를 겪을 수 있다.

생명권의 쟁점은 자살, 임신중절, 낙태, 타인에 의한 살인 등 자의에 의한 것과 타인에 의한 생명권을 침해하는 행위로 사회적 범죄와 관련되어 있어 형사법적 대응이 주를 이룬다. 사실 사회복지서비스를 이용하지는 않지만 주민들이 피해자가 될 수 있어 법의 도움과 호소를 통해 해결하는 경우가 대부분이다.

종종 뉴스로 보도되는 영아 사망은 대개 영아를 키울 수 없는 미혼모에 의한 버려짐에 의한 것이다. 아동 관련 시설을 운영하는 한 시설장은 버려지는 영아들의 안타까운 죽음을 예방하기 위해 담벼락에 아기를 넣을 수 있는 공간을 만들었는데 현재 베이비박스로 알려져 있다. 영아를 출산하여 양육하겠다는 확신을 갖는다면 얼마나 다행이겠는가, 하지만 출생 이후 자녀를 양육할 만한 경제적 여건이 안 된다거나 혼자 키워야 한다는 부담 또는 어려운 가정형편 등 여러 이유가 있을 것이다.

생명권은 인간의 기본권 중에서도 기본권임에도 불구하고 이러한 이슈가 나타나는 것은 사회적 장치 미비 등 제도적인 보장정책이 충분하지 않아 발생하고 있는 우리 사회의 비극이다. 따라서 양육할 형편이 안 되는 미혼모와 영아들을 위한 제도적 지원이 강화되어야 한다.

분명한 것은 영아의 생명권을 모의 상황에 따라 임의적으로 선택하게 해서는 안 된다는 것이다. 사법적인 판결 사례가 있다고 하여도 보장되어야 할 권리 중 가장 기본적인 권리라는 점에서 생명권은 사회적 규범과 인식이 성숙되어야만 극복되는 딜레마이다.

(2) 인간의 존엄성과 딜레마

인간의 존엄성을 실현하기 위해서는 빈곤, 장애상태, 처우, 여건, 이용자 상태 등의 문제를 개인의 한계로 규정해서는 안 된다. 문제는 누구나 겪을 수 있는 것이므로 변화된다는 기대를 갖고 빠른 시일 안에 해결에 필요한 인적·물적 자원을 연계하여 생활할 수 있도록 서비스를 지원해야 한다.

사회복지실천은 인간의 존엄성을 토대로 인간다움을 추구한다. 이용자의 어려움을 이해하고 수용하면서 더 나은 생활을 위해 아낌없는 지원을 촉구한다. 사회 환경의 변화를 주도하고 이웃들과의 교류를 위한 중재와 조언을 통해 성공적인 일상생활과 사회생활을 누릴 수 있도록 사람들과 연대한다. 이러한 역할은 도움을 필요로 했던 사람들이 안락하고 안정된 생활을 자조적으로 누릴 수 있기까지 지속되어야 한다.

하지만 이용자의 조건의 불리함을 차별하는 법규의 정비가 필요하다는 이슈가 부각되면서 사회복지사의 역할이 확대되어야 한다는 주장이 제기되고 있다. 조손가정의 노인이 생계를 이어가기 위해 휴지 줍는 일은 일자리가 되었고, 다문화가정의 자녀에게 주 1회 방문지도교사를 파견하여 학업성취를 돕고 있다고는 하지만 방문교사의 역량이 탁월하지 않다면 학습 성취를 기대하기 어렵다. 또는 장애인들에게 최저수준의 장애수당을 지급하면서 경제적으로 윤택하게 생활할 것이라는 바람은 모순이다.

제도의 취약성은 종종 사회복지사에게 윤리적 딜레마를 겪게 한다. 인간다움을 지켜 주고 보장하기 위해 활동하지만 처우의 열악함으로 인해 지원의 한계와 역할의 축소 등을 겪는 것이다. 제도 시행의 취지는 열악한 환경에 처해 있는 사람들이 인간다운 생활을 누리면서 미래의 위험을 대비할 수 있도록 돕기 위해서다. 하지만 최저수준의 지원만으로 걱정 없이 생활할 수 있을 것이라 기대하는 것은 정말 모순이다.

인간의 존엄성을 유지하고 타인으로부터 존중받는 생활은 최저수준의 생활을 통해서가 아니라 넉넉하게 생활할 수 있을 때부터다. 따라서 제도적 보완과 아울러 사회적 인식이 성숙되어야만 한다. 누구나 자신의 권리를 소중하게 여기듯 조건이 불리한 이용자 또한 권리주체로서 인간다움을 보장받는 생활을 향유해야 한다. 권리는 타인으로부터 존중받을 때 행사할 수 있게 된다.

지난 해 역전 화장실을 이용하던 여성을 공격한 조현병 환자의 묻지마 폭행이 뉴스로 보도되었다. 이 사건 이후 조현병에 대한 사회적 이슈가 제기되었고 환자 관리를 강화해야 한다는 이슈가 많은 사람들에게 공감되었다. 조현병 환자의 폭력성을 집중적으로 보도하면서 격리해야 한다는 주장 또한 제기되었다. 위의 사례를 볼 때 장애 등 조건이 불리한 사람들에 대한 사회적 인식이 부정적이라는 것을 알게 된다.

「대한민국헌법」 제10조는 “모든 인간은 존엄하고 가치가 있다.”고 명시하고 있다. 인간의 존엄과 가치는 개인의 자유의지에 의해서만 보장을 받는다는 점에서 인간의 존엄성은 인권의 기본적 권리이고 생명권 다음으로 중요한 권리이다.

(3) 자유권과 윤리적 딜레마

인간의 자유권에 대한 논의는 현대사회에도 다양한 이슈로 제기되고 있으며 개인의 자유를 어느 정도 보장해야 하는가는 사회적 합의가 필요하다. 정신질환자와 노숙인 등에 대한 인신구속 문제가 이슈로 제기되었던 사례가 부산의 형제원 사건이다.

인천판 도가니 사건으로 알려지게 된 장애인복지시설 입소장애인 폭력사건은 충격적인 인권유린이었다. 간호조무사가 장애인은 고통을 느끼지 못한다면서 마취도 없이 낚싯줄로 상처 난 손을 봉합하였고, 다수의 생활지도원이 조직적으로 폭력을 행사한 사건이었다(연합뉴스, 2013. 03. 21.). 2016년 10월 8일 'sbs 그것이 알고 싶다'에 방영된 '대구 희망원' 사건은 노숙인과 정신질환을 앓고 있는 시설 입소장애인에게 폭력을 행사하고 2년간 129명이 사망한 사건이었다.

사회복지시설의 자유권 보장은 국가권력 또는 타인에 의한 억압과 배제를 벗어나는 자유의 가치에 근거한다. 소극적 자유는 신체적 자유권, 시민적 자유권, 법집행에 관한 권리, 정치적 권리로 구성된다. 자유권 권리의 침해는 어느 시대에도 있었다. 하지만 자유권은 무한정 보장받는 권리가 아니다. 「세계인권선언」 제29조는 "타인의 간섭을 받지 않는 자유도 민주사회의 도덕과 공중질서 및 일반적 복지에 대한 정당한 필요에 의한 경우 제한받을 수 있다."고 명시하고 있다(고명석, 2014: 57). 즉 타인의 권리를 침해하는 행위에 대해서는 자유권을 제한할 수 있다는 것이다.

시설이용자의 자유권 보장은 사회복지사에게 다음과 같은 딜레마를 겪게 한다.

첫째, 사회복지시설의 유형 가운데 종교단체에서 운영 중인 시설에 입소하는 경우 해당 법인에서 주관하는 종교활동에 참여해야 하는가, 중증의 지적장애인 또는 치매 노인의 경우 자기결정권 행사를 제약받을 수 있는데 종교적 신념은 사회복지사의 결정에 의해 참여할 소지가 있기 때문이다. 의사를 결정할 수 없는 이용자의 입장에서 사회복지사의 지도방법에 따라 참여를 강제한다면 자유권을 제약받는 것이다.

둘째, 의사표현의 제약이 있는 시설장애인의 선택권을 보장하기 위해서는 선택과 결정권한을 행사할 수 있는 장치가 마련되어야 한다. 하지만 시설의 인력 부족과 재정 부족 등의 이유로 시설장애인의 욕구를 방치하고 있다. 사업비를 마련하기 위해 후원자를 초청하는 행사에 억지로 참여하게 하거나, 직원의 허락이 있어야만 지역사회를 방문해야 한다면 자유권을 침해한 것이다.

시설서비스에 대한 이슈는 시설운영에 필요한 최저수준의 보조금 지원, 이용자 수에 의한 직원의 채용, 공간규모에 따라 입소자 수를 결정하는 것 등이다. 2000년 이후 정부는 소규모시설 전환을 법규로 규정하고 대규모 집단시설 설치를 원칙적으로 불허한다는 지침을 하달하였다. 이후 사회복지시설은 가정과 같은 안락함을 보장하기 위해 주거기능을 강화하였고 한 방에 4인 이내로 생활하도록 개선하였다. 개인물품을 보관할 수 있는 옷장 또는 사물함을 설치하고, '○○씨'로 호칭하며 인격적으로 처우하도록 하는 사항 등을 시설운영에 반영하게 하였다.

하지만 시설종사자의 입장에서는 개별법령을 시설운영에 적용해야 하고 사회복지시설 사업안내 등의 지침을 준수해야 한다. 종사자들은 인권관련 교육을 이수해야 하고 법령에서 정한 필수교육을 연 8시긴 이상 이수해야 한다. 또한 이용자의 신변처리와 위생관리, 상담, 프로그램 기획과 진행, 부모상담 및 교육, 후원자 및 자원봉사 관리 등의 직무를 수행해야 하기 때문에 직무가 과중된다는 것을 호소하는 실정이다. 그럼에도 현행의 법규는 이를 개선하기 위한 조치를 마련하지 않고 있으며 시설운영자와 종사자의 책임 있는 역할을 강제하고 있다. 일부지방자치단체는 법규에서 정한 직원의 배치조차 예산부족 등의 이유로 채용을 미루기도 한다.

셋째, 집단생활을 하는 이용자의 자유권 행사 요구가 많아지고 사업의 참여가 많을수록 사회복지사의 역할은 가중된다. 즉 이용자 개인의 욕구를 수용할 수 없는 직무과중 상태에 놓이게 되어 서비스 지원이 지체되는 것이다. 담당하는 이용자 수가 많다면 다양한 역할을 수행해야 하기 때문에 직무가 과중될 수밖에 없고 이러한 상황이 지속된다면 이용자 개인보다 집단을 중심으로 활동하게 된다. 개인별 지원계획을 수립하여 지원하는 경우에도 이용자 신변처리를 비롯하여 식사지원, 위생관리 외에 자원의 개발과 연계, 일상생활과 여가활동을 지원하면서 사회활동 등을 지원하는 것은 역할 모호를 겪게 하고 경중이 없는 지원으로 인해 직무과중을 겪을 소지가 많다.

사회복지시설은 3년마다 사회복지시설평가를 받아야 한다. 감사수준으로 진행되고 있어 행정사무 중심의 서류 등을 중요하게 처리할 것을 요구하고 있다. 이를 준수하지 않을 때 직무를 처리하지 않고 부실하게 운영한 것으로 간주한다. 보호자들 또한 시설을 이용하는 가족들의 생활이 안락하고 문제가 없기를 지속적으로 요구하고 있으며 그로 인해 지원여력이 부족함에도 처리해야 하는 부담이 가중되고 있어 딜레마의 요인이 되고 있다.

(4) 평등권의 딜레마

평등권이란 「대한민국헌법」에 명시되어 있는 자연법적인 실정법으로 「대한민국헌법」 제11조는 평등권 규정이다. 제1항은 법 앞의 평등, 성별, 종교, 사회적 신분에 의한 차별금지와 정치, 경제, 사회, 문화의 각 생활영역에서의 사회적 신분에 의한 차별금지를 규정하고, 제2항은 사회적 특수계급의 부인을 규정하고, 제3항은 영전일대의 원칙을 규정하고 있다. 제11조의 일반적인 평등권 규정과 제31조의 교육기회균등, 제32조 여성근로자의 차별금지, 제36조 혼인과 가족생활의 양성평등을 규정하고 있다(고명석, 2014: 58-59 재인용).

평등은 인간관계에서 성립된다. 누구나 존엄한 인격체로서 인격권의 토대에서 동등하게 처우를 받아야 한다. 이는 생명권의 보장과 존엄권, 자유권을 토대로 형성된다. 하지만 평등권은 무조건적으로 동등하게 처우해야 한다는 것을 의미하지 않는다.

이에 반해 절대적인 평등은 모든 것을 동일하고 같게 처우한다는 것을 의미한다. 따라서 획일적인 처우로 인해 개인들의 정체성을 훼손할 우려가 있다. 과거

시설장애인에 대한 처우는 동일한 복장과 헤어스타일은 물론 신발조차 획일화하여 케어가 아닌 돌봄이 강조된 관리식의 시설운영이었다. 부랑인과 노숙자, 장애인 등을 돌본다는 이유로 개인보다 집단생활의 규칙을 우선하여 획일화된 생활방식을 따르게 하였다. 개인물품의 소유를 불허하면서 사생활이 보장되지 않았고 욕구 및 원하는 것들은 집단을 보호하기 위해 우선되지 못하였다. 집단의 규칙을 지키면서 단체 생활을 해야 했고, 이러한 집단생활은 동료와 함께 같은 시간에 식사를 하고 잠을 자는 시간을 지켜야 했으며 시설에서 시행하는 프로그램 등의 활동에 적극적으로 참여해야 했다. 만약 시간을 지키지 않거나 활동에 소극적으로 참여해야 한다면 시설의 생활을 방해하는 이용자로 낙인 받아야 했고, 자립의욕이 없는 대상자로 지목받게 되었다. 기존에는 이러한 처우 등이 강제되었고 정당화되었다. 절대적 평등의 부정적인 사례라고 할 수 있다.

이에 반해 상대적 평등은 이용자의 인간다운 생활을 보장하면서 타인과 동등한 권리를 갖고 있는 개인이라는 시각에서 출발한다. 사적 생활을 권리로 이해하고 개인을 인격적인 존재로 인식한다. 이용자는 시설에서 생활하고 있지만 지역주민들과 동등한 권리를 갖고 있으며 정상적인 생활리듬을 향유해야 하고 인간다운 생활을 할 수 있어야 한다는 관점에서 있는 그대로의 처지를 수용한다. 여기에는 장애의 조건과 생활능력의 저하 등은 문제가 되지 않는다. 모든 것을 공평하게 나누는 것이 아니라 이용자의 장애 등의 제약을 수용하면서 생활에 필요한 것들을 사회복지사의 지원을 통해 충족하는 생활이다. 생활의 주체로써 의견을 제안하고 주민들과 동등한 입장에서 권리를 행사하는 것이다.

이러한 권리행사는 주민들과 어울리며 살아갈 때 보장된다. 시설에서의 생활이기 때문에 도움이 필요한 것이 아니라 장애상황에 적합한 지원체계를 수립하여 그 다운 삶을 살아가도록 지원하는 것이다. 조건의 불리함의 극복은 원하는 것과 이루고자 하는 욕구충족 정도에 따라 성취수준이 차이가 있기 때문에 공평한 기회제공은 자조적인 생활정도에 따라 사회복지사의 지원이 조절되는 등 역할을 달리해야 한다. 즉 이용자의 장애상태를 지원할 수 있는 체계를 마련하여 지역사회를 자유롭게 왕래할 수 있도록 하고 이용자가 안정된 생활을 인식하도록 힘써야 한다. 이는 곧 사회 내·외의 편의장치 등이 충분하고 사회복지사의 역할이 시설이용자의 생활에 영향을 미치면서 자유로운 거주지임을 확신하게 될 때부터 권리행사가 가능해지는 것이라 할 수 있다.

이러한 선행조치 없이 참여할 수 있는 기회를 제공하였다고 한다면 참여를 제안하는 것에 불과하다. 국가가 주도하는 평등을 저해하는 문제의 예는 빈곤가정과 장애인, 노인 등에게 절대적 평등을 제공하는 듯 보이지만 자산조사를 통하여 기준에 부합하는지에 따라 제공하는 방식이기 때문에 차별의 조장과 낙인 받을 우려가 있다. 일부계층에서 지급하는 수당과 연금 등도 마찬가지다. 사회복지시설조차 수급권자 여부를 가려낸 후 서비스를 제공하는 것, 몇 미터 거리도 안 되는 곳에 우후죽순처럼 사회복지기관이 밀집해 있으면서 선별된 이용자에게만 서비스를 제공하는 방식 등은 중복수혜자를 양산하게 하여 예산낭비를 초래한다.

사회복지사가 이용자의 평등권을 보장하고 지원하기 위해서는 사회의 다양한 현상을 이해해야 한다. 정치적으로 참여 권리를 보장하기 위한 지원체계를 마련하였는가, 선거권을 행사하기 위해 후보자를 적절하게 소개하고 설명하였는가, 정치적 편견 없이 이용자들에게 소개하였고 충분히 이해시켰는가 등 딜레마는 언제든 생길 수 있다.

2) 인권딜레마 극복전략

인권딜레마를 극복하기 위해서는 인권을 이해해야 한다. 따라서 이용자의 인권을 지키고 권리를 보장하면서 더 나은 관계 맺기를 위해 시설종사자 간의 충분한 합의가 전제되어야 한다.

이용자와 정기적인 회합을 갖는 것도 방법이다. 이용자에 대한 서비스 지원범위와 수준을 정하게 되면 시설의 상황에 적합한 지침을 마련하게 된다. 그러면 상호 합의의 중요성을 인식하게 되어 필요한 것들을 원하는 시기에 지원하게 된다.

이용자를 배제한 권리지킴의 역할은 존재하지 않는다. 사례회의를 통해 이용자의 욕구를 충족하고 문제를 해결하려는 것이 일반적이지만 이용자가 참여하지 않는 사례회의 결정사항이 이용자에게 영향을 미칠 수 있을지는 확신하기 어렵다. 이용자들은 전문가들이 회의를 하는 시간에도 문제에 노출된 채 지내거나 또는 문제를 갖고 생활한다. 한 번의 방문과 상담을 통해 문제를 분석하고 방향을 설정하는 것이 과연 적용 가능성을 높일 수 있을지를 재고해야 한다. 이용자와 상관없는 타인들이 전문가로 참여하지만 문제를 개선하기 위한 회의 형식의 진행이 욕구중심의 해결방법인지는 검토되어야 한다. 그럼에도 사례의 상황이 너무 심각하여 지원에 한계가 있다며 문제만을 거론한다면 우려스러운 결과를 초래하게 된다.

이러한 사례회의 방식은 이용자가 아닌 회의 자체가 중심이 되어 문제를 개선하는 발전적 방향으로 나아가지 못하고 문제 자체만을 다루는 데서 그치게 한다. 그럼 당사자는 '도와주셔서 고맙다'는 인사를 한 후 다음에 다시 지원해야 하는 상황이 생기면 개선이 안 됐다는 평가만 할 뿐이다.

이용자 중심의 지원이 사례관리의 핵심이다. 현안을 살피면서 생활의 문제 때문에 파생된 문제들의 심각성을 점검하고 해결을 위한 대안을 모색하는 사회복지실천 방법이 사례관리이다. 권리침해 사항을 확인하고 권리를 회복하기 위한 지원방안을 지역의 전문가들과 모색하는 것이 사례관리 기법이며 사례관리지원이다. 이러한 과정의 준비가 충실하게 되면 해결방안을 모색할 수 있다.

시설의 운영지침을 인권 친화적으로 마련하는 것도 대안이다. 사회복지시설의 직무는 크게 네 가지 영역으로 분류할 수 있다. 첫째, 행정사무 및 운영관련 사항이다. 운영관련 사항은 기관의 행정사무, 직원인사, 시설물 관리, 행사관련 사항 등이다. 둘째, 사업 및 서비스 관련 사항이다. 이는 이용자에 대한 서비스 지원과 이용자와 관련된 프로그램으로 분류된다. 셋째, 자원의 개발과 후원관련 사항이다. 외부 후원자 및 자원봉사자의 개발 및 연계 등의 직무를 다루며 행정사무와 사업파트를 지원하면서 지역사회 홍보 등의 직무를 포함한다. 마지막으로 시설 점검 및 자산관리사항으로 기관운영에 필요한 자산 및 기자재 관리, 비품 및 소모품의 수불 및 불출 등으로 프로그램을 진행하는 데 필요한 기자재와 시설물을 포함한다.

각각의 영역에 대해 인권친화적인 이슈를 점검하고 침해 요소가 있는지를 확인하며 생활친화적인 이용자 서비스 지침을 마련해야 한다. 행정사무지침을 이용자를 위한 사무로 전환하여 사무실을 개방하고 친절한 미소, 성실한 응대 등 이용자 동의 원칙을 마련하는 것도 한 방법이다. 사무와 관련된 모든 서류는 이용자와 보호자 중심원칙을 통해 공개할 것을 선언한다. 서비스는 동의와 합의, 당사자 중심원칙을 적용한다면 보다 인권친화적인 운영에 다가설 수 있을 것이다(정정화 외, 2009: 29-31).

또한 자원의 개발과 후원자원에 대한 이용자 중심원칙을 선언하고 실행사항 교육 자료를 연수 자료로 만들어 적극적으로 활용하고, 이용자에게 언제든 설명할 수 있도록 기록사무 연수를 통해 직원들의 역량을 강화하는 방법도 있을 것이다.

5장

사회복지법인의 이해

1. 법인의 이해

1) 법인의 정의

인간은 인간이기 때문에 권리를 소유하게 되는데 인간다운 생활을 보장받고 권리를 행사할 수 있는 인격을 갖게 된다. 인격권을 무시하거나 인간다움을 침해하는 것은 사회범죄에 해당한다. 인간다움은 인격을 갖고 있는 인간에게 주어지는 자연적 권리이다.

법인은 인격을 가진 사람이 모여 구성되고 특별한 목적을 달성하기 위해 설립하게 되어 있어 단체와 조직에 대해 인간과 마찬가지로 법인격을 부여하여 권리를 행사할 수 있는 자격을 갖는다. 권한의 행사는 「민법」에서 정한 바에 의한다. "법인은 법률의 규정에 의함이 아니면 성립하지 못한다."라고 「민법」 제31조에 규정하고 있으며, 같은 법 제34조는 "법인은 법률의 규정에 좇아 정관에서 정한 목적의 범위 내에서 권리와 의무의 주체가 된다."고 명시하고 있다.

따라서 법인은 인간과 마찬가지로 법률에서 정한 바에 따라 권리를 행사할 수 있는 권한을 갖게 되는데, 법인에 사람과 같은 인격과 권리를 부여한 것이다. 법인은 권리능력을 행사할 수 있는 주체로서 의무 또한 부여된다.

현외성 등(2013: 9)은 "법인(法人)은 단체나 조직에 사람과 마찬가지로 법적 인격을 부여하여 권리와 의무의 주체가 되는 자격을 부여한 것이다."라고 하였다.

박종팔(2014: 11)은 "자연인 이외의 단체 또는 조직에게 일정한 법인격을 부여하는 것으로 법인은 권리, 의무의 주체가 될 수 있는 자격을 지닌 것"이라고 하였다. 이창희 외(2012: 13)는 "법인은 자연인과 마찬가지로 법인격을 인정할 목적으로 어떤 관념적인 존재를 만들어 그로 하여금 권리와 의무를 가질 수 있도록 하는 법적 부여이다. 따라서 법인은 단체를 통일하는 조직을 갖고 혹은 재산을 관리하는 조직을 갖추고 있어서 자연인보다 큰 활동력이 있다. 또한 영속적인 생명을 가질 뿐만 아니라 단체로서 독특한 사회적 기능을 담당하기 때문에 자연인은 아니지만 법률상으로는 자연인과 마찬가지로 권리능력을 인정받는다."라고 하였다.

이상의 학자들의 정의를 볼 때, 법인은 인간과 마찬가지로 자연권적인 법인격을 갖게 되는데 「민법」에서 정한 바에 따라 권리와 의무의 주체가 되어 재산권 행사 및 사업의 선택과 판단 등 조직의 모든 활동을 수행하는 단체로 기능하고, 사람과 같이 권리를 행사한다. 이러한 권리행사에 대해 의무를 지닌 「민법」에서 정한 조직 또는 단체로 정의할 수 있다.

2) 법인의 능력

법인은 무한정 권리와 권한을 행사할 수 있는 것은 아니다. 「민법」 제31조, 제34조에서 정한 바에 따라 권한을 행사하지만 설립된 법인의 목적사업과 사업내용에 국한한다. 그럼에도 현대사회에서 법인의 권한은 막강하다. 설립된 법인의 산하시설과 시설물에 대한 관리 및 감독, 산하시설 직원들의 인사 결정, 법인 및 산하시설의 사업계획서 및 사업결과 보고, 예·결산의 최종 승인, 기능보강 사업의 결정, 후원금의 최종 승인과 집행 등 대내·외적으로 법인과 산하시설의 사업 및 활동 모두를 최종적으로 결정하는 능력을 갖고 있기 때문이다.

현대사회에서 법인은 권리주체로서 수행할 사업과 기능이 다양해지고 권한이 증가하고 있어 사람과 마찬가지로 다양한 일들을 선택하고 판단하는 등 영향력이 커지고 있다. 이는 사회와 국가에 미치는 영향력이 증대되고 있다는 것으로 신규 사업을 수행하기나 기능보강의 신청, 외부사업의 유치 등 기능과 역할이 다양해졌다는 의미이다. 따라서 법인이 권한을 잘못 행사하게 되면 부정적인 영향 또한 엄청나다는 것을 예측하게 된다.

법인은 무한의 권한을 행사할 수 있는 자격을 갖추고 있다. 따라서 권한 남용 등과 같은 권리의 무분별한 행사를 막기 위해서는 이를 관리하고 통제하기 위한 제도적인 장치가 필요하다. 우리나라는 민법에서 정한 기준에 따라 법인설립을 관리하고, 사업내용과 목적에 따른 권리와 의무를 다하도록 하고 있다.

박종팔(2014: 12-13)은 법인은 권리능력, 행위능력, 불법행위능력을 갖는다고 하였는데 구체적 내용은 다음과 같다.

첫째, 권리능력으로 법인은 구성원들로부터 독립하여 법인의 명의로 법률상의 권리와 의무를 집행할 수 있는 자격을 갖는다. 그러나 일정한 목적에 의해 설립되었고 법인격이 주어지므로 권리행사에 따른 의무를 지닌다.

둘째, 행위능력으로 법인은 법인의 명의로 법률행위를 할 수 있는 법적인 자격을 갖는다. 법인의 대표이사는 법인의 명의를 통해 대표로서 권한을 행사하고 타인과 기관, 단체들에게 법률행위를 한다.

셋째, 불법행위능력으로 법인이 타인과 단체 등에게 손해를 끼쳤을 때는 자연인과 마찬가지로 손해를 배상할 책임이 따른다. 불법행위의 성립요건은 민법 제35조에 의해 법인의 대표기관의 행위여야 하고, 직무에 관하여 타인 또는 단체 등에게 손해를 끼쳤을 때는 「민법」 제750조에 의해 불법행위에 관한 일반적인 요건이 있어야 한다. 즉 대표기관의 책임능력이 있어야 하고, 고의, 과실피해자의 손해가 명백한 경우 법인의 이사 및 대표이사는 손해배상의 책임을 진다.

3) 법인의 필요성

사람은 개인적인 생활과 사회활동을 하면서 여러 역할과 활동을 선택하여 시행할 수 있지만 개인들이 모여 활동하다 보면 활동의 범위가 커지게 된다. 단체 또는 집단에서 활동하면서 문제를 수월하게 해결하고 또는 과업이 원활하게 시행되는 등 활동의 범위 또한 확장된다. 개인이 여러 계획을 세우고 활동에 필요한 일들을 추진하기 위해 또는 수행하기 어려운 일들을 처리하기 위해 집단 또는 단체에 소속되어 활동하는 이유일 것이다.

일을 계획하고 추진하는 데에는 역할에 대한 책임과 의무가 주어진다. 마찬가지로 법인 또한 법인 명의로 다양한 사업을 수행할 수 있고 이러한 사업은 법인의 대표이사의 결정을 통해 이사회의 동의를 얻어 수행하기 때문에 파급력이 더 크다. 대내·외적인 영향력은 법인의 행정력과 사업수행과 관련되어 있어 무한하다고 할 수 있으며 의무의 주체로서 권한을 행사하는 것이다.

법인은 법적으로 정한 사업과 사회적으로 이슈화된 문제를 법인의 명의를 통해 수행할 수 있는 힘이 있다. 즉 사회적인 현안과 문제를 사업으로 시행할 수 있는 법적인 자격을 갖추고 있는 것으로 개인들이 수행하지 못하는 일들을 수행할 수 있는 능력이 주어진다. 따라서 법인은 개인들이 할 수 없는 능력 이상의 사업수행이 가능하다. 개인들은 자연인으로 머물지만 법인은 개인들을 대표하여 활동하고 개인들이 참여중지, 활동의 불참, 포기 등을 하더라도 법인의 명의를 통해 계속적으로 사업을 수행할 수 있기 때문에 법인은 자체로서 신뢰를 갖게 되고 법인 명의로 하는 활동은 대외적으로 신뢰를 갖는다.

마지막으로 법인은 재산권 행사 등 사업의 참여가 용이하다. 즉 법인에서 관리하는 모든 재산의 소유권한을 갖게 되는데, 이사들이 결정하여 매입과 매매 등 법인명의를 통해 구입과 매매가 가능하고 소유권한을 갖는다. 즉 개인이 하지 못하는 것들을 법인을 통해 수행할 수 있는 것이다. 사업 또한 마찬가지다.

법인의 역할과 기능이 다양해짐에 따라 개인들의 활동 또한 다양해지고 있다. 법인에 소속되어 활동하는 개인들이 증가하면서 법인의 권한 또한 막강해지고 있어 책임과 권한에 대한 역할 또한 관리하고 통제할 수 있도록 제도를 보완하고 강화하는 추세이다.

4) 법인의 유형

법인은 영리추구, 형태, 성격의 유형에 따라 분류된다. 사람이 모여 법인을 만들고 활동하게 되면 사단법인이라고 하고, 재산의 출연을 통해 법인을 만들게 되면 재단법인이라고 한다. 사회복지사업을 수행할 목적으로 설립된 법인을 사회복지법인이라고 한다. 영리목적을 갖고 있는가, 아닌가에 의해 분류되고 공공의 목적과 민법 등에 의해 설립되었는지에 따라 법인은 구분된다. 우리나라는 위의 법인 외에 법인의 유형을 세부적으로 구분하고 있는데 민법과 사회복지법에 의해 분류하고 있다.

〈표 1〉 법인의 종류

구분	종류	정의	비고
법인형태	사단법인	사람이 주체가 되어 목적을 위해 결성된 법인	
	재단법인	재산을 출연하여 설립된 법인	
법인성격	공법인	공공의 목적을 위해 설립된 법인	
	사법인	민법과 상법 등에 의해 설립된 법인	
영리유무	영리법인	영리를 목적으로 설립된 법인	
	비영리법인	비영리를 목적으로 설립된 법인	

*출처: 박종팔(2014). '표 1-1 법인의 종류', p. 14. 재인용.

(1) 사단법인과 재단법인

① 사단법인

사람들의 집합체인 사단법인은 구성원들이 법인의 설립과 목적에 동의하여 5인 이상의 성원이 합의하는 경우 법인설립이 가능하다. 사단법인은 사람들이 모여 법인을 설립하였으므로 의사결정은 구성원들의 합의에 의하고 의사결정의 최고 결정기구는 정기총회로 법인의 모든 사항은 정기총회에서 결정된다.

따라서 정기총회에서 결정된 의사는 구성원들의 의결에 따라 확정된다. 정기총회는 사업시행 및 예산서 작성, 사업결과보고서 작성과 결산서 등을 의결하기 위해 매년 1회 이상 개최되며, 신규 사업과 법인의 주요 현안 등을 의결한다. 구성원들은 자율적인 의사발언 권한이 있으며 의결되어야 할 사안에 대해 반대 의사를 표결할 수 있다. 새로운 사업 및 기능보강 사업 등 다양한 현안을 자유롭게 발언하고 동의를 구할 수 있다는 장점과 아울러 구성원들의 신속한 의사결정과 합의가 있다면 비교적 사업수행이 수월하다는 특징이 있다. 반면, 구성원들이 집행부의 사업수행이 마음에 들지 않아 문제를 제기하는 등 이의를 제기하는 경우 합의를 위해 설득해야 하는 어려움이 있고 만약 설득되지 않는다면 사업수행이 불가능하다는 단점이 있다.

사단법인은 타 법인보다 설립이 수월하다는 장점이 있다. 법인 설립의 필수조건인 구성원의 모집이 수월하고 5인 이상의 참여가 있으면 설립이 가능하기 때문이다. 또한 출연재산의 부담이 적어 법인의 설립이 수월하다. 이러한 장점으로 인해 장애인 협회 및 단체 등에서 사단법인 설립 후 구성원들의 생활문제 해결과 서비스 지원 등을 위해 산하시설을 설치하여 직접 운영하는 경우가 많다. 사단법인 기관으로는 한국지적장애인협회, 한국발달장애인협회, 한국언어장애인협회, 한국장애인부모회, 한국장애인부모연대 등이 있다.

② 재단법인

재단법인은 말 그대로 재산의 출연을 통해 설립된 법인이다. 따라서 재단을 설립하기 위해 재산을 출연했는가에 따라 설립목적과 사업내용, 의사결정구조가 결정되고 설립자의 의도대로 운영된다는 특성이 있다. 재단법인은 사단법인과 다르게 이사회에서 모든 사업을 관장하고 의결을 통해 권한을 행사한다. 임원들이 결정한 판단이 법인과 산하시설운영 및 사업결정에 영향을 미치는 권한을 갖고 있다.

재단법인은 사단법인과 마찬가지로 다양한 사업을 수행할 수 있으며 산하시설의 인사, 재산권행사, 사업 등에 관여하고 책임을 진다. 따라서 이사회는 법인 및 산하기관의 의사결정 권한을 갖는다.

재단법인은 재산출연을 통해 설립된 법인이기 때문에 재산의 출연정도가 사업의 수행능력이라 할 수 있다. 출연한 재산의 수익을 통해 사업을 수행하기 때문에 출연재산이 적다면 당연히 제한된 사업만을 수행하게 된다. 이러한 이유에서 재산을 출연한 설립자는 막강한 권한을 행사한다. 의사결정이 설립자에게 집중된다면 의사권 행사는 제약을 받게 되고 설사 결정권한을 부여하더라도 설립자의 결정이 영향을 미치기 때문에 재단법인은 이사들에게 권한이 집중되는 구조이다.

최근 지방자치단체에서 지역복지발전과 주민들의 삶의 질을 높이기 위해 재원을 출연하여 재단법인을 설립하는 사례가 증가하고 있는데, 화성복지재단, 경기복지재단, 서울시복지재단, 평택복지재단 등이다.

(2) 공법인과 사법인

① 공법인

공법인은 공공의 이익을 위해 설립된 법인이다. 따라서 법인의 설립과 운영, 구성원의 모집, 사업 등은 공공의 목적에 부합해야 한다. 공법인은 공공의 이익을 위해 설립된 법인이기 때문에 국가의 관리와 감독을 받는다. 관련법규에 의해 설립되고 공익을 목적으로 설립된 법인이다.

공법인은 다음의 특징이 있다. 설립의 근거가 공법에 의하고 법인의 설립이 강제적이며, 공익의 목적을 위해 설립하기 때문에 사무는 국가의 통치 등 행정권을 발휘할 수 있으며 향유할 수 있는 권한이 공권일 경우 공법인이다(이창희 외, 2012: 16-17). 따라서 법인의 쟁의 시 행정소송으로 진행되고, 세법상의 징수가 가능하며, 불법행위의 적용 시 국가배상법을 적용하여 배상의 책임을 지고, 문서위조 및 변조 시 공문서 위조·변조죄가 적용된다(박종팔, 2014: 15).

② 사법인

공법인과 달리 사법인은 사적 목적을 위해 설립된 법인으로 구성원의 합의가 충분하고, 일치된 성원들의 합의가 있다고 하여도 설립목적이 개인들과 단체, 공공의 목적이 아닌 소수의 구성원과 개인들의 이익을 달성하기 위해 설립된 법인이다. 따라서 사업의 내용과 수행할 사업은 법인에서 정한 내용이 법인의 능력규모를 벗어나지 못한다.

사법인은 공공의 이익보다 일부계층에 국한된 소수의 사람들의 이익을 위해 기여하게 되는데 공법인과의 차이이다.

사법인의 특성은 다음과 같다. 사법인은 사법에 의해 설립되고, 임의적으로 설립할 수 있으며 법인의 권리는 사적 권리와 목적에 의해 설립된 법인으로 재단법인, 사단법인, 사회복지법인이 해당한다(이창희 외, 2012: 16-17). 사법인은 쟁의 시 민사소송으로 진행되고 민사소송법상 강제집행절차에 의한다. 불법행위의 적용 시 민법상의 적용을 받고, 문서 위조 또는 변조 시 사문서 위조 또는 변조죄가 적용된다(박종팔, 2014: 14-15).

(3) 영리법인과 비영리법인

① 영리법인

법인의 설립목적이 구성원의 이익과 영리를 목적으로 설립되었다면 영리법인이다. 법인의 이익과 구성원의 이익을 위해 설립되고 이익의 분배를 목적으로 사업을 수행하기 때문에 영리법인은 사법인에 속한다. 법인은 영리를 추구하기 위해 설립되었으므로 구성원의 이익을 분배하고 창출하는 데 목적을 두고 경제 원리를 적용하여 최대한의 이익을 창출하여 구성원의 경제적 이익을 극대화시키는 데 목적이 있다. 따라서 영리사업을 위해 구성원들은 규합되고 활동한다.

비영리법인과의 차이는 영리를 목적으로 설립되었는가 또는 영리목적의 사업인가 등 상법상의 회사가 속하고 사단법인 또한 영리사업을 하고 있다면 영리법인에 속한다.

② 비영리법인

비영리법인 또한 사법인으로 분류된다. 비영리법인은 비영리를 추구하기 때문에 영리를 추구하지 않으며 구성원들 또한 순수하게 비영리활동을 위해 규합된다. 비영리법인의 구성원은 이익을 위해 활동하지 않으며 설립 당시 정관에 명시한 비영리사업을 수행한다.

최근 비영리법인에서 영리사업을 추진하기도 하는데 이런 경우 영리법인에 속한다. 반면 재산의 출연에 의해 설립된 재단법인이 영리를 추구하지 않고 비영리사업을 수행하겠다고 정관에 명시하면 비영리법인에 속한다.

사회복지법인은 비영리사업을 추진하는 대표적인 법인이다. 공익을 목적으로 이익을 추구하지 않으며 비영리사업을 수행하면 비영리법인이다.

(4) 내국법인과 외국법인

법인은 국가의 설립근거와 소속에 의해 설립되는데 국내법에 의해 설립되고 법인의 사무소가 국내라면 내국법인이다. 주사무소가 국내가 아니라 외국이라면 외국법인이다. 주사무소를 외국에 두고 국내에서 활동하더라도 외국법인에 속한다. 내국법인과 외국법인은 비영리사업을 타국에서 시행할 수 있으며 사무소 소재지에 따라 구분된다.

(5) 기타법인

우리나라는 위의 법인 외에 특별한 목적에 의해 설립된 법인이 있는데, 종교법인, 의료법인, 학교법인 등이다. 이와 같이 특별한 목적사업을 수행하기 위해 설립된 법인을 특별법인이라고 한다.

2. 사회복지법인의 이해

1) 사회복지법인의 의의

사회복지사업은 「사회복지사업법」 제2조에 명시하고 있는 사업을 수행해야 하고, 수행사업에 따라 개별법령을 적용해야 한다.

사회복지사업에 있어서 사회복지사업법과 개별법령에서 정한 사업을 수행할 목적으로 설립된 사회복지법인을 운영주체라 하고, 사회복지법인에서 수행하는 사업을 목적사업이라고 한다. 사회복지법인은 목적사업을 수행하는 주체로 개별법령에 의해 설립되고 운영된다. 개인이 사회복지시설을 설치하여 운영하기 위해서는 시설유형에 따른 개별법령과「사회복지사업법」에 준하여 설치해야 한다. 따라서 개인이 사회복지시설을 설치하여 운영하여도 개별법령에 준해 수행하게 되면 비영리사업을 수행하는 민간사회복지기관의 사업을 수행하게 되어 공익성을 확보하여 민간법인의 역할을 수행할 수 있다.

사회복지법인은 사회복지사업을 합법적으로 수행하는 비영리법인이다. 영리를 목적으로 사업을 수행하여도 이용자의 이익을 위해 활동하면 비영리사업을 수행하는 민간사회복지법인으로 분류된다.

사회복지법인의 산하기관이 비영리사업을 수행하기 위해서는 사업수행에 필요한 각종 기자재와 시설물, 인력보조 외에 운영보조금을 보조받아야 하는데 국가 및 지방자치단체로부터 보조금을 지원받을 수 있는 운영주체가 사회복지법인이다. 사회복지법인은 사회복지사업을 수행할 수 있는 공익성을 보장받는 주체로서 사업수행에 필요한 자원의 수급과 조달을 민간단체 또는 개인으로부터 후원금을 기부받는 등의 활동을 합법적으로 수행한다. 종사자 인건비를 비롯하여 사업수행에 필요한 재원은 민간의 모금과 기업복지재단 등을 통해 모금할 수 있고 이러한 모금활동은 법적으로 보장된 공식적인 활동이다.

사회복지법인은 법률에 의해 설립된 민간법인으로 국가와 지방자치단체로부터 사회복지사업을 수행할 수 있는 합법적인 운영주체이다. 사회복지사업법 및 개별법령에 의해 설립된 기관임을 국가가 인정하기 때문에 투명성, 공익성, 공공성을 인정받는다.

사회복지법인은 사회복지기관의 운영을 통해 주민복지증진과 사회변화를 주도하는 중추적인 기능을 수행한다. 지역의 복지발전과 주민생활 개선을 통한 삶의 질 향상, 여가 문화의 창조 외에 개인과 집단의 문제해결, 주거환경과 사회환경 변화 주도, 편의시설 설치 등 사회복지법인은 민간사회복지기관의 운영 주체로서 서비스가 필요한 주민들을 보호하고, 지역의 복지주체로서 사업을 수행한다.

현대사회는 경제발전이 가속화되면서 취업실패 등의 어려움에 노출된 사람들이 증가하여 사회복지서비스를 필요로 하는 사람이 증가하였으며, 주민들의 요구에 부응하는 실효적인 서비스 요구 또한 증가하였다. 실생활에 필요한 복지서비스의 요구는 더 나은 삶을 향유하고 미래생활의 도모 등 안락함에 대한 것이다. 주민들의 복지욕구는 언제든 필요한 때에 서비스를 제공받기를 기대하고 있기 때문에 사회복지서비스를 지원하는 시설은 대내·외적으로 안정적인 서비스를 제공하는 기관임을 증명해야 한다.

주민들의 복지서비스에 대한 욕구가 날로 증가하고 있다는 것은 영유아, 아동·청소년, 노인 등 생애주기 전반에 걸쳐 욕구가 결핍된 사람들이 많아지고 있다는 의미일 것이다. 그렇다면 서비스의 다양화를 통해 실생활에 유익이 되는 서비스에 대한 기대 또한 그만큼 많을 것이다. 더욱이 사회적 취약계층의 급속한 증가와 맞물려 돌봄이 필요한 아동과 노인 외에 장애인구 출현율 또한 증가하고 있어 서비스 제공기관은 사람들의 결핍된 욕구를 충족하는 필수기능을 담당한다고 할 수 있다.

이와 같이 개인, 사회, 국가의 요구를 합법적으로 수행하는 주체가 사회복지법인이다. 국가의 지원을 통해 사회복지 사업을 수행하는 사회복지법인은 법인 설립을「사회복지사업법」과 개별법령에 규정하고 있으며, 위의 근거에 의해 사회복지법인은 개인들과 사회, 국가의 복지증진을 대리하면서 사업을 수행하는 공공성을 보장받는다. 따라서 사회복지법인은 국민의 복지증진에 기여하는 사회복지사업의 주체로 지역사회 기여는 물론 지역의 복지발전과 주민생활 개선, 사회적 약자 보호, 주민복지증진 등의 기능을 담당한다.

2) 사회복지법인의 정의

「사회복지사업법」 제2조는 사회복지사업을 행할 목적과 사회복지사업을 수행할 목적으로 설립된 법인을 사회복지법인이라 한다. 우리나라는 사회복지사업법과 목적사업의 수행을 위해 개별법령을 마련하여 해당 사업을 추진하고자 하는 시설의 사업을 규정하고 있다.

사회복지법인은 국가나 지방지치단체에 의해 설립된 법인이 아니며 민간에 의해 설립된 사법인이다. 공익을 목적으로 설립된 비영리공익법인으로 재산의 출연에 의해 설립된다는 점에서 재단법인의 성격을 동시에 지니고 있다. 또한 사회복지사업을 수행할 목적으로 사회사업법에 의해 설립되었으므로 특수법인에 해당한다(이창희 외, 2012: 42).

사회복지사업은 민간사회복지법인이 운영주체가 되어 사업을 수행하게 되는데 법인 및 산하시설에 대한 파급력이 크기 때문에 운영주체를 법인으로 하는 것은 운영관리, 사업 수행, 수행 인력의 관리 등 운영주체의 책임과 의무를 다하기 위해서다. 사회복지사업법은 법인의 권리와 의무를 명시하고 있다. 이러한 권리와 의무를 수행하는 과정에서 공익성과 공공성을 부여받게 된다.

사회복지법인은 권리와 의무주체라는 것을 구체화한 근거가 사회복지사업법이며 국가를 대리하여 사회복지사업을 합법적으로 수행하는 공익적 목적달성의 주체로서 책임과 의무를 다해야 한다.

3) 사회복지법인의 유형

(1) 시설법인

「사회복지사업법」 제2조는 사회복지사업을 시행 할 목적으로 설립된 법인으로 개별법령에 따라 사회복지시설을 설치 운영해야 한다고 명시하고 있다. 보건복지부는 사회복지법인 관리안내(2018)를 통해 시설을 설치하여 운영하는 사회복지법인을 시설법인으로 명시하고 있으며, 개별법령에서 정한 사업을 법인의 정관에 명시해야만 사업을 수행할 수 있다고 규정하고 있다(보건복지부. 2018 사회복지법인 관리안내: 14-15). 따라서 시설법인은 사회복지법인으로 사회복지시설의 설치를 통해 사업을 수행할 수 있으며 법인의 정관에 명시한 사업 외의 사업은 수행할 수 없다. 다만 최초 법인을 설립할 당시 목적사업을 명시하는 데 있어 한두 개 기관을 운영한다고 하였지만 지역의 상황이 개선되고 추가적인 사업을 수행해야 할 필요가 있는 경우 지방자치단체와의 협의를 통해 정관변경 후 사회복지시설을 추가로 설치할 수 있다. 이 경우 이사회 소집 및 절차를 준수해야 한다.

시설법인은 사회복지시설의 운영주체로 기능한다. 따라서 사회복지법인은 산하기관이 한 개의 시설을 운영하든, 수십 개의 시설을 운영하든 산하시설의 운영주체로서 대표성을 갖는다. 산하시설의 모든 사업과 예·결산, 재산의 관리운영 및 인사 등의 전반적인 사무를 관장하고 총괄한다.

우리나라는 사회복지법인을 지역법인과 전국법인으로 구분하고 있다. 지역법인은 해당 지역에서만 사업을 수행하는 법인으로 지방자치단체장의 승인을 통해 법인설립이 가능하고, 전국법인은 두 개 이상의 지역에 걸쳐 사회복지시설을 설치·운영하는 법인으로 보건복지부장관의 승인을 받아야 한다.

(2) 지원법인

사회복지시설을 설치·운영하려는 개인과 단체가 운영주체인 법인이 없는 경우 지원법인의 산하기관에 소속되어 사업을 수행할 수 있도록 지원하는 법인이 지원법인이다. 해당 지자체에 당연사업 또는 목적사업이 부재하여 사회복지기관을 설치하기 곤란한 경우 지원법인의 산하기관에 소속되어 사회복지사업을 수행한다.

지원법인은 지원하는 법인으로 신규 사업을 임의적으로 만들거나 사업을 추진할 수 없고 사회복지사업을 지원하기 위해 설립된 법인이다. 따라서 지원법인은 신규 사업을 수행하기 위해 사회복지시설을 설치·운영할 수 없으며 산하시설을 설치하여 운영할 수도 없다. 지원하기 위한 기능만을 수행하기 때문에 사회복지시설을 지원할 수 있는 재원을 갖추고 있어야 한다.

지원법인은 일정한 자격과 조건을 충족하는 시설을 산하기관으로 등록하고 활동이 자유롭다는 특징이 있다. 또한 산하시설을 지원하기 위해 기자재와 보조금, 후원금 등을 지원하여 사업을 수행한다. 대한예수교성결교회유지재단 등이 사단법인을 설립하여 사회복지시설사업을 지원하는 대표적인 지원법인이다.

〈표 2〉 **사회복지법인 현황(2017년 3월)**

구분	합계	시설법인	지원법인
		계	계
전국	2,938	2,664	274
서울	310	207	103
부산	199	186	13
대구	183	177	6
인천	52	43	9
광주	145	141	4
대전	79	71	8
울산	48	46	2
경기	21	20	1
강원	260	219	41
세종	196	176	20
충북	166	149	17
충남	239	223	16
전북	235	229	6
전남	235	231	4
경북	190	180	10
경남	262	250	12
제주	118	116	2

* 출처: 보건복지부. 2018 사회복지법인관리안내, p. 6 참조.

4) 사회복지법인의 관련 법규

사회복지법인은 「사회복지사업법」에 근거하여 사회복지사업을 수행할 목적으로 설립된 법인이다. 따라서 사회복지사업을 수행할 개별법령을 적용받는다(사회복지사업법 제2조).

〈표 3〉 사회복지법인 적용 법령

분류	세부내용	적용법령
비영리법인 일반사항	법인관련 기본사항	• 민법
	공익법인 관련 사항	• 공익법인의 설립 운영에 관한 법률
사회복지법인 일반사항	설립운영 관련 사항	• 사회복지사업법
	재산회계 관련사항	• 사회복지법인 및 사회복지시설 재무·회계규칙
사회복지사업 관련 사항 (목적사업)	사회복지일반	• 사회복지사업법 • 국민기초생활보장법 • 의료급여법 • 사회복지공동모금회법 • 식품 등 기부 활성화에 관한 법률
	노인복지	• 노인복지법, 기초연금법
	아동복지	• 아동복지법 • 입양특례법
	장애인복지	• 장애인복지법 • 장애인·노인·임산부 등의 편의증진에 관한 법률
	노숙인복지 결핵·한센복지	• 사회복지사업법 • 노숙인 등의 편의증진 보장에 관한 법률
	정신보건	• 정신건강증진 및 정신질환자 복지서비스 지원에 관한 법률
	농어촌보건복지	• 농어촌주민의 보건복지 증진을 위한 특별법
	모·부자복지	• 한부모가족지원법
	영유아복지	• 영유아보육법
	다문화복지	• 다문화가족지원법
	특수폭력피해자복지	• 성매매방지 및 피해자보호 등에 관한 법률 • 성폭력방지 및 피해자보호 등에 관한 법률 • 가정폭력방지 및 피해자보호 등에 관한 법률 • 일제하 일본군위안부 피해자에 대한 생활안정지원 및 기념사업 등에 관한 법률
	기타	• 긴급복지지원법

분류	세부내용	적용법령
기타사항	조세특례관련	• 법인세법, 소득세법, 관세법, 지방세법 • 상속세 및 증여세법, 조세특례제한법
	부담금특례관련	• 사방사업법 등
	재산 및 계약특례관련	• 지방재정법, 도시개발법, 폐교재산의 활용촉진을 위한 특별법 • 지방자치단체를 당사자로 하는 계약에 관한 법률 등
	기타 적용사항	• 건축법, 개발제한구역의 지정 및 관리에 관한 특별조치법, 산림기본법, 산지관리법, 화재예방 소방시설 설치·유지 및 안전관리에 관한 법률, 전기사업법, 공공기관의 정보공개에 관한 법률 등

*출처: 보건복지부(2018). 사회복지법인관리안내, p. 5 참조.

3. 사회복지법인의 설립절차[1)]

1) 사회복지법인 설립절차

〈표 4〉 설립자의 설립허가 신청(사회복지사업법 제16조, 시행령 제8조, 시행규칙 제7조)

1단계	신청인의 법인설립 신청(신청인 → 시·군·구)
조치사항	▶ 사회복지법인을 설립하고자 하는 자는 「사회복지사업법 시행규칙」 제7조에 규정되어 있는 사회복지법인 설립허가 신청서와 기타 구비서류를 완비하여 시·군·구에 제출
참고사항	• 시·도 및 시·군·구는 신청인이 신청서 제출 전 법인 주사무소가 소재할 시·도 및 시·군·구와 법인설립 필요성 등에 대해 충분하게 협의하여 추후 절차가 원만하게 수행되도록 지도 • 시·도 및 시·군·구는 사회복지법인 설립에 대한 문의가 있을 경우 신속하고 정확하게 안내할 것

1) 보건복지부(2018). 사회복지법인관리안내, pp. 9-18 일부 발췌 인용.

2단계	검토의견 등 첨부하여 시·도 제출(시·군·구 → 시·도)
조치사항	▶ 시·군·구는 설립허가를 신청한 법인에 대한 기초자료(예: 자산에 관한 실지조사결과, 법인설립 필요성에 관한 검토의견서 등)를 첨부하여 시·도에 신청서를 제출
참고사항	• 신청서를 접수한 시·군·구는 해당 법인이 소재할 사무소 및 기본재산 등을 직접 엄격하게 확인할 것(필요시 방문) • 시·도에서 조례 및 규칙 등으로 법인업무와 관련한 시·군·구의 권한 및 위임사항을 정하였을 경우 그에 따르되 법인의 허가 등 법인관리 업무의 중요사항은 반드시 시·도지사가 행할 것
3단계	시·도에서 최종 허가 여부 결정
조치사항	▶ 시·도는 법인설립 신청서와 시·군·구의 기초자료, 시·도의 복지여건 등을 종합적으로 검토하여 법인설립허가 최종 결정 ▶ 설립허가 신청서 처리기한: 17일 ※ 주무관청에서 신청서의 보완을 요청한 경우 보완기간은 처리기한에 산입하지 않으며, 신청서를 반려한 경우 처리기한은 종료되고 재접수 시점부터 다시 기산하는 것을 원칙으로 함(「행정절차법 시행령」 제11조 제1호)
참고사항	• 법인허가 시 법인의 목적사업에 해당하는 기본재산을 갖추었는지 여부를 엄격하게 심사할 것 • 목적사업이 2개 이상의 시·도에 걸쳐 있는 법인에 대해서는 관련 시·도의 의견을 충분히 수렴한 후 결정

* 출처: 2018 보건복지부 사회복지법인 관리안내, p. 9 참조.

2) 사회복지법인 설립요건

(1) 설립허가 신청(사회복지사업법 제16조, 시행령 제8조, 시행규칙 제7조)

사회복지법인을 설립하고자 하는 자는 사회복지법인 설립허가 신청서 등 관련 서류를 사무소를 관할하는 시·군·구청장을 거쳐 시·도지사에게 제출해야 한다.

〈표 5〉 구비서류

양식	내용	비고
설립허가 신청서	-	
설립취지서	• 법인설립 취지를 육하원칙에 의해 기재	

양식	내용	비고
발기인총회회의록	• 회의록에는 재산출연사항, 임원선출, 정관의 심의의결, 사업계획 및 수지예산 등에 관한 의결사항을 포함하며, 발기인 전원이 인감 날인	
설립발기인 명단	• 직위, 성명, 주민등록번호, 주소 및 약력 등을 간략하게 기재	
정관	• 「사회복지사업법」 제17조 정관기재사항은 반드시 기재하고 관련법규에 어긋남이 없도록 하고 발기인 전원 기명 인감날인	
기본재산목록	-	
임원명단	-	
법인이 사용할 인장	-	
재산출연증서	• 출연재산의 구체적 내용과(소재지, 지목, 지적, 평가가액 등) 출연인의 인적사항, 출연일자 기재 후 인감날인 • 주식, 예금 등의 출연행위에 대하여는 공증인의 공증 필요	
재산소유증명서류	• 부동산 등기부등본, 주식의 주주명부사본, 현금의 경우 예금잔고증명, 유가증권의 사본, 각종 무체재산권의 등록필증사본 등 첨부 • 「전자정부법」 제36조 제1항에 따른 행정정보의 공동이용을 통하여 소유권에 대한 정보를 확인할 수 있는 경우에는 그 확인으로 첨부서류를 갈음	
재산의 평가조서	• 기본재산과 보통재산으로 구분 • 기본재산은 목적사업용과 수익용으로 구분하여 평가 가액을 일목요연하게 파악할 수 있도록 작성 • 부동산은 「부동산 가격공시 및 감정평가에 관한 법률」에 의한 감정평가법인의 감정평가서 또는 표준지의 공시지가를 기준으로 산정한 지가확인서 첨부 • 예금 등은 그 현재액을 증명할 수 있는 잔고증명서 기타 각종 재산을 평가할 수 있는 증빙서류 첨부 • 개별공시지가 확인서로 첨부서류에 대한 정보를 확인할 수 있는 경우에는 그 확인으로 첨부서류를 갈음	
재산의 수익조서	• 수익용 기본재산을 갖춘 경우에 한하며 수익을 파악할 수 있도록 작성하고 수익산출 근거를 명시 • 수익을 증명할 수 있는 기관이 발행하는 증빙서류(수익확인서, 배당이익증명서, 이자수익확인서, 납세필증 등) 첨부	
임원의 취임승낙서 및 이력서	• 임원취임자의 취임승낙의사 표시와 인적사항(주소, 성명, 주민등록번호, 주요경력 등) 기재 • 이사 및 감사 등의 직위와 취임기간을 명시하고 인감날인 • 이력서 첨부	

양식	내용	비고
이사추천서	•「사회복지사업법」 제18조 제2항 각 호의 어느 하나에 해당하는 기관으로부터 받은 이사추천서 1부 ※ 위 기관이 법인이 성립되지 않았음을 사유로 추천을 하지 않을 경우 외부추천이사 추천요청공문으로 갈음 가능 ※ 이 경우 지자체가 법인설립을 허가할 때 "법인설립허가 후 법인설립등기 전 기간에 반드시 추천을 받아, 이사를 선임하고 그 결과를 지체 없이 보고할 것"이라는 취지의 부관을 붙일 것	
특수관계 부존재 각서	•「사회복지사업법」 제18조 제3항의 규정(특별한 관계에 있는 자)에 저촉되지 아니함을 입증하는 각서 1부	
사업계회서 및 예산서	-	

* 출처: 2018 보건복지부 사회복지법인 관리안내, p. 10-11 참조.

(2) 목적의 비영리성

사회복지법인은「사회복지사업법」 제2조에 따라 사회복지사업을 수행할 목적으로 설립하며 설립하고자 할 때에는 목적사업을 확정하여 신청해야 한다. 비영리목적사업의 수행사항을 주무관청 담당자에게 확인받고, 담당자는 허가심사 시 설립자의 재정능력 및 설립의도, 목석사업의 비영리성, 수익사업의 성격, 설립목적이 순수한지 등을 엄격하게 심사하고 확인해야 한다.

3) 재산출연과 정관작성

사회복지법인의 설립행위는 설립자가 기본재산 등을 출연하는 재산의 출연과 설립자의 법인 설립의도를 정관에 기재해야 한다.

(1) 재산의 출연

법인의 설립자는 목적사업에 필요한 재산을 출연해야 하고 재산의 종류는 동산, 부동산 외에 신용평가등급 A-이상의 채권도 가능하다. 가압류 가처분 등 법인이 채무를 부담하거나 재산권 행사가 제한되어서는 안 된다.

법인을 설립하는 때의 출연재산은 법인이 성립된 때로부터 법인의 재산으로 귀속(민법 제48조 제1항)된다. 유언(遺言)으로 법인을 설립할 때에는 유언의 효력이 발생한 때로부터 법인에 귀속한 것으로 본다(민법 제48조 제2항).

(2) 법인재산의 구분(사회복지사업법 제23조, 시행규칙 제12조)

법인의 재산은 기본재산과 보통재산으로 구분된다.

목적사업 및 수익사업의 수행을 위해 필요한 재산으로는 부동산, 정관에 기본재산으로 정한 재산, 이사회의 결의에 의하여 기본재산으로 편입된 재산이 해당하고 기본재산은 목록과 가액을 정관에 기재해야 한다.

목적사업용 기본재산은 법인이 시설 등을 설치하는데 직접 사용하는 기본재산이다. 수익용 기본재산은 법인이 수익을 통해 목적사업의 수행에 필요한 경비를 충당하기 위한 재산이다. 보통 재산은 기본 재산 이외의 재산으로 자동차, 컴퓨터, 집기, 비품 등이다.

(3) 기본재산의 기준(사회복지사업법 시행규칙 제13조)

① 시설법인

시설종류별 설치기준에 적합한 시설(건축물)과 부지를 갖추고, 목적사업용 기본재산 및 시설운영을 위한 보통재산이 있어야 한다. 시설설치 부지는 시설설치가 가능한 지역이다. 거주시설 및 이용시설은 당해 법령에 의해 시설의 설치기준에 해당하는 목적사업용 기본재산을 갖추어야 한다(사회복지사업법 시행규칙 제20조 '시설의 설치운영신고 등', 제23조 '사회복지관의 설치기준').

② 지원법인

지원법인은 출연된 기본재산으로부터 발생하는 수익으로 인건비, 사업비 등 법인운영경비 전액을 충당할 수 있는 기본재산을 갖추어야 한다.

(4) 정관(定款)의 작성(사회복지사업법 제17조)

설립자는 법인의 기본규칙을 정하여 이를 서면에 기재하고 기명·인감 날인한다(민법 제43조).

정관기재사항은 다음과 같다. 목적, 명칭, 주된 사무소의 소재지, 사업의 종류(목적사업을 구체적으로 기재), 자산 및 회계에 관한 사항, 임원의 임면 등에 관한 사항, 회의 사항, 수익을 목적으로 하는 사업에 관한 사항, 정관변경에 관한 사항, 존립시기와 해산사유를 정한 때에는 시기와 사유 및 잔여재산의 처리방법, 공고 및 방법에 관한 사항 등이다. 다만 유언으로 설립행위를 하는 경우는 유증(遺贈)에 관한 규정을 준용해야 한다(민법 제47조 제2항).

(5) 정관 작성 시 확인사항

정관은「사회복지사업법」제17조에 정한 사항을 모두 기재하고 있는 때에만 유효하고, 하나라도 누락되면 정관의 효력은 발생하지 않는다. 설립자가 정관에 목적과 자산만을 정하고 명칭과 사무소 주소지, 이사 임면의 방법 등을 정하지 않고 사망한 경우 이해관계인 또는 검사의 청구에 의해 법원이 정할 수 있다(민법 제44조).

사회복지법인의 명칭은 법인과 거래하는 제3자에게 혼란을 주지 않고, 향후 등기 시 문제의 소지를 일으키지 않도록 다른 법인과 유사하거나 동일한 명칭을 사용하는 것을 지양한다. 동일명칭 확인 방법은 대법원 인터넷 등기소 → 등기열람/발급 → 법인 → 상호 찾기로 확인이 가능하다.

4) 설립허가(사회복지사업법 제16조)

(1) 검토의견 작성(사회복지사업법 시행령 제8조)

시·군·구가 법인설립허가 신청서 접수 시 자산에 관한 실지조사 결과, 법인설립의 필요성에 관한 검토의견을 첨부하여 시·도지사에게 송부하여 허가를 받아야 한다.

자산에 관한 실지조사결과서는 출연재산의 소유권 및 사용권이 확실한지 여부 등 출연하는 부동산의 용도지역구분, 그린벨트 여부, 기타 건축관련법, 군사, 환경관련법 등에 규제를 받고 있는지 여부로 시설법인의 경우 시설설치 가능 여부, 시설이 지역사회와 괴리된 곳에 위치하여 관리가 어려운지 여부 등을 기재한다.

또한 출연재산에 제한물권(지상권, 근저당권 등)의 설정, 가압류, 가처분 등이 되어 있어 법인이 채무를 부담하게 되거나 재산권행사가 제한되는 경우 타인(채권자)의 의사에 의하여 법인의 목적사업이 중단 또는 변경될 수 있으므로 기본재산으로 인정하지 않는 것을 원칙으로 하는데, 출연재산의 제한물권 범위를 합리적으로 판단해야 한다. 따라서 불확실한 출연재산은 인정하지 않는다(예: 후원금이 앞으로 기부될 것이다 등).

법인설립의 필요성에 관한 검토의견은 사업계획서 및 예산서 등의 적정 여부, 설립자의 자질 및 재정능력 등에 대한 객관적인 의견, 법인 목적사업에 대한 실현 가능성 등이다.

(2) 설립허가

① 허가기준(공익법인의 설립·운영에 관한 법률 시행령 제5조)

시·도지사는 법인설립허가 신청내용이 다음의 기준에 적합한 경우에 한하여 허가한다. 목적사업이 구체적이며 실현가능하다고 인정되는 경우, 출연재산의 수입으로 목적사업을 원활히 달성할 수 있다고 인정되는 경우, 목적사업이 적극적으로 사회복지를 유지·증진하는 것이라고 인정되는 경우 등이다.

② 허가조건(공익법인의 설립·운영에 관한 법률 시행령 제4조, 제6조)

시·도지사는 법인설립 허가 시 다음의 조건을 붙일 수 있다. 수혜자의 출생지, 출신학교, 직업, 근무처 기타 사회적 지위나 해당 법인과 특수 관계 등 수혜자의 범위를 제한할 수 없다는 의미를 반드시 붙여야 하고(제6조 제1항 제2호), 시·

도지사가 수혜자 범위를 한정할 필요가 있다고 인정하는 때에는 한정할 범위를 미리 법인의 주 사무소 소재지를 관할하는 세무서장과 합의해야 한다(제6조 제2항). 또한 목적사업의 무상성, 기타 목적사업의 운영에 관한 사항(제6조 제1항 제3호) 외에 기타 목적사업의 원활한 달성을 위하여 필요한 사항(제6조 제1항 제4호) 등의 조건을 붙일 수 있다.

목적사업이 두개 지역 이상의 시·도에 속하는 경우 법인의 주된 사무소가 위치한 시·도에서 설립허가 여부를 결정하되 시·도간에 협의되어야 한다(공익법인의 설립·운영에 관한 법률 시행령 제4조 제2항).

5) 법인설립등기

시·도지사의 허가를 받은 법인은 주사무소 소재지(등기소)에서 설립등기를 함으로써 성립(민법 제33조)된다. 따라서 법인설립이 허가(민법 제49조, 공설령 제9조)되었을 때 3주 내에 주사무소 소재지(등기소)에 설립등기를 한 후 7일 내에 시·도지사에게 보고해야 한다.

등기사항은 목적, 명칭, 사무소, 설립허가의 연월일, 존립 시기나 해산사유를 정한 때에는 시기 또는 사유, 자산총액, 출자 방법, 이사 성명·주소, 이사의 대표권의 제한 등을 명기한다(민법 제49조) 기간 내에 등기하지 않게 되면 제3자에 대항하지 못하며, 등기의무를 해태할 경우 과태료 처분을 받게 된다(민법 제97조).

주무관청은 설립허가 후 설립등기 및 기본재산 출연 여부 등을 반드시 확인해야 한다. 기본재산 미출연시 필요적 법인설립허가 취소 사유에 해당한다(사회복지사업법 제26조 제1항 제7호).

6장

사회복지법인의 운영과 관리

1. 사회복지법인의 구성[1)]

1) 이사회

(1) 이사회 구성

「사회복지사업법」 제18조, 같은 법 시행령 제8조의 2 및 제9조와 「공익법인의 설립·운영에 관한 법률」 제6조에 의해 이사회는 이사로 구성되며(감사는 제외) 이사장은 정관에서 정한 바에 따라 이사 중에서 호선(공설법 제6조)하고, 이사는 7인 이상 두어야 하며(외국인 이사는 이사 현원의 1/2 미만이어야 함), 같은 법 시행령 제9조에 의해 '특별한 관계에 있는 자'는 이사 현원의 1/5을 초과할 수 없다.

1) 보건복지부. 2018 사회복지법인관리안내. 19-41 일부발췌인용.

특별한 관계에 있는 자의 범위(사회복지사업법 시행령 제9조)

1. 출연자
2. 출연자 또는 이사와의 관계가 다음 각목의 어느 하나에 해당하는 사람
   가. 6촌 이내의 혈족
   나. 4촌 이내의 인척
   다. 배우자(사실상 혼인관계에 있는 사람을 포함한다)
   라. 친생자(親生子)로서 다른 사람에게 친양자(親養子)로 입양된 사람 및 그 배우자와 직계비속
3. 출연자 또는 이사의 사용인 그 밖에 고용관계에 있는 자(출연자 또는 이사가 '출자에 의하여 사실상 지배하고 있는 법인'의 사용인 그 밖에 고용관계에 있는 자를 포함)
4. 출연자 또는 이사의 금전 그 밖의 재산에 의하여 생계를 유지하는 자 및 그와 생계를 함께하는 자
5. 출연자 또는 이사가 재산을 출연한 다른 법인의 이사

▶ 3호의 '출자에 의하여 사실상 지배하고 있는 법인'의 의미
   가. 법인의 발행주식 총액 또는 출자총액의 100분의 30 이상을 출자자 1인과 그와 상기 '2호', '4호' 및 사용인 그 밖에 고용관계에 있는 자(이하 '지배주주')가 소유하고 있는 경우
   나. 법인의 발행주식총액 또는 출자총액의 100분의 50 이상을 '가'의 법인과 그의 지배주주가 소유하고 있는 경우
   다. 법인의 발행주식총액 또는 출자총액의 100분의 50 이상을 '가'의 법인과 그의 지배주주 및 '나'의 법인이 소유하고 있는 경우

이사 정수의 1/3(소수점 이하는 버림) 이상을 추천기관에서 추천한 사람 중에서 선임하되, 설립허가 후 법인등기 이전까지 외부추천이사 선임을 완료해야 한다. 추천기관은 2018년 4월 25일부터 시도사회보장위원회 및 지역사회보장협의체이다.「사회복지사업법」개정법률 시행일에 따른 추천 배수(倍數)는 추천기관에서 2018년 4월 25일 이후부터 3배수로 추천하게 되어 있다.

〈표 6〉 이사 정수에 따른 적용 기준

이사 정수	필요 외부추천이사 수
7명 / 8명	2명
9명 / 10명 / 11명	3명
12명 / 13명 / 14명	4명
15명 / 16명 / 17명	5명
18명 / 19명 / 20명	6명

* 출처: 보건복지부, 2018 사회복지법인관리안내, p. 21 참조.

(2) 외부추천이사 구성

추천기관인 시·도사회보장위원회 또는 지역사회보장협의체는 이사를 추천하기 위해 매년 다음 중 어느 하나에 해당하는 사람으로 이사 후보군을 구성하여 공고한다(사회복지사업법 제18조 8항). 다만 사회복지법인은 법령을 벗어나지 않는 범위 내에서 외부추천이사 후보군 공고방법에 대한 세부지침을 정해야 한다.

① 사회복지 또는 보건의료에 관한 학식과 경험이 풍부한 사람
② 사회복지를 필요로 하는 사람의 이익 등을 대표하는 사람
③ 「비영리민간단체 지원법」 제2조에 따른 비영리민간단체에서 추천한 사람
④ 「사회복지공동모금회법」 제14조에 따른 사회복지공동모금지회에서 추천한 사람

(3) 법인의 추천 요청

법인은 추천 이사 선임 사유가 발생한 날부터 15일 내에 법인의 주사무소가 소재하는 지역의 사회복지위원회, 지역사회복지협의체 또는 지역사회보장협의체 중 한 기관에 이사 추천을 요청해야 한다. 선임 사유는 전임 이사의 임기 만료, 전임 이사의 사임, 전임 이사의 해임, 이사 증원에 따른 신규 선임 등 법인이 외부추천이사를 선임하는 모든 경우로 선임 사유가 사전에 예측되는 경우(전임 이사의 임기 만료) 임기 만료 3개월 전에 추천을 요청해야 한다(사회복지사업법 시행령 제8조의 2 제1항 단서).

법인의 이사 추천요청은 서면(공문)으로 하되 공문에는 법인명, 주요사업, 선임 대상 이사 수 등을 반드시 명기하고 법인의 설립 취지, 목적 사업의 내용, 이사가 갖추어야 할 사항 등 추천에 참고할 수 있는 자료를 첨부(사회복지사업법 시행령 제8조의 2 제1항)하여 송부하고 이사의 선임은 이사회 의결을 거쳐야 한다.

(4) 추천 이사의 선임

법인은 배수로 추천받은 자 중에서 이사를 선임해야 한다. 추천받은 이사가 「사회복지사업법」 제19조의 결격사유에 해당하거나, 취임 승낙을 하지 않는 경우 등 선임이 불가능한 경우 추천기관과 협의하여 재추천을 요청한다. 추천 이사 선임 절차는 다른 이사 선임 절차와 동일하다.

결원 이사는 2개월 내에 보충하고 추천 이사를 선임한 후 시·도지사에게 법인 임원의 임면보고를 해야 한다. 보고 시 필요 서류는 선임을 결의한 이사회 회의록 사본, 임원의 취임승낙서 및 이력서 특수관계부존재각서, 추천기관으로부터 받은 추천서(사회복지사업법 시행규칙 제10조)이다.

(5) 추천 이사의 임기 만료

임기가 만료된 외부추천이사가 해당 법인의 선임이사로 추천절차 없이 연임하는 경우 더 이상 외부추천이사가 아니므로 새로운 외부추천이사를 선임해야 한다. 단 임기가 만료된 외부추천이사가 외부추천이사로 연임하기 위해서는 이사회 소집 후 의결절차를 거쳐야 한다. 추천절차 없이 외부추천이사를 연임시키는 경우 「사회복지사업법」 제18조 제2항 위반에 해당한다.

(6) 이사회의 기능(공익법인 설립·운영에 관한 법률 제7조)

법인의 예산·결산·차입금 및 재산의 취득·처분과 관리에 관한 사항, 정관의 변경에 관한 사항, 법인의 합병·해산에 관한 사항, 임원의 임면에 관한 사항, 수익사업에 관한 사항, 기타 법령이나 정관에 명시된 사업 등을 심의한다.

(7) 이사회의 소집(공익법인 설립·운영에 관한 법률 제8조)

이사회는 이사장이 소집하고 의장이 되며 이사회 소집에 대한 시·도지사의 승인을 받아야 함은 이사장의 궐위나 기피가 명백하고 법인운영에 긴급한 이사회의결이 필요한 안건이 있는 경우 소집된다. 이사회 소집요건은 이사장이 필요하다고 인정한 때(직권소집), 재적이사 과반수 이상이 소집을 요구할 때, 법인의 감사가 법인의 업무와 재산상황을 감사한 결과 불법 또는 부당한 점을 발견하여 이를 이사회에 보고하기 위해 소집을 요구할 때 등이다.

소집 요구일로부터 20일 이내에 이사회를 소집해야 한다. 단, 궐위, 사임, 해임 등으로 인해 이사의 정원이 7명 미만일 경우에는 이사회 개최나 의결의 효력이 없다.

(8) 의결정족수

「공익법인 설립·운영에 관한 법률」 제9조에 이사회의 의사는 정관에 특별한 규정이 없는 한 재적이사 중 출석이사 과반수의 찬성으로의결하며 의결표결 및 발언권 등에 있어 이사는 평등한 의결권을 가지며, 이사회의 의결은 서면결의할 수 없고 반드시 인감·날인해야 한다.

(9) 이사회 회의록의 작성 및 공개

「사회복지사업법」 제25조, 같은 법 시행령 제10조의 3, 제10조의 4에 따라 이사회는 다음의 사항을 회의록에 기재해야 한다. 개의, 회의 중지 및 산회 일시, 안건, 의사, 출석한 임원의 성명, 표결 수, 그 밖에 대표이사가 작성할 필요가 있다고 인정하는 사항 등이다. 회의록 작성이 어려운 경우 안건별로 회의조서를 작성하고 조속한 시일 내에 회의록을 작성할 수 있다.

출석임원 전원이 회의록 및 회의조서 마지막 장에 인감·날인해야 하고, 회의록 및 회의조서가 2매 이상인 경우 출석임원 전원이 간인(間印)하고, 자필서명으로 대체하는 경우에는 「본인서명사실 확인 등에 관한 법률」 제2조에 따라 본인서명사실확인서 또는 전자본인서명확인서를 제출해야 한다(제13조 2항 관련).

회의록 공개는 회의일부터 10일 이내에 게시하여 게시일로부터 3개월간 공개해야 하고, 공개 장소는 사회복지법인의 인터넷 홈페이지(전부 공개되는 카페나 블로그도 가능)와 관할 시·도지사가 지정하는 인터넷 홈페이지(예: 시·도 홈페이지 또는 관련 협의회, 단체 홈페이지 등)에 각각 공개해야 한다.

공개기간 이후에도 회의록 공개를 청구할 수 있는 자는 해당 사회복지법인의 종사자, 해당 사회복지법인이 설치·운영하는 시설종사자, 해당 사회복지법인의 서비스 이용자 또는 법인이 설치·운영하는 시설의 이용자, 해당 사회복지법인이 설치·운영하는 시설의 거주자 또는 보호자 등이다.

회의록의 비공개사항(공공기관의 정보공개에 관한 법률 제9조 제1항 제4호부터 제8호 준용)은 다음과 같다.

공공기관의 정보공개에 관한 법률 제9조(비공개 대상 정보) 제1항 4~7호

4. 진행 중인 재판에 관련된 정보와 범죄 예방, 수사, 공소의 제기 및 유지, 형의 집행, 교정, 보안처분에 관한 사항으로 공개될 경우 직무수행을 현저히 곤란하게 하거나 형사피고인의 공정한 재판받을 권리를 침해한다고 인정할 만한 상당한 이유가 있는 정보
5. 감사, 감독, 검사, 시험, 규제, 입찰계약, 기술개발, 인사관리, 의사결정과정 또는 내부검토과정에 있는 사항 등으로 공개될 경우 업무의 공정한 수행이나 연구 · 개발에 현저하게 지장을 초래한다고 인정할 만한 상당한 이유가 있는 정보
6. 해당 정보에 포함되어 있는 이름 · 주민등록번호 등 개인에 관한 사항으로 공개될 경우 개인의 사생활 비밀 또는 자유를 침해할 우려가 있다고 인정되는 정보. 다만, 다음에 열거한 개인에 관한 정보는 제외한다.
   가. 법령에서 정하는 바에 따라 열람할 수 있는 정보
   나. 공공기관이 공표를 목적으로 작성하거나 취득한 정보로서 사생활의 비밀 또는 자유를 부당하게 침해하지 아니하는 정보
   다. 공공기관이 작성하거나 취득한 정보로서 공개하는 것이 공익이나 개인의 권리 구제를 위하여 필요하다고 인정되는 정보
   라. 직무를 수행한 공무원의 성명 · 직위
   마. 공개하는 것이 공익을 위하여 필요한 경우로서 법령에 따라 국가 또는 지방자치단체가 업무의 일부를 위탁 또는 위촉한 개인의 성명 · 직업
7. 법인 · 단체 또는 개인(이하 '법인 등'이라 한다)의 경영 · 영업상 비밀에 관한 사항으로 공개될 경우 법인 등의 정당한 이익을 현저히 해할 우려가 있다고 인정되는 정보. 다만, 다음 각 목에 열거한 정보는 제외한다.
   가. 사업활동에 의하여 발생하는 위해(危害)로부터 사람의 생명 · 신체 또는 건강을 보호하기 위하여 공개할 필요가 있는 정보
   나. 위법 · 부당한 사업활동으로부터 국민의 재산 또는 생활을 보호하기 위하여 공개할 필요가 있는 정보
8. 공개될 경우 부동산 투기 · 매점매석 등으로 인해 특정인에게 이익 또는 불이익을 줄 우려가 있다고 인정되는 정보

2) 이사(理事)

이사는 대외적으로 법인을 대표하고 대내·외적으로 법인의 업무를 집행하는 필수기관(민법 제58조, 제59조)으로 이사의 정수는 대표이사를 포함하여 7인 이상이어야 하고 임기는 3년으로 연임할 수 있다(사회복지사업법 제18조). 이사의 직무는 선량한 관리자로 충실하게 직무를 수행해야 하며, 이사가 임무를 해태한 때에는 법인에 대하여 연대하여 손해배상의 책임이 있다(민법 제61조, 제65조).

이사는 법인의 사무에 관하여 각자 법인을 대표하므로(민법 제59조) 이사의 행위는 대외적으로 법인의 행위로 인정된다(대표하는 사무에는 제한이 없음). 또한 이사는 법인의 모든 내부적 사무를 집행할 권한이 있으며, 정관에 다른 규정이 없으면 법인의 사무집행은 이사의 과반수로 결정한다(민법 제58조).

3) 감사(監司)

(1) 감사의 의의 및 자격

감사는 법인의 재산이나 업무집행상태의 적정 여부를 조사 · 감독하는 필수기관으로 감사의 정수는 2인 이상이어야 하며 임기는 2년으로 연임(사회복지사업법 제18조)할 수 있다. 감사는 이사와 「사회복지사업법 시행령」 제9조의 '특별한 관계에 있는 자'가 아니어야 하고 감사 중 1명은 법률 또는 회계에 관한 지식이 있는 사람 중에서 선임해야 한다.

감사 선임 당시 법인(법인이 설치·운영하는 사회복지시설을 포함함)의 직전 3회계연도의 세입 금액(기본재산 및 출연금 제외) 평균이 30억 원 이상인 법인은 감사 중 1명을 시·도지사의 추천을 받아 주식회사의 외부감사에 관한 법률에 따른 감사인에 속한 사람(이하 '전문가 감사')을 선임해야 한다(사회복지사업법 제18조 7항, 같은 법 시행령 제10조).

(2) 감사의 직무(공익법인의 설립 · 운영에 관한 법률 제10조)

대내적 직무는 법인의 업무와 재산상황을 감사하는 일 및 이사에 대하여 이에 필요한 자료 제출 또는 의견을 요구하고 이사회에서 발언하는 일, 이사회의 회의록에 기명날인하는 일, 법인의 업무와 재산상황에 대하여 이사에게 의견을 진술하는 일, 법인의 업무와 재산상황을 감사한 결과 불법 또는 부당한 점이 있음을 발견한 때에 이사회에 보고하는 일, 보고가 필요한 때는 이사회의 소집을 요구할 수 있다.

대외적 직무는 법인의 직무와 재산상황을 감사한 결과 불법 또는 부당한 점이 있음을 발견한 때에는 지체 없이 시 · 도지사에게 보고해야 한다. 이사가 법인의 목적범위 외의 행위를 하거나 기타 법에 의한 명령이나 정관에 위반하는 행위를 하여 현저한 손해를 발생하게 할 우려가 있는 때에는 이사에 대하여 직무행위를 유지(留止)할 것을 법원에 청구할 수 있다.

4) 임원의 임면(任免)

이사의 임면방법은 정관의 필요적 기재사항(사회복지사업법 제17조)으로 정관에 명시해야 한다.

(1) 임원의 임면보고(사회복지사업법 제18조, 시행규칙 제10조)

법인은 임원을 임면하는 경우 법인임원 임면보고서 외에 당해 임원의 선임(연임) 또는 해임을 결의한 이사회 회의록 사본 1부, 취임승낙서, 이력서 각 1부, 기관으로부터 받은 이사추천서 1부(외부추천이사에 한함), 특수관계부존재 각서 1부, 이사의 성명 · 주소는 등기사항이며(민법 제49조) 이를 등기하지 않으면 이사의 선임 · 해임 · 퇴임을 가지고 제3자에게 대항할 수 없다(민법 제54조). 임면관련 서류는 관할 시 · 도지사에게 제출해야 한다.

임원의 결격사유(사회복지사업법 제19조 1~3호)

1. 미성년자

1의 2. 피성년후견인 또는 피한정후견인

1의 3. 파산선고를 받고 복권되지 아니한 사람

1의 4. 법원의 판결에 따라 자격이 상실되거나 정지된 사람

1의 5. 금고 이상의 실형을 선고받고 그 집행이 끝나거나(집행이 끝난 것으로 보는 경우를 포함한다) 집행이 면제된 날부터 3년이 지나지 아니한 사람

1의 6. 금고 이상의 형의 집행유예를 선고받고 그 유예기간 중에 있는 사람

1의 7. 제1호의 5 및 제1호의 6에도 불구하고 사회복지사업 또는 그 직무와 관련하여 「아동복지법」 제71조, 「보조금 관리에 관한 법률」 제40조부터 제42조까지 또는 「형법」 제28장·제40장(제360조는 제외한다)의 죄를 범하거나 이 법을 위반하여 다음 각 목의 어느 하나에 해당하는 사람

가. 100만 원 이상의 벌금형을 선고받고 그 형이 확정된 후 5년이 지나지 아니한 사람

나. 형의 집행유예를 선고받고 그 형이 확정된 후 7년이 지나지 아니한 사람

다. 징역형을 선고받고 그 집행이 끝나거나(집행이 끝난 것으로 보는 경우를 포함한다) 집행이 면제된 날부터 7년이 지나지 아니한 사람

1의 8. 제1호의 5부터 제1호의 7까지의 규정에도 불구하고 「성폭력범죄의 처벌 등에 관한 특례법」 제2조의 성폭력범죄(성폭력범죄의 처벌 등에 관한 특례법 제2조 제1항 제1호는 제외한다) 또는 「아동 · 청소년의 성보호에 관한 법률」 제2조 제2호의 아동 · 청소년대상 성범죄를 저지른 사람으로서 형 또는 치료감호를 선고받고 확정된 후 그 형 또는 치료 감호의 전부 또는 일부의 집행이 끝나거나(집행이 끝난 것으로 보는 경우를 포함한다) 집행이 유예 · 면제된 날부터 10년이 지나지 아니한 사람

2. 제22조에 따른 해임명령에 따라 해임된 날부터 5년이 지나지 아니한 사람

2의 2. 제26조에 따라 설립허가가 취소된 사회복지법인의 임원이었던 사람(그 허가의 취소사유 발생에 관하여 직접적인 또는 이에 상응하는 책임이 있는 자로서 대통령령으로 정하는 사람으로 한정한다)으로서 그 설립허가가 취소된 날부터 5년이 지나지 아니한 사람(18. 10. 25. 시행)

2의 3. 제40조에 따라 시설의 장에서 해임된 사람으로서 해임된 날부터 5년이 지나지 아니한 사람(18. 10. 25. 시행)

2의 4. 제40조에 따라 폐쇄명령을 받고 3년이 지나지 아니한 사람(18. 10. 25. 시행)

3. 사회복지분야의 6급 이상 공무원으로 재직하다 퇴직한 지 3년이 경과하지 아니한 사람 중에서 퇴직 전 5년 동안 소속하였던 기초자치단체가 관할하는 법인의 임원이 되고자 하는 사람

※ 주의: 「사회복지사업법」 제19조 제1항 제3호의 적용대상은 퇴직일을 기준으로 과거 5년(공로연수기간 포함)의 기간 내에 기초자치단체에서 사회복지분야 6급 이상 공무원으로 재직한 사람을 의미하는 바, 5년이라는 기간 내에서 직위와 관계없이 직제·직무상 사회복지분야가 포함된 경우라 한다면 적용대상임

(2) 임원의 겸직 및 해임

이사는 법인이 설치한 사회복지시설의 장을 제외한 해당 시설의 직원을 겸직할 수 없으며, 감사는 법인의 이사, 법인이 설치한 사회복지시설의 장 또는 직원을 겸직할 수 없다(사회복지사업법 제21조).

시·도지사는 다음의 사항에 대해 법인의 임원해임을 명할 수 있다. 시·도지사의 명령을 정당한 이유 없이 이행하지 아니한 때, 회계부정이나 현저한 불법행위 기타 부당행위 등이 발견되었을 때, 법인의 업무에 관하여 시·도지사에게 보고할 사항에 대해 고의로 보고를 지연하거나 허위보고를 한때, 외부추천이사 선임과 관련된 사항을 위반, 특별한 관계에 있는 사람을 규정을 초과하여 선임, 감사의 선임과 관련된 사항을 위반하여 선임된 사람, 임원의 겸직근무 의무를 위반한 사람, 직무집행 정지명령을 이행하지 아니한 사람, 기타 「사회복지사업법」 또는 사회복지사업법에 의한 명령을 위반하였을 때 등 임원의 해임을 명령할 수 있다(사회복지사업법 제22조).

2. 사회복지법인의 관리[2)]

1) 법인의 등기 관리

(1) 사무소 관련 등기

분사무소 설치 등기(민법 제50조)와 같이 새로운 분사무소 설치 시 주사무소 소재지에 3주 내에 분사무소를 설치한 것을 등기하고, 새로운 분사무소 소재지는 동기간 내에 「민법」 제49조의 설립등기사항을 등기해야 한다. 또한 기존에 존재하던 분사무소 소재지에도 법인이 새로운 분사무소를 설치하였음을 등기해야 한다.

주사무소 또는 기존 분사무소 소재지를 관할하는 등기소의 관할구역 내에 분

2) 보건복지부. 2018 사회복지법인 관리안내, p. 45-66 일부 발췌 인용.

사무소 신설 시에는 3주 내에 분사무소 설치만을 등기하고 설립등기사항은 등기할 필요가 없다.

(2) 사무소 이전의 등기(민법 제51조)

사무소 이전 시 구주소지에 3주 내에 이전 등기를 하고, 신주소지에는 같은 기간 내에 설립등기사항을 등기하고, 동일한 등기소의 관할구역 내에 사무소 이전 시 3주 내에 이전한 것을 등기하고 설립등기사항은 등기할 필요가 없다.

(3) 변경등기(민법 제52조)

설립등기의 등기사항에 변경이 있는 때에는 3주 내에 소재지 등기소에 변경등기를 해야 한다. 다만 이사의 직무집행을 정지하거나 직무대행자를 선임하는 가처분을 하거나 가처분을 변경 · 취소하는 경우 주사무소와 분사무소가 있는 등기소에 등기해야 한다(민법 제52조의 2).

또한 법인이 파산 등으로 인해 해산을 하는 경우 청산인은 파산의 경우를 제외하고는 취임 후 3주 내에 해산의 사유, 해산연월일, 청산인의 성명 및 주소, 청산인의 대표권을 제한한 때에 제한사항을 주사무소 및 분사무소 소재지에 등기해야 한다(민법 제85조). 시 · 도지사의 허가를 요하는 등기사항은 허가서가 도착한 날로부터 등기기간을 기산한다(민법 제53조).

이상과 같이 설립등기는 법인의 성립요건이며(민법 제33조), 설립등기 이외의 등기사항은 제3자에 대한 대항 요건(민법 제54조)으로 효력을 갖는다. 하지만 설립등기 등의 보고에서 법인은 설립등기, 분사무소 설치 등기, 사무소 이전 등기, 변경등기 등을 한 때에는 등기를 완료한 날로부터 7일 이내에 등기보고서에 등기부등본 1부를 첨부하여 시 · 도지사에게 제출해야만 효력을 갖는다.

2) 정관변경의 인가

(1) 정관변경인가신청(사회복지사업법 제17조, 시행규칙 제8조)

법인이 정관을 변경하고자 하는 때에는 정관변경인가신청서(붙임 16)를 작성하여 시·도지사에게 제출한 후 정관변경 인가를 받아야 하고 다음의 서류를 첨부해야 한다.

- 정관의 변경을 결의한 이사회 회의록 사본 1부
- 정관변경안 1부
- 사업변경계획서, 예산서 및 재산의 소유를 증명할 수 있는 서류(사업의 변동이 있는 경우에 한함) 각 1부
- 재산의 평가조서 및 재산수익조서(사업의 변동이 있는 경우에 한함) 각 1부.

단, 정관 중 공고 및 방법에 관한 사항을 변경하고자 하는 경우 시·도지사의 인가를 받지 않아도 된다(사회복지사업법 시행규칙 제9조).

(2) 정관변경 인가 시 검토사항

정관변경 인가 시 검토사항은 정관변경의 적법성과 타당성과 재원확보이다. 정관변경절차가 관계법령, 정관 등에 적합한지 여부 등을 검토하고 이사회 회의록에 정관변경의 구체적인 내용이 논의되었는지 여부와 참석자 전원의 인감날인 여부를 확인하고, 정관변경으로 사업의 변경이 있을 때에는 확실한 재원조달방법이 있는지를 확인(先 재원확보, 後 정관변경 인가)해야 한다.

3) 기본재산 처분허가(사회복지사업법 제23조, 시행규칙 제14조)

(1) 기본재산 처분허가 신청

기본재산의 매도, 증여, 교환, 임대, 담보제공 또는 용도를 변경하고자 할 때에

는 시 · 도지사의 처분허가를 받아야 하고, 처분허가 신청 시 기본재산처분허가신청서에 아래의 서류를 첨부하여 시 · 도지사에 제출해야 한다.

- 기본재산 처분이유서 1부
- 기본재산의 처분을 결의한 이사회회의록 사본 1부
- 처분하는 기본재산의 명세서 1부
- 처분하는 기본재산의 감정평가서 1부(공인감정평가법인이 작성한 것에 한함)

시 · 도지사의 기본재산 처분허가를 받은 후 기본재산을 처분하고, 처분이 완료되면 즉시 정관을 변경하고 인가받아야 한다.

(2) 기본재산 처분허가 시 검토사항

사회복지법인에 출연된 재산, 즉 기본재산은 법인의 실체인 동시에 법인의 목적을 수행하기 위한 수단이므로 이를 처분하는 것은 법인의 실체가 없어진다는 것을 의미하기 때문에 법인이 목적을 수행할 수 없게 된다는 의미이다. 기본재산 처분신청 시 해당 기본재산의 성격, 총 기본재산에서 차지하는 비중, 처분 시 목적사업의 수행가능성, 처분의 의도, 처분 후 사용용도 등을 종합적이고 엄격한 심사한 후 신중하게 결정한다. 처분재산의 구체적인 내용을 확인해야 하는데, 처분재산목록은 2월 이내에 발행된 등기부등본 등 관련 증빙서로 확인하고 처분 재산의 현재 소유권 등을 확인해야 한다.

시 · 도지사는 등기부등본의 경우, 표제부(재산의 표시), 갑구(소유권, 가압류, 가처분 등 사항), 을구(저당권, 지상권, 전세권 등의 제한물건 설정사항)의 내용을 정밀하게 확인하고, 처분허가 전 기본재산을 기처분했는지 여부를 검토하고, 「지방자치단체를 당사자로 하는 계약에 관한 법률」에 따른 절차를 준수하도록 지도한다(사회복지법인 및 사회복지시설 재무 · 회계 규칙 제30조의 2). 또한 이사회 결의의 적법성을 검토해야 하는데, 이사회 소집의 적법성 확인(통보 여부 등)과

이사회 회의록에 처분의 구체적인 내용이 포함되고 참석이사 전원의 기명 인감날인 등 결의의 성립 등을 확인한다.

4) 재산의 취득과 정관변경(사회복지사업법 제24조, 시행규칙 제16조)

(1) 재산의 취득

법인이 매수, 기부채납, 후원 등의 방법으로 재산을 취득한 때에는 지체 없이 법인의 재산에 편입하고, 매년 1월 말까지 전년도 재산취득상황을 다음의 서류와 함께 시·도지사에게 보고해야 한다. 재산 취득사유서 1부, 취득한 재산의 종류, 수량 및 금액을 기재한 서류 1부, 취득한 재산의 등기부등본 또는 금융기관의 증명서 등 증빙서류 1부.

(2) 정관의 변경

상기의 사유 등으로 법인의 재산이 증가하는 경우 재산이 감소했을 경우와 마찬가지로 지체 없이 정관을 변경하여 시·도지사의 인가를 받아야 한다.

5) 수익사업(사회복지사업법 제28조)

수익사업에서 발생한 수익은 법인 또는 법인이 설치한 사회복지시설의 운영에 한하여 사용한다. 수익사업에 관한 회계는 법인회계나 시설의 시설회계와 구분한다(사회복지법인 및 사회복지시설 재무 · 회계 규칙 제6조 제2항). 수익사업은 법인의 설립목적 수행에 지장이 없어야 하고, 수익사업의 범위 및 종류는 비영리법인의 본질을 위배할 수 없으며, 법인 설립목적 달성을 위한 법인 내 인적, 물적 상황 등 제반여건을 충분히 고려해야 한다.

수익사업은 정관에 명시하고(사회복지사업법 제17조 제1항 제8호), 수익사업의 수행을 위한 정관변경인가 요청이 있을 시에는 다음의 서류 등을 검토하여 인가 여부를 결정해야 한다. 사업계획서 1부, 추정손익계산서 및 부속명세서 1부, 사업에 종사할 임원명부 1부, 해당 수익사업에 대한 허가사실증명원 1부(행정관청의 허가를 요하는 사업인 경우)이다.

6) 법인의 소멸(합병포함)

(1) 법인소멸의 의의

법인의 소멸은 해산과 청산의 절차로 행해지는데 주의해야 할 점은 해산으로 법인의 권리능력이 전적으로 소멸하지 않으며, 청산의 종결로 법인은 완전히 소멸된다. 선 해산, 후 청산방식이다. 해산은 법인이 활동을 정지하고 청산절차에 들어가는 것을 말하며, 청산은 해산한 법인의 재산관계를 정리하는 절차이다.

해산 후 법인의 권리능력이 곧바로 소멸되는 것이 아니라 청산이 종결될 때까지 제한된 범위에서 권리능력을 가지며, 해산 후 청산종결까지 존속하는 법인을 청산법인(淸算法人)이라 한다.

법인 해산(解散)의 사유(민법 제77조) 발생 시 존재기간의 만료 기타 정관에 정한 해산사유가 발생하는 경우와 파산(민법 제79조)으로 법인이 채무를 변제할 수 없는 상태, 즉 채무초과(부채>자산)가 된 때에 이사는 지체 없이 파산을 신청해야 한다.

(2) 설립허가의 취소(사회복지사업법 제26조)

필요적 설립허가 취소사유(반드시 취소해야 함)는 법인 설립 후 기본재산을 출연하지 아니한 때, 거짓이나 그 밖의 부정한 방법으로 설립허가를 받았을 때 등이다.

임의적 설립허가 취소사유는 설립허가 조건에 위반한 때(공익법인의 설립·운영에 관한 법률 4조, 같은 법 시행령 6조), 목적달성이 불가능하게 된 때(시설폐쇄, 기본재산 소멸, 이사회 소멸 등으로 정관상 목적사업 수행이 사실상 불가능할 때), 목적사업 외의 사업을 한 때(정관변경 인가 없이 수익사업을 수행하는 경우-, 사회복지사업 이외의 사업을 수행하는 경우, 지원법인이 정관변경 인가 없이 시설을 운영하는 경우 등), 정당한 사유 없이 설립허가를 받은 날부터 6월 이내에 목적사업을 개시하지 아니하거나 1년 이상 사업실적이 없을 때, 법인이 운영하는 시설에서 반복적 또는 집단적 성폭력 범죄가 발생한 때, 대표이사를 포함한 이사 7명과 감사 2명 이상을 선임하지 아니한 때, 외부추천이사 선임과 관련된 사항을 위반하여 이사를 선임한 때, 임원의 해임명령을 이행하지 아니한 때, 기타 사회복지사업법 또는 사회복지사업법에 의한 명령이나 정관에 위반한 때 등으로 법인운영에 중대한 사항에 대한 법, 명령, 정관 위반, 동일한 사항을 3회 이상 지속적으로 위반하는 경우, 시정명령을 3회 이상 지속적으로 거부하는 등 정상적인 법인운영이 어려울 경우이다.

(3) 잔여재산의 처리(사회복지사업법 제27조, 시행령 제10조의 2)

해산한 법인의 잔여재산은 정관이 정하는 바에 의해 국가 또는 지방자치단체에 귀속된다. 국가 또는 지자체에 귀속된 재산은 사회복지사업에 사용하거나, 유사한 목적을 가진 법인에게 무상으로 대부 또는 무상으로 사용·수익하게 할 수 있다. 다만 해산한 법인의 이사 본인 및 그와 '특별한 관계에 있는 자'가 이사로 있는 법인은 무상으로 대부·사용·수익하게 할 수 없다.

법인의 파산으로 파산관재인이 정해지면 청산인은 파산관재인에게 사무를 인계해야 하고 인계함으로써 임무가 종료된다. 「민법」 제94조는 청산이 종결한 때는 청산인이 3주 내에 등기하고 주무관청에 신고하게 되어 있다.

7) 법인의 합병(사회복지사업법 제30조, 시행령 제11조, 시행규칙 제19조)

2개 이상 법인이 합병하고자 할 때에는 합병되는 형태에 따라 법인합병허가신청서에 아래의 서류를 첨부하여 시·도지사의 허가를 받아야 한다(시·도가 다른 경우 보건복지부장관 허가필).

법인 합병 시 합병 후 존속하는 법인 또는 합병에 의해 설립된 법인은 합병에 의해 소멸된 법인의 지위를 승계하고, 합병 후 신설법인 설립 시 관계 법인이 각각 5인씩 지명하는 설립위원이 정관을 작성하는 등 법인설립업무를 공동으로 처리한다.

법인합병허가신청서에 첨부할 서류는 관계법인의 합병결의서, 정관, 재산목록 및 대차대조표 각 1부, 정관변경안 1부, 사업계획서, 예산서 및 재산의 소유를 증명할 수 있는 서류 각 1부, 재산의 평가조서 및 재산수익 조서 각 1부이다.

8) 법인의 관리감독

(1) 법원(法院)

법인의 해산과 청산의 감독은 법원이 담당한다(민법 제84조, 제95조).

(2) 시도지사(사회복지사업법 제51조 등)

법인설립허가, 법인정관변경인가, 기본재산 처분허가 등 법인 업무전반에 대한 모든 사항은 시·도지사의 권한이다. 시·도지사는 자체 지도·감사계획에 의거 사회복지사업을 운영하는 법인(법인운영시설 포함)의 소관업무를 지도·감독하고, 지도·감독기관은 지도·감독에 전문적 지식이나 자문이 필요한 경우 관계자에게 촉탁할 수 있다. 법인의 주사무소 소재지와 시설의 소재지가 동일한 시도 또는 시·군·구에 있지 아니한 경우 당해 시설의 업무는 시설 소재지의 시·도지사 또는 시·군·구청장이 지도·감독하되, 별도의 행정협약을 체결한 경우 협약에 따른다.

(3) 시·군·구청장(위임기관)

시·도지사는 법인 관련업무의 일부를 조례·규칙 등 자치법규로 시·군·구청장에게 위임이 가능하다.

〈표 7〉 감사 및 지도 · 감독

종류	대상	주기	실시기관
• 정기지도 · 감독 - 조직운영 전반 - 회계감사(보조금)	법인	최소 매 3년마다 1회	시 · 도지사(위임기관) 또는 시 · 군 · 구청장
	시설	연 1회 이상	
수시 지도점검	시설	필요시(입퇴소 실태, 생활실태)	시 · 군 · 구청장
특별지도 · 감독	법인시설	진정, 투서, 언론보도, 비리발생, 인권침해, 행정처분이나 지적사항 미이행 등 주무관청이 지도 · 감독할 필요성이 있다고 판단한 경우	보건복지부장관, 시 · 도지사, 시 · 군 · 구청장

* 출처: 보건복지부. 2018 사회복지법인관리안내. 64참조.

법인의 비치서류는 정관, 임원명부(임원의 성명, 약력, 주소 등 기재), 재산목록(기본재산과 보통재산 구분), 회의록(총회, 임시이사회 등), 해당 회계연도 사업계획서, 직전 회계연도의 사업실적서로 예산서, 결산서(추정손익계산서 및 추정대차대조표와 그 부속명세서 첨부)이며, 현금 및 물품의 출납대장, 보조금을 받는 경우 보조금관리대장, 자산 및 회계에 관한 증빙서류 등이다.

9) 행정처분 정보의 공표(사회복지사업법 제51조, 시행령 제24조의 2)

법인의 설립허가 취소는 거짓이나 그 밖의 부정한 방법으로 설립허가를 받은 경우, 목적사업 외의 사업을 한 경우, 법인 운영시설에서 반복적 또는 집단적 성폭력범죄가 발생한 경우로 시설장의 교체를 명하거나 시설폐쇄를 명령한 경우, 회계부정이나 불법행위 또는 그 밖의 부당행위 등이 발견된 경우, 신고를 하지 아니하고 시설을 설치 · 운영한 경우, 지도 · 감독에 필요한 보고나 자료제출을 하지 않거나 거짓으로 한 경우, 시설에서 성폭력범죄가 발생한 경우 등이다.

행정처분을 받은 법인 및 시설은 해당 관청의 인터넷 홈페이지에 6개월 이내에 공고하고 필요한 경우 신문에 게재한다.

7장

사회복지시설의 이해

1. 사회복지시설의 정의

사회복지시설은 사회적 약자인 수급권자 자격을 갖춘 노인, 장애인, 여성, 미혼모, 소년소녀가장 등에게 주거를 제공하고 건강한 생활을 도모하는 거주공간으로 가정의 기능과 사회생활 준비를 위한 사회적 기능을 대리한다.

이러한 시설기능의 확대와 더불어 사회복지시설에 대한 주민들의 이해가 높아짐에 따라 사회복지에 대한 관심 또한 증가하고 있다. 4년제 대학과 전문대학, 사이버대학 사회복지학과의 진학률이 증가하고 있으며, 4년제 대학을 졸업한 성인들이 사회복지학과에 재입학하기도 한다. 이와 같은 현상이 나타나는 이유는 사회복지분야가 타인의 삶을 도우며 사회에 기여하는 등 사회복지 이념을 실천하기 위한 새로운 전문분야로 인식된 것으로 볼 수 있다.

이러한 사회적 분위기에 편승하여 2018년 2월 현재 95만 7,950명이 사회복지사 자격증을 취득하였으며, 성별로는 남성 24만 9,240명, 여성 70만 8,710명이다(한국사회복지사협회 자격관리본부). 이를 볼 때 사회복지사업의 성장 가능성은 폭발적이라고 할 수 있다.

2018년 2월 현재 전국적으로 생활시설 9,027개소가 운영 중이며, 입소자 수는 20만 7,822명으로 종사자 수만 12만 9,049명이다. 이용시설은 1만 2,259개소가 운영 중이며, 1만 8,116명이 이용 중이다. 기타시설로는 1,745개소의 시설에 846명의 입소인원이 2,336명의 사회복지사로부터 서비스를 제공받고 있다. 구체적으로 전국사회복지시설 유형별 현황(2018년 2월 기준)을 살펴보면, 노인복지시설 9,835개소, 입소노인 14만 7,217명, 아동복지시설 5,063개소, 입소아동 1만 5,942명이며, 장애인시설은 9,337개소에 입소인원 6만 5,514명, 노숙인 시설 수는 151개소, 7,924명이 입소해 있으며, 사회복귀시설 467개소에 89명이 이용하고 있다. 자활시설 262개소, 결핵한센시설 10개소에 320명, 한부모가족복지시설 130개소에 3,047명이 입소하여 이용하고 있으며, 성폭력 가정폭력 시설 752개소에 1,822명이 이용하고 있다. 상담소 22개소 1,822명이 이용하고, 다문화가족복지시설 222개소, 청소년복지시설 100개소에 5명이 입소하여 이용하고 있으며, 기타복지시설 1,743개소에 846명이 이용 중이다(보건복지부, 2018, 사회보장정보시스템 행복e음 참조).

〈표 8〉 **전국복지시설 시설구분별 시설 수(2018년 2월 기준)**

유형	시설구분	복지시설 수(개소)	생활자 인원수(명)	종사자 수(명)
사회복지시설	생활시설	9,027	207,822	129,049
	이용시설	12,259	18,116	75,835
	기타	1,745	846	2,336
합계		23,031	226,784	207,220

* 출처: 보건복지부. 사회보장정보시스템(행복e음)

〈표 9〉 전국사회복지시설 유형별 현황(2018년 2월 기준)

유형	시설유형	복지시설 수(개소)	생활자 인원수(명)	종사자 수(명)
노인	노인주거복지시설	427	7,963	2,559
	노인의료복지시설	5,356	131,009	95,779
	노인여가복지시설	1,709	0	6,433
	재가노인복지시설	2,150	8,245	26,150
	노인보호전문기관	34	0	27
	복합노인복지시설	17	0	65
	노인일자리지원기관	142	0	913
소계		9,835	147,217	131,926
아동	아동복지시설	5,063	15,942	18,482
장애인	장애인거주시설	1,552	29,325	18,003
	장애인지역사회재활시설	1,385	5,108	11,957
	장애인직업재활시설	642	3,286	3,733
	장애인의료재활시설	257	66	839
	장애인생산품판매시설	21	0	109
	정신요양시설	59	9,576	1,966
	정신재활시설	358	2,211	1,225
소계		9,337	65,514	56,314
노숙인	노숙인복지시설	151	7,924	1,439
사회복귀	일반사회복지시설	467	89	7,683
자활	자활시설	262	0	2,047
결핵한센	결핵한센시설	10	320	97
한부모	한부모가족복지시설	130	3,047	558
성폭력, 가정폭력	성매매피해지원시설	94	403	467
	성폭력피해보호시설	267	291	567
	가정폭력피해보호시설	391	1,128	836
소계		752	1,822	1,870
상담소	통합상담소	22	0	92
다문화	다문화가족복지시설	222	0	2,782
청소년	청소년복지시설	100	5	76
기타복지	기타복지시설	1,743	846	2,336
소계		23,031	226,784	207,220

* 출처: 보건복지부(2018). 사회보장정보시스템(행복e음)

사회복지시설은 사회문제에 노출되어 있으면서 어려움을 겪고 있는 사람들에게 사회서비스를 제공하는 등 물리적·기능적 자원을 총칭하는 시설로 정의된다. 거주시설과 가정의 중간단계의 시설로 중간시설이 있으며, 광의적으로는 사회복지기관 및 각종 협회를 포함한다(박종팔, 2014: 46). 이종복 외(2010: 17)는 사회복지시설에 대해 신체적·정신적 장애 등 취약한 환경에 처해 있는 사람들을 보호하고, 재활, 사회복귀, 자활을 목적으로 생활, 통원 등 사회복지서비스를 제공하고 도모하는 장이라고 하였다.

「사회복지사업법」 제2조는 "사회복지시설이라 함은 사회복지사업을 행할 것을 목적으로 설립된 시설을 말한다."고 규정하고 있어 사회복지사업을 시행하기 위해 설립된 모든 시설을 사회복지시설로 명시하고 있다. 사회복지시설은 사회복지와 시설의 합성어이다. 사회복지는 사회 내에서 만족스럽고, 적절하게 살아가는 것을 의미하며, 시설은 물리적 설비로서 기계, 장치 등을 포함한다(현외성 외, 2013: 30).

사회복지시설은 이용시설과 거주시설로 구분된다. 먼저 이용시설은 지역사회 내의 주거지에서 거주하며 필요에 의해 낮 동안 이용하는 시설이다. 최근에는 이용의 범위가 확대되어 단기간 거주하며 일상생활 지원 및 외출서비스, 간병 등의 서비스를 제공받기 위해 이용하기도 한다. 또는 숙식을 하면서 서비스를 제공받기 위해 단기보호시설에 입소하기도 하는데 시설이용이 증가하는 추세이다.

사회복지시설은 다음의 의미가 있다.

먼저 사회복지시설은 물리적 설비의 구비 정도에 의해 안락함 등 만족스러움을 추구하고 적절하게 지내도록 지원할 목적으로 운영된다. 설비는 각종의 기계장치 외에 인적 자원을 포함하고 건물 내에 비치되어 있는 물리적 장치를 이용하여 시설 본래의 목적인 이용자의 안락함을 추구한다.

시설환경은 가급적 이용자의 편에서 안락함을 갖도록 조성해야 한다. 개인의 생활정도에 적합하게 조성되어야만 온전한 거주기능 목적을 달성할 수 있기 때문이다. 따라서 설비구조의 적절성을 고려하여 이용의 편리함 등 이용자 편에서 불편함이 없어야 한다. 시설의 본래 목적은 주거보호 외에 사회자원과의 연계 및 교류증진을 활성화하여 자조생활을 영위하고 조기에 자립하는 데 있으므로 이용에 불편함을 느끼거나 이용하지 못하는 공간, 시설물 등은 개인의 권리를 침해한 것으로 볼 수 있다.

이에 대해 이마이 유키오는 인간다운 삶에 비유하며, 지극히 평범한 인간으로서 누리는 당연한 권리임을 강조하였다. 행복을 추구하면서 평범하게 살아가는 것이라고 했으며, 살아가는 것 자체가 인간다움이라고 하였다. 또한 신체적 조건이 결코 인간다움을 침해할 수 없다고 하였다. 사회복지시설이 추구해야 할 당연한 목적이고 기능이며 실현해야 할 정상화이념이라고 하였다(박태영 외, 2003: 15-16).

이상을 종합하여 볼 때 사회복지시설은 가정에서 돌봄이 어려운 주민들이 이용하는 복지서비스 제공기관으로 이용자들의 인간다운 생활을 지원하기 위해 설립된 공공복지기관이다. 거주시설은 주거제공과 가정생활, 사회생활을 위한 교두보 역할을 통해 이용자의 자조생활 및 독립을 지원하고 다양한 인적·물적 자원을 연계하여 이용자에게 필요한 서비스를 제공하는 사회복지기관이다.

2. 사회복지설의 의의와 필요성

사회복지시설은 설치 목적에 따라 개인의 생활에 기여할 뿐 아니라 복지증진을 도모하면서 사회적으로 빈곤과 가난 등의 어려움에 처한 사람들의 생활지원과 사회진출을 모색하고 인간다운 생활을 지원하는 핵심 교두보라는 점에서 의의를 갖는다.

사회복지시설은 사회복지 구현을 위해 설치된 시설이다. 사회복지시설의 설치 운영 등에 관한 법규가 마련되지 않았던 초창기는 시혜적 도움을 제공하기 위해 외국의 원조에 의존해야 했다. 당시의 상황은 원조제공 기관들을 연계하고 지원하는 것만으로도 많은 기여를 하였다고 볼 수 있다. 타인의 도움을 통해 먹을 것을 해결해야 하는 전쟁고아 등은 거주와 생계를 제공받을 수 있는 것만으로도 생존할 수 있는 기회가 되었다. 먹을 수 있다는 자체만으로도 하루를 연명하는 것이어서 여가문화생활보다 더 중요한 것이 먹는 것이었고, 먹기 위해 매일을 보내는 고단한 생활에 지쳐있던 많은 이들에게 희망의 터전이 되었다.

사회복지실천은 시대의 변화와 경제성장, 의식구조의 변화, 여가와 문화생활의 중요성이 부각되면서 사회복지시설의 서비스는 주거보호 외에 여가, 문화, 직업기술습득, 대인관계, 사회생활 등 정신적·신체적으로 건강한 생활을 향유하게 하는 기능으로 확대되었다.

사회복지시설의 기능의 다양화는 이용자들의 필요를 충족하는 기능에 더해 개인의 삶의 질을 높이는 역할로 확대되었다. 인권을 기반으로 이용을 권리로 이해하고 가정과 사회생활을 위한 중간시설의 역할을 통해 완전한 자립을 준비하는 지원시설로 역할이 확대된 것이다. 사회복지시설의 서비스는 사회활동 제약과 자립에 방해가 되는 장애물을 극복하는 매개가 되었으며, 이용자 또는 보호자의 필요를 충족하는 등 사회의 어느 기관에서도 해낼 수 없는 기능 수행을 통해 이용자의 인간다운 삶을 향유하게 하는 역할을 수행한다. 돌봄이 필요한 장애인, 치매 노인, 독거노인 등에게 인간다움을 회복시키는 유일한 도움 제공처 기능을 수행하면서 문제를 개선하는 등 안식처로 기능하는 것이다. 이는 사회복지시설이 현대사회를 살아가는 사람들에게 희망의 터전이 되고 있음을 의미한다.

현대사회의 빠른 변화만큼이나 사회복지시설에서 제공하는 서비스의 필요성 또한 증가하고 있다. 사회복지서비스는 사회적 약자는 물론 주민들의 이용이 보편화되면서 복지증진과 사회복지 이념을 실현하기 위해 전문기관에서 제공해야 한다는 인식이 일반적이다. 사회복지사는 시설을 이용하는 주민들의 안위와 풍요로운 생활을 도모하기 위해 사례관리, 프로그램, 자활사업, 장애인보호작업장, 주거지원을 통한 보호, 사회적 위험으로부터의 안전한 거처 제공, 법률적 대변, 치료가 필요한 사람들에 대한 도움 등을 제공하는 전문가로 인식되었으며 개인들은 물론 지역의 복지발전을 위해 중추적인 역할을 수행하는 전문가로 자리매김하였다.

사회복지시설의 필요성은 다음과 같다.

첫째, 빈곤과 가난 등으로 인해 어려움을 겪는 이용자에게 희망하는 것들을 성취할 수 있는 지원기관으로 역할하기 때문이다.

사회복지서비스를 이용하는 이용자는 어려움을 겪고 있는 주민들 외에 일반주민들 또한 여가 등을 보내기 위해 프로그램을 이용한다. 하지만 생활의 어려움과 사회생활의 곤란을 겪으면서 해결에 필요한 도움을 받지 못하는 경우가 있다. 사회복지시설에 근무하는 사회복지전문가는 이러한 어려움에 노출된 개인과 가족들의 고통과 어려움을 지원하기 위해 다양한 자원들과 교류하면서 해결되기까지 개입한다.

개별상담 이후 도움정도를 파악하기 위해 문제를 분석하고 분석된 문제에 따라 서비스를 개발하여 지원하는데 기관의 여력을 넘는 문제라면 외부 전문가와 연계하여 문제를 해결해 간다. 개별상담을 지속하면서 개인의 문제해결 정도와 변화 등을 확인하고 추가적인 서비스를 개발하여 돕는다.

서비스는 문제해결을 목표로 문제가 없었던 이전의 생활을 유지하기까지 지속적으로 지원하고 문제가 해결되었다고 하여도 사후관리를 통해 자조 생활 등을 지원한다.

둘째, 건강하고 안락한 생활을 지원하는 서비스 제공 때문이다.

세계보건기구(WHO)는 정신적 · 신체적으로 온전한 상태를 건강한 상태로 정의하고 있어 어느 한쪽이라도 건강하지 않다면 건강하지 않은 것으로 정의하였다. 사회복지의 본질적인 목적은 사회에서 만족스럽고 적절하게 지내는 건강성을 추구하기 때문에 정신적 · 신체적으로 온전한 상태를 매우 중요하게 다룬다.

사회복지서비스는 이용자와 주민, 그들이 사는 환경을 건강하게 바꿈으로써 지역에 사는 주민들의 건강한 생활을 도모하여 이용자의 건강한 생활과 안락한 생활을 향유하게 하는 데 있다. 이를 충족하기 위한 매개가 사회복지서비스이며 실천하는 주체가 시설종사자인 사회복지사이다.

셋째, 인간다운 생활을 위해 서비스를 지원한다.

인간다운 생활을 지향하는 것이 인권의 기본이라 할 수 있다. 이용자의 인권은 방문자와 어울리는 중에, 또는 지역사회 참여를 통해 주민들과 교류하는 중에 서로 존중하는 과정을 통해 지켜진다. 어쩔 수 없이 타인의 요구를 수용하기도 하지만 생각하지 않은 일들을 해야 하거나 원치 않는 일을 대신 해야 할 때가 있는데 이 경우 개인의 의사와 무관한 것이라면 인권을 침해당한 것이다.

인권은 타인의 존중에 의해서만 권리가 보장된다. 아동과 청소년, 장애인, 노인 등과 같이 돌봄이 필요한 이용자에게 인격적인 존중은 최고의 서비스이다. 의사결정 후 권리를 행사할 수 있도록 지원하는 것은 사회복지사의 핵심 역할이며, 스스로 선택하는 생활만이 권리를 행사하는 생활이다.

하지만 자기결정에 의한 삶은 선택과 결정에 따른 정보의 적정성 정도에 의하기 때문에 원하는 것들을 선택하여 행사하도록 필요한 정보를 적시에 제공함으로써 자기결정권 행사를 도와야 한다. 최근 요양보호사의 활동 가운데 이용자가 원하는 것들을 지원하기 위해 필요한 서비스를 물어보고 언제, 어느 때에 제공할 것이라고 미리 알려 주는 서비스 제공방식의 변화는 이용자 중심으로 서비스 제공 관점이 전환되었다는 것으로 이용자가 주체가 되었음을 의미한다. 단순히 필요한 서비스를 제공하는 것에 머물지 않고 이용자의 욕구를 충족하기 위해 인격적인 존재로 대우하고 인권의 주체임을 보여 주는 것이어서 의미 있다 하겠다.

넷째, 생활의 어려움을 극복하는 서비스 제공이다.

사회복지시설의 사회복지사는 이용자와 부모가 불안해하는 불투명한 미래 등으로 인해 희망이 없다는 것에 좌절을 겪고 포기를 하지 않도록 이끌어야 한다. 내일을 위해 준비하는 많은 장애인 거주시설의 이용자들은 사회복지사가 기획한 프로그램에 참여하면서 부족한 기술을 습득하여 사회생활에 익숙해지도록 준비하게 되는데 이는 자조생활을 위해 꼭 필요한 과정이며 이러한 준비는 미래에 대한 희망이고 현재의 투자이다. 사회복지시설은 이용자들에게 미래를 준비하는 터전으로 기능한다.

3. 사회복지시설의 기능

사회복지시설의 이용형태 및 서비스 유형에 따라 수행하는 기능과 역할은 달라진다.

1) 생활거점 및 자립준비 기능

(1) 생활거점

사회복지시설은 이용자에 대한 생활서비스 기반을 마련하여 고유기능을 수행하게 되는데 이를 생활거점 기능이라고 한다. 생활거점 기능은 일상생활에 필요한 서비스의 제공을 통해 안전하게 지내도록 보호하고 삶의 의욕을 갖고 능동적으로 생활하도록 시설과 지역사회를 이어주는 중간시설로서 주거기능 수행을 통해 지역사회 복귀를 준비하는 생활터전을 말한다. 생활거점 기능은 시설의 고유한 기능인 이용자의 보호에 기반한 생활서비스를 제공하여 자신의 거주지에서 생활하는 주거인식을 통해 이용자가 스스로 주민임을 인식하고 생활하는 주체 인식을 갖게 하는 기능을 의미한다. 하지만 주거기능을 지원하기 위해서는 생활거점에 필요한 환경의 조성이 필수인데 일반주민들이 가정에서 생활하는 것과 마찬가지로 시설의 거주 환경이 가급적 유사해야 한다. 따라서 자기인식을 갖도록 하기 위해 가정과 같은 안락한 거주환경을 조성하고 지역사회 적응 및 교류를 확대하여 소기 사회복귀를 지원하는 거주 기능을 강화한 생활터전으로서의 시설의 기능이 생활거점 기능이다.

하지만 생활거점 기능을 수행하기 위해서는 이용자 스스로 자신의 주거지임을 인지해야 한다. 또한 거주지에 대한 애착을 가져야 하는데 이용자 스스로 인지하기 어렵다면 사회복지사의 지원의지가 확고해야 한다. 그래야만 주거에 대한 정체성을 형성하여 생활의 주체임을 인지하기 때문이다. 주거에 대한 정체성을 갖도록 의도하는 것은 가정적인 환경구성이 필수이다. 안락함을 느끼면서 편안한 휴식을 취하고 쉼이 충분한 개인만의 공간이어야 한다.

생활의 불편에 대해 이용자는 사회복지사가 알지 못하는 상황에도 항시 표출하고 있다고 인식해야 한다. 얘기를 하지 못하고 제대로 의사를 전달하지 못하는 답답함을 이용자는 알고 있다. 자신의 생각을 전달하려 해 보지만 장애의 제약으로 인해 마음같이 전달이 안 되었을 수 있다. 어쩌면 원하는 것이 있었음에도 거절당할 것이 염려되어 마음에만 간직하고 있을 수도 있다. 좌절하는 것도, 더 이상 얘기해 봐야 소용이 없다는 생각을 하는 것도 사회복지사의 태도와 처우에 의해서라는 것을 기억해야 한다. 어린 아기도 엄마의 품에 안길 때 편안함을 느끼고 원하는 바를 마음껏 표현하는 것과 같이 중증의 장애인들 또한 편안함을 느낄 때 안심하며 물건을 놓을 수 있는 자기공간과 쉬는 공간이 필요하다는 것을 자기 식대로 알린다. 이를 빨리 알아채고 지원의 적시성을 높여야 한다. 반면 모른 체하거나 이해하지 못하는 것은 사회복지사의 역할에 달려 있다.

안정된 가정은 가족 간의 친밀감과 유대가 강하다. 대화하고 교제하며 필요를 채우고 힘이 되는 일을 찾아 노력하고 서로의 것들을 내어 주면서 지지한다. 시설 이용자에게 생활거점 기능이 중요한 이유는 자신의 거주지임을 인식하고 생활하는 터전임을 알게 될 때부터 존재감을 갖고 능동적으로 생활하기 때문이다. 비로소 정체감을 갖게 되어 장애의 제약과 불리함을 극복하기 위해 노력하기 때문이다. 참여에 열심을 내거나 긍정적으로 생활하는 것은 밝은 표정만으로도 거주지로 인식했다는 의미이다.

(2) 정서적 안정성

가정은 사회생활을 위한 준비의 장으로 생활을 안정되게 하고 살아가는 의미를 알게 하는 터전이다. 하지만 부모로부터 충분한 돌봄과 양육을 받지 못하면 발달이 지체되는 등 정서불안을 겪고 성인기 역할수행에 제약을 받는다. 이를 이용자 편에서 살펴보면, 동료들과 다툼이 잦고, 교류에 어려움을 겪거나 적대시하는 등의 행동은 생활이 불안정할 때 보이는 행동이다. 개인의 성향과 행동양식의 파악이 충분하다면 기분 좋게 만드는 방법을 조치할 수 있다. 생활이 안정되도록 하기 위한 지원 또한 모색할 수 있다.

시설이용자 또한 시설의 거점 기능 정도에 따라 정서적으로 안정되어 생활하게 된다. 형편없는 환경에서 안락함을 느끼지 못하는 것처럼 식사시간을 지켜야 하고 시간을 지키지 못한 상황만을 놓고 식사에 문제가 있다는 식으로 논의한다면 제공의 관점이다. 행복하게 지낼 것이라는 생각 또한 제공의 관점이다. 시설의 규칙과 생활방식이 규칙적인 생활을 강조한다면 이는 운영을 위한 조치에 불과하고 이용자를 배제하는 처사이다.

시설이용자는 익숙해져 있는 나름의 생활방식이 있다. 자신만의 생활방식은 개인의 성향에 따라 혹은 장애특성 때문에 갖게 되는 것이지만 이용자는 나름의 생활방식을 추구한다. 따라서 이용자 개인의 생활패턴을 확인해야만 욕구를 충족하기 위한 지원방법을 찾을 수 있고, 정서적인 안정을 위한 방법을 모색할 수 있다. 또한 이용자의 성향을 알고 있어야만 집단 활동에 참여하는 것이 얼마나 버거운 것인지를 이해하게 된다. 아니라면 제시간에 활동하지 못한 이용자에게 문제가 있다는 식으로 얘기하고, 또는 장애의 제약으로 인해 유발되는 상황이 문제가 있다는 식의 미흡한 대처만을 하게 된다.

주거인식은 선택과 결정을 촉구하고 동료들과의 원만한 교류와 인격 형성 등에 영향을 미친다. 인격 형성에도 영향을 미친다. 인격 형성은 건강성과 관련되어 있어 정신적으로 안정된 상태를 유지하는 것과 건강한 이성관 습득에 매우 중요한 기능을 하지만 생활이 안정되어야만 온전하게 형성된다. 따라서 정서적인 안성은 생활의 안정이다. 생활의 안정은 정서의 안정에 기반한다. 거주환경과 쉼의 공간임을 인지하게 될 때 평온함을 유지하게 된다는 점에서 생활의 안정은 정서의 안정에서 얻는 평온한 상태를 의미한다.

(3) 사회생활 준비

사회생활을 위해서는 많은 준비가 필요하다. 의·식·주를 스스로 해결할 수 있어야 하고 자신을 돌볼 수 있어야 한다. 타인과 교류하면서 자존감을 갖고 주장을 얘기하고 대화하는 방법 또한 습득해야 한다. 이런 자기 돌봄과 대인관계 형성은 부모가 가르쳐 주지 않더라도 양육과정에서 정서적 애착과 교감을 통해 자연스럽게 습득되고 형성되는 것이다. 성장하면서 사고가 성숙했다는 것은 신중하게 얘기하고 함부로 행동하지 않는 태도, 타인을 배려하는 말을 하는 것 등을 통해 성숙해졌다는 것을 알게 된다.

거점시설 기능이 중요한 이유는 주거가 안정적이어야만 사회생활 또한 안정적으로 준비할 수 있기 때문이다. 사회복지사가 서비스를 지원하면서 다양한 체험과 활동을 격려하고 생활을 구속하지 않기 위해 노력해야 할 이유이다. 이용자의 자립을 지원하기 위해 서비스를 개발하고 자원들을 연계하기 위해 노력하는 것은 이용자의 사회적 처우가 취약하기 때문이다. 이용자의 인간다운 생활을 보장하고 장애 등의 조건 때문에 겪게 될 사회활동의 제약을 극복하기 위해 사회복지사는 시설의 거점 기능을 마련해야 한다.

이용자의 생활거점 기능을 인권과 결부하여 살펴보면, 1세대 인권의 본질은 자유권을 보장하는 것이다. 자유권은 이용자가 생각하는 선택이 옳은 것임을 증명하는 중재와 지원의 결과로서 활동의 자유로운 결정을 보장하는 데 있다. 자신의 선택과 결정에 의해 시도하고 실행에 옮기는 것을 말한다. 익숙하지 않은 일을 익히기 위해 시도하고 새로운 경험을 두려워하지 않으면서 자립해야 한다는 의지를 갖고 행동으로 옮기는 것을 말한다. 생활하는 기술이 서툴다고 하여도 시도하면서 경험하고 위험이 동반되어도 좌절하지 않고 극복해 가는 의지를 갖는 것이다.

이용자의 사회생활지원은 사회 내외의 시설물을 이용하고 주민들과 교류하는 참여활동에 목표를 두고 활동하기보다 지역사회 주민의 관점에서 사회적 역할확대와 활동을 지원해야 한다. 이용자의 능력과 역량을 발휘하여 일터를 찾고 생계유지를 위한 직장에 소속되었을 때부터 사회적 역할을 수행할 수 있기 때문에 삶의 목표를 갖는 것은 중요하다. 이용자는 시설을 벗어나 사회생활을 하겠다는 의지를 갖고 주민들과 교제해야 하고 지역사회 시설이용을 마치 오랫동안 지역에서 생활해 온 주민들처럼 생활할 수 있도록 주민들과 이웃처럼 교류하면서 자유롭게 왕래할 수 있어야 한다. 이를 지원하는 터전이 사회복지시설이다.

2) 서비스 지원기능

박주월 · 우혜숙(2017)은 시설의 기능에 대해 첫째, 수용보호기능은 노약자와 부랑인 등은 독립적으로 생활할 수 없으므로 이들을 안전하게 보호하는 가족의 대체기능이 필요하고, 둘째, 전문적 원조 기능은 사회복귀와 재활치료 등의 전문적 서비스를 제공하고 치료 및 재활, 훈련 등 전문적인 프로그램을 개발하여 제공하는 것이라고 하였으며, 셋째, 지역사회 이용기능은 인적 자원의 중요성을 강조하며 가정에서 수행하지 못하는 서비스를 시설의 설비와 시설물을 통해 지역사회 생활을 향유할 수 있도록 지원하는 것이라고 하였다(박주월 · 우혜숙, 2017: 15).

이창희 등(2012: 63-65)은 사회복지시설의 기능에 대해 다음과 같이 말하였다.

첫째, 기초적 기능으로 시설이용자에 대해 생명보존에 필요한 의 · 식 · 주를 제공하는 보호기능, 교육적 · 지도적 기능, 전문적 원조를 지원하는 처우적 기능을 강조하였다.

둘째, 고유적 기능으로 보호중심 지원에서 이용자의 권리를 보장하여 보람 있는 삶을 영위하도록 지원하는 기능과 시설 내의 각종 행사의 참여와 문화적 생활기반의 조성을 통한 문화적 기능의 추구 외에 이용자의 권리를 옹호하는 대변적 기능을 제안하였다.

셋째, 파생적 기능으로 이용자의 다양한 생활문제를 해결하기 위해 지역사회 자원을 연계하여 해결해 가는 '조정 · 연계 · 개발적 기능'과 연구 · 조사 · 연수기능을 통한 양질의 '사회복지서비스 지원 기능' 그리고 '정보제공 및 홍보 · 개발 기능'으로 지역사회에 대한 이해를 촉구하였으며 지역사회와 시설 간의 원활한 교류를 지원하여 주민들과 사회복지서비스의 조직화 및 연계망을 구축하는 '조직화 기능'을 강조하였다.

사회복지시설의 기능은 이용자의 보호와 안전을 통해 생활의 안정성을 확보하여 지역사회와의 유기적인 교류를 지원하는 기능을 수행하고 이용자의 안정된 생활을 도모하는 데 있다. 주된 기능은 서비스의 다양화를 통한 이용자의 문제해결, 가족과 지역사회를 연계하고, 시설인식 개선을 통한 자원의 조직화 및 서비스 조직화를 통해 시설과 지역사회를 연계하는 기능을 수행한다.

4. 사회복지시설의 유형

1) 이용형태별 분류

사회복지시설은 이용시설과 거주시설로 분류되고 거주시설, 이용시설, 중간시설로 구분된다.

(1) 거주시설

거주시설이라 함은 원가정에서 서비스를 제공받기 어려운 이용자가 거주를 목적으로 시설에 입소하여 생활의 보호에 기반하여 일상생활과 사회생활 및 직업기술 등을 습득하도록 서비스를 제공하는 시설이다.

심신의 장애 및 질병 등으로 인해 일상생활을 스스로 수행하지 못하여 타인의 도움과 생활관여가 필요한 경우 본인 또는 보호자에 의해 입소한다. 입소자는 이용자로 불리며 생활에 필요한 다양한 서비스를 제공받게 된다. 공동생활을 통해 일상생활서비스, 대인관계 원조 등의 서비스를 제공받으며, 자조생활 프로그램에 참여하면서 자립준비에 필요한 기술 등을 습득하게 된다.

입소유형에 따라 실비입소자, 무료입소자로 구분되는데, 실비입소자는 정원의 30%까지 입소할 수 있으며 생활비는 보호자가 부담해야 한다. 무료입소자는 국민기초생활보장법에 의한 수급권자로 전액무료이다. 무료입소 시설의 유형은 장애인거주시설, 노인요양원, 장애인공동생활가정, 아동복지시설 등이 있다.

(2) 이용시설

자신의 원주거지가 지역사회에 있으며 낮 동안 이용하는 시설이다. 이용자는 지역의 주민이며 일정한 비용을 납부한 후 프로그램에 참여할 수 있다. 수급자인 경우 수급권자 증명서를 제출하면 무료로 이용이 가능하고 필요한 경우 이용시설에서 지원하는 서비스를 무상으로 제공받을 수 있다.

종합사회복지관은 지역의 빈곤계층이나 주민들에게 여가문화서비스, 식사배달서비스, 물리치료서비스, 상담서비스, 치료서비스, 훈련서비스, 자립서비스 등의 서비스를 제공한다.

종합사회복지관, 장애인종합복지관, 노인복지관, 지역아동센터 등 생애주기별로 이용이 가능하다.

(3) 중간시설

중간시설은 병원에 장기간 입원해 온 환자의 가정 복귀를 지원하기 위한 시설이다. 이용자는 중간시설에 입소하여 원가정 복귀 및 사회생활에 필요한 다양한 서비스를 지원받게 된다.

중간시설은 사회복귀를 준비하고 촉진하는 시설로 이 같은 시설의 기능 때문에 중간시설이라고 불리게 되었다. 중간시설의 기원은 영국으로, 병원에 입원한 환자의 가정 복귀 및 지역사회 적응을 지원하기 위한 목적으로 설치되었다. 주된 시설의 기능은 원가정 복귀와 지역사회생활에 필요한 기술 등을 습득하는 데 있다.

하지만 우리나라는 중간시설에 관한 법령이 마련되어 있지 않다. 「사회복지사업법」 및 개별법령은 장애인, 아동 · 청소년, 노인 등 시설유형별 운영사항만을 명시하고 있어 중간시설에 관한 법적 근거가 없다. 따라서 중간시설을 설치하고 운영하기 위해서는 해당 지자체에 개인시설로 신고하여 운영해야 한다. 「사회복지사업법」 및 개별법령에 의해 유형별 시설을 설치한 후 운영목적과 기능에 따라 목적사업을 수행해야 하기 때문에 시설운영자의 의지에 따라 또는 시설의 목적사업에 따라 사업시행 유무가 결정된다고 할 수 있다. 따라서 중간시설의 목적사업은 이용자의 지역사회복귀 및 원가정 복귀를 위해 일부의 사업만을 시행한다고 볼 수 있다.

중간시설은 시설 또는 병원에 오랫동안 입원해 온 환자가 입소하게 된다. 이용자는 가정과 지역사회 생활에 익숙하지 않아 적응에 어려움을 겪을 수 있기 때문에 사회복지사는 가족들과의 관계유지와 라포 형성 등을 지원하고 사회생활에 필요한 여러 활동을 조력하면서 사회부적응을 최소화하여 조기에 원가정 복귀 및 지역사회생활을 할 수 있도록 돕는 시설이다. 따라서 가정생활과 일상생활에 필요한 기술습득 등을 촉진하기 위해 서비스를 제공한다. 이용자 스스로 자조생활을 할 수 있도록 가정생활, 즉 스스로 식사하기, 계절에 맞는 의복을 선택하고 입기, 식사준비하기 및 설거지하기, 가정환경 정리정돈 등이 가능하도록 서비스를 제공한다. 사회생활과 관련해서는 친구 사귀기, 대인관계 유지하기, 원하는 지역을 찾아가기, 대중교통 이용하기, 이웃들과 친분 맺기 등이 가능해야 한다. 직업생활은 직업 선택하기, 직업을 갖기 위한 훈련받기, 상급자의 지시 이행하기, 직장생활 유지하기 등을 지원한다.

하지만 장기간의 시설입소는 의존적인 성향을 갖게 할 소지가 많아 사회복귀를 하더라도 가정생활과 사회생활, 직업생활을 스스로 수행하지 못할 수 있다. 자조적으로 수행할 수 있는 일조차 의존하는 등 시설에서처럼 타인의 도움만을 기다리는 것이다. 결국 시설을 퇴소하여 지역사회에 복귀하였다고 하여도 타인의 도움이 없이는 생활할 수 없는 상태에 놓인다. 더욱 심각한 문제는 원가정에

복귀한다고 하여도 일상생활 및 사회생활을 자조적으로 생활하지 못하기 때문에 원조를 받아야만 생활할 수 있는 무기력한 존재로 생활하게 된다는 것이다. 결국 수급권자가 되어 최저수준을 벗어나지 못하기 때문에 시설을 퇴소하고 지역사회에서 생활한다는 것 외에는 의미가 없다.

중간시설은 오랫동안 시설에서 생활해 온 시설입소장애인 등에게 지역사회 적응을 목표로 가정과 같은 환경을 제공하여 조기에 지역사회생활을 적응하도록 돕고, 가정에서의 자조적인 생활을 지원할 목적으로 운영된다. 가정 및 지역사회생활에 필요한 기술을 습득하도록 도와줌으로써 이용자의 자조생활을 돕는 중간의 역할, 즉 연계 기능을 수행한다.

따라서 중간시설 프로그램의 내용과 목적은 분명하다. 가정과 같은 주거기능이 조성되어야 하고, 이를 토대로 사회생활을 위한 지역사회 익히기, 지리 익히기, 문화시설 이용하기, 이웃들과 교류하기, 관광지 다녀 보기, 일자리 찾기 등의 서비스를 제공하여 지역사회 및 원가정 복귀를 조기에 달성하기 위해 운영되는 시설이다. 우리나라는 정신병원에 오랫동안 입소하였던 정신장애인의 가정 복귀를 지원하기 위한 사회복귀시설이 운영 중이며, 시설입소장애인의 원가정 및 지역사회복귀를 위한 그룹홈 등이 운영 중이다. 또한 청소년 쉼터 등 보호관찰 처분을 받은 후 원가정 복귀가 어려운 청소년이 단기간 생활하는 시설이 해당한다. 그룹홈은 장애인, 노인, 여성, 청소년 그룹홈 등이며 거주인원은 10명 이하이다. 주거형태는 아파트 또는 주택 등으로 이용자의 선호가 높은 시설유형이다.

중간시설의 유형과 정의 및 기능은 다음과 같다(이종복 외, 2010: 40-46).

• 중간시설의 유래

중간시설의 용어는 미국과 영국의 'Halfway house'를 번역한 것으로 미국은 정신장애인 또는 교도소 출소자들의 사회복귀를 지원하는 시설로 이용되고, 'Halfway house' 또는 '4분의 1시설(Quarter way house)', '4분의 3시설(Three quarter way house)' 등으로 구분된다. 영국은 장기간 정신병원에 입원했던 환자가 퇴원하여 가정에 복귀하기 전까지 생활하는 시설로 공동주택, 호스텔 등이 운영되고 있다. 일본에서는 1977년 4월 1일 동경도판교 간호시설(우리나라의 요양원에 해당함)에 'Halfway house'를 설치하면서 치료를 마친 노인이 가정과 사회에 복귀하기 전까지 사회복귀를 목적으로 훈련을 받기 위해 입소한다.

• 중간시설의 의미

중간시설은 병원 등에서 장기간 입원해 온 환자가 치료를 마치기는 하였지만 원가정 및 사회복귀를 하기에는 능력이 부족하여 입소를 통해 간호, 재활 등의 서비스를 제공받으며 보호를 받는 곳이다. 중간시설의 유형은 '중간시설(Halfway house)', '회복자시설(Convalescence home)', '치료요양시설(Extented care facilities, Skiled nuring home)'이 있다. 중간시설은 거주시설과 일반가정의 중간에 위치한 시설로 '주간보호시설(Day care center)', '단기보호시설(Short stay)' 등이 있다.

의료분야의 중간시설은 사회복귀시설을 의미하는데, 정신병원에 오랫동안 입원한 환자가 원가정 및 사회복귀를 준비하는 시설이다. 따라서 정신장애인의 치료 및 회복을 위한 기능을 수행한다. 시설의 종류로는 정신장애 주간보호시설, 사회복귀시설, 낮 병원, 야간병원(야간보호시설) 등이 있다.

중간시설은 다음의 서비스를 제공하게 된다. 첫째, 질병 발생부터 치유까지의 중간, 둘째, 질병으로 인해 일시적으로 약해진 일상생활 행동능력의 회복의 중간, 셋째, 수용보호로부터 자립할 수 있는 생활까지의 중간, 넷째, 의료 시스템과 복지시스템과의 중간 등이다.

• 중간시설의 척도

첫째, 시간적인 척도이다. 생활시설 또는 병원을 퇴소하여 가정에 복귀하기까지의 시간적 흐름의 중간을 의미하고, 'Halfway house'는 시간적 척도의 흐름으로 볼 때 통과시설로 번역하기도 한다.

둘째, 서비스 수준의 척도이다. 중간시설의 서비스는 치료에서 보호중심의 서비스로 전환되면서 서비스 지원은 치료와 보호의 중간정도로 지원한다. 즉 병원, 거주시설, 가정의 중간 정도의 서비스를 지원하는 시설을 중간시설로 명명한다. 따라서 병원에서 오랫동안 생활하여 왔다면 사회변화를 이해하지 못해 어려움을 겪을 수 있다. 가정으로 복귀한다고 하여 바로 일상생활을 수행하는 것은 아니기 때문에 가정복귀 전 사회적응과 가정에서의 일상생활을 수행하기 위해 필요한 훈련을 받고 스스로 수행이 가능하도록 서비스를 지원한다.

• 재가보호형과 수용보호형의 중간시설

시설에서 오랫동안 생활하여 왔다면 사회변화를 이해하지 못할 수 있어 이용자는 시설보호에서 재가보호로 전환된다. 하지만 완전히 자립할 수 없는 환자와 가족들이 있다. 이들을 지원하는 시설이 중간시설이다. 즉 시설보호와 재가보호의 중간에 위치하면서 두 가지 기능을 중간의 위치에서 지원하는 원조기능을 포함한 시설이다.

2) 설립과 운영주체에 의한 분류

우리나라는 사회복지시설의 설립과 운영주체를 국가, 지방자치단체, 민간법인인가에 따라 분류하고 있는데 세부내용은 아래의 표와 같다.

〈표 10〉 **시설설립 및 운영주체에 의한 분류**

시설분류	설립주체	내용	예시
공립공영 시설	국가와 지방자치단체	국가가 직접 설치하여 운영하는 시설로 국립시설	국립재활원
공립공민영 시설	국가와 민간	국가가 설치하고, 민간과 국가가 합동으로 운영하는 시설	
관립민영 시설	국가 또는 지방자치단체	국가 또는 지방자치단체가 설립하며 운영은 민간법인에 위탁하는 시설	위탁운영(5년마다 재위탁)

시설분류	설립주체	내용	예시
관립관민영 시설	국가와 민간	국가가 설치하고, 민간과 국가가 합동으로 운영하는 시설	
공사립 공민영시설	국가또는 지방자치단체	국가가 운영	공립어린이집
민립민영 시설	민간	민간이 설치하여 민간이 운영	민간법인에서 운영하는 시설
개인운영 시설	개인	개인이 설치·운영하는 시설	개인신고시설(아동, 노인, 장애인 등)
민립공영 시설	민간법인	설립은 민간법인이 하고 운영은 국가 또는 지방자치단체에 위탁 또는 헌납한 시설	

* 출처: 박종팔(2017). 개정판 사회복지시설 운영론, p. 51. 일부내용을 인용하여 재수정하였음.

3) 이용자 부담에 따른 분류

(1) 유료시설

보건복지부 또는 지방자치단체장으로부터 설립신고를 허가받아 운영되는 시설로 시설이용 비용을 실비로 납부하여 이용하는 시설이다. 유료시설은 월별로 비용을 납부하고 비용은 공공요금, 생활비, 서비스이용료, 인건비 등이 있다. 유료비용은 지방자치단체장의 승인을 받은 후 책정하게 되어 있어 승인된 경우에만 징수할 수 있다. 유료비용의 납부자는 이용자 본인 또는 보호자이다.

(2) 실비시설

시설을 이용하면서 이용자에게 제공된 서비스 비용만을 납부한다. 지역사회 목욕탕 이용, 의복구입, 생필품 등 이용한 서비스에 대해서만 보호자 또는 본인이 지불한다. 따라서 추가적인 서비스를 지원받으려면 본인 또는 보호자가 부담해야 한다. 유료시설과 마찬가지로 실비비용은 지방자치단체장으로부터 승인을 받아야 한다.

(3) 무료시설

국민기초생활수급권자가 입소하는 시설이기 때문에 생활비 및 프로그램이용비용이 무료이다. 이용자는 다양한 서비스를 제공받게 되는데 시설에서 제공하는 서비스를 무료로 이용하고 의 · 식 · 주 등의 서비스를 포함한다. 사회복지법인에서 운영하는 시설이 해당한다.

4) 시설이용방법에 따른 분류

(1) 거주시설

24시간 거주하면서 생활보호서비스, 재활서비스, 여가문화서비스, 치료서비스, 자립서비스, 사회복귀서비스 등을 제공하는 시설로 보호자가 없거나 부양능력이 안 되는 경우, 보호자가 양육이 불가능한 경우, 지역사회에서 돌봄을 받지 못하는 등의 어려움에 노출된 이용자가 입소하여 거주를 목적으로 운영되는 시설이다.

최근 가정폭력피해 아동과 청소년 등이 장기거주를 목적으로 아동복지시설에 입소하는 경우가 증가하고 있는데 거주시설 이용의 예라 할 수 있다. 장애인거주시설, 노인요양원, 양로원, 아동복지시설, 쉼터 등이 있다.

(2) 이용시설

지역사회의 원주거지에서 생활하면서 여가 및 문화생활, 직업기술습득, 교육적 프로그램 등을 목적으로 이용하는 시설이다. 지역사회주민, 국민기초생활보장법에 의한 수급권자가 이용하고, 아동청소년을 비롯하여 성인, 노인, 장애인, 여성 등이 이용한다. 이용시설 유형은 종합사회복지관, 장애인종합복지관, 노인복지관, 지역아동센터, 주간보호소, 보호작업장, 근로작업시설 등으로 낮 시간에 이용한다. 하지만 시설의 이용절차와 대상 적격성 심사 등을 거쳐 이용하게 되고 프로그램이용에 따른 본인 부담의 이용료를 납부해야 한다.

〈표 11〉 사회복지서비스 관계법에 따른 시설구분

<table>
<tr><th rowspan="2">소관
부처</th><th rowspan="2">시설종류</th><th colspan="2">세부종류</th><th rowspan="2">관련법</th></tr>
<tr><th>생활시설</th><th>이용시설</th></tr>
<tr><td rowspan="9">보건
복지부</td><td>노인복지시설</td><td>• 노인주거복지시설
• 노인의료복지시설
• 학대피해노인전용쉼터</td><td>• 재가노인복지시설
• 노인여가복지시설
• 노인보호전문기관
• 노인일자리지원기관</td><td>노인복지법</td></tr>
<tr><td>복합노인복지시설</td><td colspan="2">• 농어촌에 지역에 한해 「노인복지법」 제31조 노인 복지시설을 종합적으로 배치한 복합노인복지시설을 설치·운영 가능</td><td>농어촌주민의 보건복지증진을 위한 특별법</td></tr>
<tr><td>아동복지시설</td><td>• 아동양육시설
• 아동일시보호시설
• 아동보호치료시설
• 자립지원시설
• 공동생활가정</td><td>• 아동상담소
• 아동전용시설
• 지역아동센터
• 아동보호전문기관
• 가정위탁지원센터</td><td>아동복지법</td></tr>
<tr><td>장애인복지시설</td><td>• 장애유형별 거주시설
• 중증장애인 거주시설
• 장애영유아 거주시설
• 장애인단기 거주시설
• 장애인공동생활가정</td><td>• 장애인지역사회재활시설
• 장애인직업재활시설
• 장애인의료재활시설
• 장애인생산품판매시설</td><td>장애인복지법</td></tr>
<tr><td>어린이집</td><td></td><td>• 어린이집</td><td>영유아보육법</td></tr>
<tr><td>정신보건시설</td><td>• 정신요양시설
• 정신재활시설 중 생활시설</td><td>• 정신재활시설 중 이용시설</td><td>정신건강증진 및 정신질환자 복지서비스 지원에 관한 법률</td></tr>
<tr><td>노숙인시설</td><td>• 노숙인자활시설
• 노숙인재활시설
• 노숙인요양시설</td><td>• 노숙인종합지원센터
• 노숙인일시보호시설
• 노숙인급식시설
• 노숙인진료시설
• 쪽방상담소</td><td>노숙인 등의 복지 및 자립지원에 관한 법률</td></tr>
<tr><td>사회복지관 결핵·
한센시설</td><td>• 결핵·한센시설</td><td>• 사회복지관</td><td>사회복지사업법</td></tr>
</table>

소관부처	시설종류	세부종류		관련법
		생활시설	이용시설	
여성가족부	성매매피해지원시설	• 일반지원시설 • 청소년지원시설 • 외국인지원시설 • 자립지원공동생활시설	• 자활지원센터 • 성매매피해상담소	성매매방지 및 피해자 보호 등에 관한 법률
	성폭력피해보호시설	• 성폭력피해자보호시설	• 성폭력피해상담소	성폭력방지 및 피해자 보호 등에 관한 법률
	가정폭력보호시설	• 가정폭력피해자보호시설	• 가정폭력상담소 • 긴급전화센터	가정폭력 방지 및 피해자 보호 등에 관한 법률
	한부모가족복지시설	• 모자가족복지시설(기본, 공동, 자립) • 부자가족복지시설(기본, 공동, 자립) • 미혼모자가족복지시설(기본, 공동) • 일시지원복지시설	• 한부모가족복지상담소	한부모가족지원법
	다문화가족지원센터		• 다문화가족지원센터	다문화가족지원법
	청소년복지시설	• 청소년쉼터 • 청소년자립지원관 • 청소년치료재활센터 • 청소년회복지원시설		청소년복지 지원법

* 출처: 보건복지부. 2018사회복지시설 관리안내, p. 5 참조.

〈표 12〉 보건복지부 소관 사회복지시설의 세부분류

대상자별	형태	시설종류		소관부서	관련법령
노인	생활	주거	• 양로시설 • 노인 공동생활가정	요양보험운영과	노인복지법 제31조
			• 노인복지주택		
		의료	• 노인요양시설		
			• 노인요양공동생활가정		
		• 학대피해노인전용쉼터		노인정책과	
	이용	재가	• 재가노인복지시설(방문요양, 주·야간보호, 단기보호, 방문목욕, 재가노인지원, 방문간호)	요양보험운영과	
		여가	• 노인복지관	노인정책과	
		• 경로당, 노인교실			
		• 노인보호전문기관			
		• 노인일자리지원기관		노인지원과	
아동	생활	• 아동양육시설, 공동생활가정		아동정책과	아동복지법 제52조
		• 아동일시보호시설			
		• 아동보호치료시설			
		• 자립지원시설			
		• 공동생활가정(학대피해아동쉼터로 지정된 곳에 한함)		아동권리과	
	이용	• 아동상담소 • 아동전용시설 • 가정위탁지원센터		아동복지정책과	
		• 지역아동센터 • 아동보호전문기관		아동권리과	
장애인	생활	생활시설	• 장애유형별 거주시설	장애인권익지원과	장애인복지법 제58조
			• 중증장애인 거주시설		
			• 장애영유아 거주시설		
			• 장애인단기 거주시설		
			• 장애인공동생활가정		

<table>
<tr><th>대상자별</th><th>형태</th><th colspan="2">시설종류</th><th>소관부서</th><th>관련법령</th></tr>
<tr><td rowspan="7">장애인</td><td rowspan="7">이용</td><td rowspan="4">지역
사회
재활
시설</td><td>• 장애인복지관</td><td rowspan="4">장애인권익지원과</td><td rowspan="7">장애인복지법
제58조</td></tr>
<tr><td>• 장애인주간보호시설</td></tr>
<tr><td>• 장애인체육시설
• 장애인수련시설
• 장애인생활이동지원센터</td></tr>
<tr><td>• 수화통역센터
• 점자도서관
• 점서 및 녹음서 출판시설</td></tr>
<tr><td colspan="2">• 장애인의료재활시설</td><td rowspan="3">장애인자립기반과</td></tr>
<tr><td>직업
재활
시설</td><td>• 장애인보호작업장
• 장애인근로사업장
• 장애인직업적응훈련시설</td></tr>
<tr><td colspan="2">• 장애인생산품판매시설</td></tr>
<tr><td>영유아</td><td>이용</td><td>어린
이집</td><td>• 국공립, 법인, 직장, 가정,
부모협동, 민간</td><td>보육기반과</td><td>영유아보육법
제10조</td></tr>
<tr><td rowspan="2">정신
질환자</td><td>생활</td><td colspan="2">• 정신요양시설
• 정신재활시설 중 생활시설</td><td>정신건강정책과</td><td rowspan="2">정신건강증진 및 정신질환자 복지서비스 지원에 관한 법률
제22조 및 제26조</td></tr>
<tr><td>이용</td><td colspan="2">• 정신재활시설 중 이용시설</td><td></td></tr>
<tr><td rowspan="2">노숙인 등</td><td>생활</td><td colspan="2">• 노숙인자활시설
• 노숙인 재활시설
• 노숙인요양시설</td><td rowspan="2">자립지원과</td><td rowspan="2">노숙인 등의 복지
및 자립지원에 관한
법률</td></tr>
<tr><td>이용</td><td colspan="2">• 노숙인종합지원센터
• 노숙인일시보호시설
• 노숙인급식시설
• 노숙인진료시설
• 쪽방상담소</td></tr>
<tr><td>지역주민</td><td>이용</td><td colspan="2">• 사회복지관</td><td>사회서비스자원과</td><td>사회복지사업법</td></tr>
<tr><td rowspan="2">기타시설</td><td>복합</td><td colspan="2">• 결핵·한센시설</td><td>질병관리본부(결핵·에이즈관리과)</td><td>사회복지사업법</td></tr>
<tr><td>이용</td><td colspan="2">• 지역자활센터</td><td>자립지원과</td><td>국민기초생활보장법</td></tr>
</table>

* 출처: 보건복지부. 2018사회복지시설 관리안내, p. 6 참조

5. 사회복지시설의 적용법규

1) 사회복지시설의 사회복지사업법 적용 법규

「사회복지사업법」 제2조(정의) 1호는 "사회복지사업이란 다음 각 목의 법률에 따른 보호 · 선도(善導) 또는 복지에 관한 사업과 사회복지상담, 직업지원, 무료숙박, 지역사회복지, 의료복지, 재가복지(在家福祉), 사회복지관 운영, 정신질환자 및 한센병력자의 사회복귀에 관한 사업 등 각종 복지사업과 이와 관련된 자원봉사활동 및 복지시설의 운영 또는 지원을 목적으로 하는 사업을 말한다."고 정의한다. 해당 시설의 적용 및 운영을 하려면 다음의 개별법령을 적용해야 한다고 명시하고 있다.

• 국민기초생활 보장법 • 아동복지법 • 노인복지법 • 장애인복지법 • 한부모가족지원법 • 영유아보육법 • 성매매방지 및 피해자보호 등에 관한 법률 • 정신건강증진 및 정신질환자 복지서비스 지원에 관한 법률 • 성폭력방지 및 피해자보호 등에 관한 법률 • 입양특례법 • 일제하 일본군위안부 피해자에 대한 생활안정지원 및 기념사업 등에 관한 법률 • 사회복지공동모금회법 • 장애인·노인·임산부 등의 편의증진 보장에 관한 법률	• 가정폭력방지 및 피해자보호 등에 관한 법률 • 농어촌주민의 보건복지증진을 위한 특별법 • 식품등 기부 활성화에 관한 법률 • 의료급여법 • 기초연금법 • 긴급복지지원법 • 다문화가족지원법 • 장애인연금법 • 장애인활동 지원에 관한 법률 • 노숙인 등의 복지 및 자립지원에 관한 법률 • 보호관찰 등에 관한 법률 • 장애아동 복지지원법 • 발달장애인 권리보장 및 지원에 관한 법률 • 청소년복지 지원법

「사회복지사업법」 제2조(정의) 제2호에 "지역사회복지란 주민의 복지증진과 삶의 질 향상을 위하여 지역사회 차원에서 전개하는 사회복지를 말한다."라고 명시하고, 6호에서는 "사회복지서비스란 국가 · 지방자치단체 및 민간부문의 도움을 필요로 하는 모든 국민에게 상담, 재활, 직업 소개 및 지도, 사회복지시설의 이

용 등을 제공하여 정상적인 사회생활이 가능하도록 제도적으로 지원하는 것을 말한다."라고 명시하고 있다.

같은 법 제3조는 다른 법률과의 관계에 대해 제1항에서 "사회복지사업의 내용 및 절차 등에 관하여 제2조 제1호 각 목의 법률에 특별한 규정이 있는 경우를 제외하고는 이 법에서 정하는 바에 따른다."고 명시하고 있으며 제2항에서는 "제2조 제1호 각 목의 법률을 개정하는 경우 이 법에 부합해야 한다(전문개정 2011. 8. 4.)."고 명시하고 있어 의무적으로 적용해야 하는 강제법규인 것을 알 수 있다.

2) 법규의 적용

사회복지시설을 설치하여 운영하고자 하는 경우 다양한 법규를 적용받는다. 사업의 대상에 따라 시설의 운영에 관한 법령을 적용하고, 개별법령 외에 매년 보건복지부에서 발행하는 사회복지사업안내지침을 시설운영에 반영해야 한다. 시설운영에 반영하는 사항은 「사회복지사업법」, 「사회복지사업법 시행령」, 「사회복지사업법 시행규칙」, '2018 사회복지시설 관리안내', 해당 시설별 '사회복지사업안내' 등이다.

또한 사회복지시설은 건축법에 노유자시설로 분류되어 있어 장애인·노인·임산부 등의 편의증진 보장에 관한 법률 및 전기, 소방, 가스, 시설안전점검 등 개별법령을 준수해야 한다. 최근 성폭력, 성폭행, 성희롱, 성추행 외에 인권 교육이 의무화되어 있어 매년 4시간에서 8시간을 필수로 이수해야 한다. 또한 직원의 직종에 따라 의무교육을 이수해야 하는데, 물리치료사, 간호사, 사회복지사 등의 보수교육은 필수로 이수해야 한다. 미이수 시 기관장 및 해당 사회복지사에게 과태료가 부과된다.

이상과 같이 사회복지시설은 사회복지사업법을 비롯하여 개별법령을 준수하고 시설운영에 필요한 타법의 적용을 받는다. 또한 시설운영에 필요한 각종의 지침을 반영해야 하는데 직원을 채용할 때에는 시·군·구청장에게 보고해야 하고 종사자 보수교육 등을 규제하고 있다.

〈표 13〉 사회복지시설 적용 법령

분류	세부내용	적용법령
사회복지사업 관련 사항 (목적사업)	사회복지일반	• 사회복지사업법 • 국민기초생활보장법 • 의료급여법 • 사회복지공동모금회법 • 식품기부 활성화에 관한 법률
	노인복지	• 노인복지법, 기초연금법
	아동복지	• 아동복지법 • 입양특례법
	장애인복지	• 장애인복지법 • 장애인 · 노인 · 임산부 등의 편의증진에 관한 법률
	노숙인복지 결핵 · 한센복지	• 사회복지사업법 • 노숙인 등의 편의증진 보장에 관한 법률
	정신보건	• 정신건강증진 및 정신질환자 복지서비스 지원에 관한 법률
	농어촌보건복지	• 농어촌주민의 보건복지증진을 위한 특별법
	모 · 부자복지	• 한부모가족지원법
	영유아복지	• 영유아보육법
	다문화복지	• 다문화가족지원법
	특수폭력피해자복지	• 성매매방지 및 피해자보호 등에 관한 법률 • 성폭력방지 및 피해자보호 등에 관한 법률 • 가정폭력방지 및 피해자보호 등에 관한 법률 • 일제하 일본군위안부 피해자에 대한 생활안정지원 및 기념사업 등에 관한 법률
	기타	• 긴급복지지원법

분류	세부내용	적용법령
기타사항	조세특례관련	• 법인세법, 소득세법, 관세법, 지방세법 • 상속세 및 증여세법, 조세특례제한법
	부담금특례관련	• 사방사업법 등
	재산 및 계약특례관련	• 지방재정법, 도시개발법, 폐교재산의 활용촉진을 위한 특별법 • 지방자치단체를 당사자로 하는 계약에 관한 법률 등
	기타 적용사항	• 건축법, 개발제한구역의 지정 및 관리에 관한 특별조치법, 산림기본법, 산지관리법, 화재예방 소방시설 설치·유지 및 안전관리에 관한 법률, 전기사업법, 공공기관의 정보공개에 관한 법률 등

* 출처: 2018 보건복지가족부 사회복지법인관리안내, p. 5참조

6. 사회복지시설 설치

사회복지시설을 설치하여 운영하고자 하는 경우 사회복지사업법과, 같은 법 시행령 및 시행규칙을 준수해야 한다.

1) 사회복지시설의 설치 및 운영[1)]

「사회복지사업법」 제34조는 사회복지시설의 설치와 관련하여 국가나 지방자치단체는 사회복지시설을 설치·운영할 수 있다고 명시하고 있다(제1항). 「사회복지사업법 시행규칙」 제20조는 시설의 설치 및 운영 시 국가 또는 지방자치단체장에게 설치 및 운영 등의 사항을 신고하게 되어 있다. 설치 신고 시 구비서류는 법인의 정관(법인에 한한다) 1부, 시설운영에 필요한 재산목록 1부, 사업계획서 및 예산서 각 1부, 시설의 평면도(시설의 층별 및 구조별 면적을 표시하여야 한다)와 건물의 배치도 각 1부이다.

신고서를 제출받은 시장·군수·구청장은 「화재예방, 소방시설 설치·유지 및

1) 보건복지부. 2018사회복지시설 관리안내, pp. 9-13 일부 발췌 인용.

안전관리에 관한 법률」 제7조 제6항에 따라 해낭 시설의 소재지를 관할하는 소방본부장이나 소방서장에게 해당 시설이 같은 법 또는 같은 법에 따른 명령을 준수하고 있는지를 확인(사회복지사업법 시행규칙 제20조 제2항)해야 하고 사회복지시설신고증을 발급해야 한다(사회복지사업법 시행규칙 제20조 제3항).

1997년 「사회복지사업법」 개정을 통해 허가제에서 신고제로 전환되었다. 같은 법 제6조는 사회복지시설의 설치방해 금지법규가 있지만 주민들의 동의에 대한 확인을 시설설치 및 운영자에게 일임하고 있어 주민들의 반대가 있는 경우 설치가 무산될 수 있다.

〈표 14〉 **사회복지시설 신고접수절차**

① 해당 시설의 신고요건 안내 → 면담을 통해 운영하고자 하는 시설의 종류, 규모, 운영주체 등에 대해 상담한 후 관련법령의 신고요건을 안내하고 신고서 양식 배부
② 「사회복지사업법」 및 시설 개별법령 충족 여부 검토 → 신고서 제출 시 「사회복지사업법」 및 개별법령에서 요구하는 신고요건에 적합한지를 검토하고 보완요구 또는 수리 여부 결정(필요시 현장방문)
③ 타 법령 충족 여부 검토 → 「사회복지사업법」 및 시설 개별법령을 충족하였다면, 「건축법」 및 그린벨트 관련 법 등 타 법령 위반 여부를 검토하여 최종적으로 신고수리 여부 결정
④ 사회복지시설신고증 발급 → 해당 민원인에게 신고증을 발급하고 「사회복지사업법」 및 개별법령상 시설운영에 따른 권리·의무 안내
• 국가 또는 지방자치단체, 사회복지법인 또는 비영리법인, 개인 등은 결격사유가 없는 한 누구나 사회복지시설을 설치·운영할 수 있음

* 출처: 보건복지부. 2018사회복지시설 관리안내, p.10-11 참조.

2) 시설의 휴지·재개·폐지신고[2)]

「사회복지사업법 시행규칙」 제26조는 시설의 휴지와 재개, 폐지신고 시 관할 시장, 군수, 구청장의 허가를 받아야 한다. 첨부서류는 시설의 휴지·재개·폐지 사유서 1부, 시설거주자에 대한 조치계획서 1부, 시설이용자가 납부한 시설이용

2) 보건복지부. 2018사회복지시설 관리안내, pp. 37-38.

료 및 사용료의 반환조치계획서 1부, 보조금 · 후원금의 사용 결과 보고서와 이를 재원으로 조성한 잔여재산 반환조치계획서 1부, 시설의 재산에 관한 사용 또는 처분계획서 1부, 사회복지시설신고증 1부, 시설운영 중단 사유의 해소 조치 보고서 1부(시설 재개의 경우만 해당한다), 향후 안정적 운영을 위한 시설의 운영계획서 1부이다.

7. 사회복지시설 직무 개관

사회복지시설 종사자의 직무는 직위에 따라 차이가 있지만 직접실천과 간접실천을 통해 생활원조서비스, 도구사용서비스, 사회생활서비스, 직업생활서비스, 자립서비스 등을 지원하기 위해 행정사무원칙에 따라 시설물 관리를 비롯하여 시설의 운영에 필요한 인사관리와 자원관리를 상시적으로 수행해야 한다. 사회복지사와 이용자 간의 신뢰관계가 형성되어야만 원만하게 진행되고 이용자의 참여에 따라 성과로 이어지기 때문에 직무확신을 갖고 수행해야 할 직무이다.

하지만 이용자의 생활 및 사회 활동 욕구가 광범위하여 어느 정도에서 제공해야 하는지가 모호하고 보호자의 요구 또한 증가하고 있어 모두 처리하기에는 제약이 있다. 더욱이 이용자의 신변처리를 비롯하여 정서안정, 일상생활활동, 주민교류지원, 자원의 관리와 후원연계, 보호자와의 관계유지 등 행정사무와 일상생활활동을 주관하며 지원한다는 것은 직무과중을 유발하게 한다. 다양한 직무를 혼자서 감당해야 한다면 직무에 차질이 발생할 것이 뻔하다.

그럼에도 사회복지사의 직무는 이용자의 생활안정을 도모하고 생활을 유지하도록 각각의 직무가 분절된 것이 아니라 생활로 연계되어 있어 분류하기가 쉽지 않다. 왜냐하면 사회복지사의 직무영역이 이용자의 장애 및 연령, 성별 등 시설의 서비스 대상에 따라 사회복지사업안내에서 제시하고 있는 사업 및 서비스를 직무에 반영해야 하기 때문이다. 더욱이 대규모 시설과 소규모시설의 직무 및 사업 양을 구분하지 않고 있어 소규모 시설은 인력 부족의 제약을 극복하면서 직무를 수행해야 하기 때문에 취약하다고 할 수 있다.

사회복지시설의 최근의 변화는 서비스를 비롯하여 행정사무, 시설운영에 관한 전반적인 사항을 이용자가 생활하는 장소, 거주공간을 토대로 진행할 것을 강조하고 있다. 지역사회활동을 할 수 있고, 주민들과의 왕래 등이 자유로워야 하며 원하는 활동을 언제든지 수행할 수 있어야 한다는 것이다. 즉 사회복지사는 욕구가 발견되면 지원한다는 실행의 논의가 일반적인 운영방향으로 정착된 것이다.

이용자의 참여가 중심이 되면서 집단적인 참여활동서비스에서 개인의 욕구중심의 서비스로 개별화되는 경향이 뚜렷하다. 시설의 운영방향과 사회복지사의 직무는 이용자의 인간다운 생활을 유지하는 데 기여하고, 권리를 보장하면서 생활에 필요한 다양한 것들이 언제든 충족될 수 있도록 지원하는 체계로 전환된 것이다. 개인들은 다수 중의 한 명이지만 개인들이 다수를 이룬다는 점에서 위의 논의는 시설운영 방향의 핵심목적으로 인식되고 있다. 이용자의 사회적 지위가 일상생활과 사회생활을 영위하는 서비스 주체로 변화된 것이다.

8장

인권기반 사회복지시설 운영철학

1. 사회복지시설의 운영철학

1) 이용자 인권보장과 권리중심

인간이 자신다운 삶을 향유하는 것은 본능이며 추구하는 기본적인 욕구이다. 개인답다는 것은 자유권을 행사하면서 권리주체로서 사회권을 향유하는 것을 의미하는데 이를 인간다운 생활이라고 한다. 사회복지사가 이용자의 인권을 보장하면서 지키기 위해 노력을 기울여야 할 필요는 책무와 의무가 동시에 주어지기 때문이다.

따라서 이용자의 인권은 개인들의 자유로운 생활을 보장하기 위한 시설의 운영원칙이 지침으로 반영되었을 때 보장된다. 사회복지사는 이용자의 개별생활을 보장하기 위한 서비스 지원원칙을 이해하고 보장하기 위한 노력을 통해 이용자와 서비스 제공자의 역할을 정립하게 된다. 또한 이용자의 인권을 보장하고 권리중심의 서비스 지원원칙을 직무에 반영할 수 있다.

사회복지사의 직무에 이용자 처우에 관한 인권중심 직무실행원칙을 적용해야 할 이유는 다음과 같다. 「사회복지사업법」 제4조 제1항은 복지와 인권증진의 책임을 국가와 지방자치단체의 의무로 규정하고 사회복지서비스를 증진하기 위해 이용자의 인권침해 예방과 차별을 금지하는 활동 등을 수행할 것과 인권을 옹호할 책임을 명시하고 있다. 같은 법 제4조 제6항에는 사회복지서비스를 필요로 하는 이용자의 인권이 충분히 존중되는 방식으로 서비스를 제공해야 한다고 명시하고 있으며 이를 위해 인권교육을 강화할 것을 명시하였다. 7항은 사회복지서비스를 이용하는 이용자가 긴급한 인권침해 상황에 놓인 경우 신속하게 대응할 수 있는 체계를 갖추어야 한다고 명시하고 있다. 같은 법 제5조는 인권존중 및 최대봉사의 원칙을 명시하여 사회복지업무에 종사하는 모든 종사자는 업무를 수행하면서 인권을 존중하고 차별 없이 최대로 봉사해야 한다고 명시하고 있다.

이와 같은 법이 마련된 것은 이용자의 인권을 보장하는 역할이 사회복지사의 필수 직무가 되었다는 것을 의미하고 이용자의 권리를 보장하기 위해 최선을 다해야 한다는 것을 명시한 것이다. 인권은 개인적인 것이지만 이용자의 권리행사를 보장하기 위한 일체의 역할이 사회복지사의 역할임을 분명히 밝힌 것이어서 책임을 다할 주체가 사회복지사임을 알 수 있다.

여기에서 중요한 것은 인권을 보장하고 권리를 행사할 수 있도록 사회복지사는 어떠한 노력을 해야 하며 무엇을 조치할 것인지를 판단하는 것이다. 권리행사는 개인적인 것이다. 하지만 타인으로부터 존중받고 권리를 행사할 수 있을 때부터 보장되고 행사하게 된다는 점에서 이용자의 편에서 생각하는 사고의 전환이 필요하다. 이용자들의 주거지는 편리한지, 집과 같은 안락한 환경인지 등을 고려해야 한다는 것이다.

독자는 출장이나 연수 등을 다녀온 경험이 있을 것이다. 동료들과 시간을 보내고 많은 대화를 나누었지만 낯선 환경으로 인해 잠을 설쳤던 경험이 있을 것이다. 낯선 환경, 낯선 장소는 이렇듯 생활의 리듬을 깨지게 한다.

잠을 자는 것조차 낯설다면 타인의 삶이다. 생활하는 공간조차 안정되지 않는다면 참는 것 외에는 방법이 없을 것이다. 이러한 욕구가 결핍된다면 생활의 리듬이 깨지게 된다. 장애의 제약으로 인해 혼자서 할 수 없는 것들을 사회복지사에게 요구하며 지원해 달라고 하였지만 거절을 당하고, 이러한 거절의 경험이 많아지게 될 때 좌절을 경험하고, 좌절을 많이 경험한 이용자는 현재는 문제가 없다고 하여도 언젠가 결핍된 욕구를 표출하게 되는데 그 결과로 나타나는 것 중 하나가 폭력 등을 행사하는 것이다. 갈등을 오랫동안 참은 것이라면 내재된 것이어서 심각한 것이다. 이용자가 동료들과 자주 다투거나 반찬을 폭식하고 흥분된 상태를 주체하지 못하는 등의 행동을 자주 보인다면 결핍된 욕구가 내재된 것이라고 이해해야 한다.

이용자들이 시설에서 생활하면서 자신의 욕구를 자유롭게 표현하지 못한다면 구속된 생활이다. 대개 개인의 욕구에 관심을 두지 않는 사회복지사의 일방적인 서비스 지원이 요인이다. 따라서 사회복지사가 이용자의 권리를 보장하기 위해서는 인권의 개념을 이해하고 인권을 지키고 보장하기 위한 본인의 관점을 정립하여 이용자 중심원칙을 직무에 반영해야 한다. 또한 법규를 이해하고 시설의 직무를 수행하면서 해야 할 역할과 하지 말아야 할 역할을 정립해야 한다. 법규는 바른 것과 옳은 것의 기준을 제시한다. 법규는 강제해야 할 책무와 의무의 기준을 제시하는 것 이상의 의미가 있어 이를 지켜야 할 책무는 사회복지사에게 있다.

이용자의 자유권과 사회권, 집합적 연대의 권리를 보장하기 위해 시설의 규정을 법규에 따라 인권 친화적으로 적용하여 시행한다면 옳은 것을 행한 것이다. 따라서 인권에 대한 이해를 갖추기 위해서는 동료들과 협의해야 한다. 인권중심의 직무수행을 위한 방법을 찾고 직무에 적용하기 위한 대안을 모색해야 한다.

중요한 것은 직무문화로 정착시켜야 한다는 것이다. 제도가 훌륭하고 법규를 마련하였다고 하여도 실천하는 사회복지사의 인식이 인권 친화적이지 않거나 인권의식이 낮다면 이용자의 인권은 보장되지 않는다. 만약 모든 직원들이 인권친화적으로 서비스를 제공하고 있는데 한 명의 사회복지사가 이용자의 인권을 침해하였다면 기관은 물론 직원 모두가 침해와 연루된 종사자로 낙인 받게 된다. 그러면 사직을 하더라도 인권침해기관에서 근무하였다는 오명을 받게 되는 것이다.

오늘날 인권문제는 개인의 문제가 아니라 공공성을 띤 사회복지기관의 종사자 전체의 문제로 바라보는 시각이 지배적이다. 인권침해 문제를 방지하고 예방하기 위해 인권친화적인 의식의 공유와 서비스 지원을 강조하는 것이다.

인권친화적인 서비스를 제공하려면 사고와 생각이 이용자 중심으로 전환되어야 한다. 이용자는 서비스 이용 주체라는 인식의 전환이 필요한 것이다. 시설을 운영하기 위해 관리를 강제하고 법규와 지침에 의해 이용자를 처우하는 직무태도는 결코 이용자의 상황을 개선할 수 없다. 만약 사회복지사에게 이러한 동료의 모습이 이해되고 받아들여지거나 관행으로 여긴다면 이용자의 인권보장은 공허한 논의에 불과하게 된다. 동료들 또한 이용자의 권리를 보장하면서 종사자의 권리는 누가 보장할 것인가 등 법규의 형평성만을 논의하면서 불합리하다는 의견 외에는 얘기하지 않게 된다. 즉 도움이 필요한 대상자에서 권리가 있는 인격적인 존재라는 것을 인식해야 한다는 것이다.

서비스 제공 또는 공급이 지원으로 바뀌면 해야 할 역할과 사회복지사 자신의 위치를 알게 된다. 사회복지사는 이용자를 케어하면서 그의 필요를 충족하는 책임 있는 위치에 있다. 이용자의 처우는 존중과 배려의 평등한 관계에서 서비스를 지원하고, 인권을 지키고 보장해야 할 역할이 무엇인지 알고 행동으로 옮기는 직무수행 중과 휴식을 취하는 시간에도 보장되어야 한다. 인권중심은 일상적인 것임을 직무수행과정에서 적용해야 한다는 것이다.

이용자의 인권은 제공자의 관점에서 지원으로 전환하여 혜택받을 권리임을 인식하는 것에서 출발한다. 혜택을 받는 것 또한 권리이므로 케어절차와 내용, 행동으로 실천하는 역할을 이해했다는 의미이다. 사회복지사는 지원의 개념과 역할을 분명하게 규명해야 한다. 만약 이용자가 사회복지사의 퇴근시간을 간절히 기다린다면, 무언가를 조치하지 않는다면 이용자의 인권을 침해하지는 않았지만 이용자를 힘들게 하는 직원에 불과하다는 것을 기억해야 한다.

2) 탈의료화와 탈시설화 추구

과거 우리 사회에서 돌봄이 필요한 대상자를 처우하는 방식은 병자역할에 그쳤다. 의사와 환자의 관계에서 환자는 전문가인 의사에게 전적으로 치료를 맡겨야 하는 병자로서의 역할만을 수행하면 되었다. 따라서 병자는 모든 책임을 면제

받고 의무가 주어지지 않는다.

하지만 병자는 다음의 사항이 의무로 주어진다. 첫째, 비정상적이고 바람직하지 않은 상태를 회복하기 위해 모든 지시를 따라야 한다. 둘째, 회복하기 위해 원조를 구하고 가능한 한 의사의 모든 처방을 따라야 할 의무가 주어진다. 환자는 자신의 모든 행동이 바람직하지 않은 것이며 의사가 권고하는 지시에 의존하면서 생활하고 이러한 생활을 당연한 것으로 받아들여야 한다. 의존의 지속은 책임을 경감시키고 자조적인 대처능력을 약화시킨다.

병자역할보다 더 심각한 처우가 손상된 역할이다. 손상된 역할의 환자는 의존성을 당연한 것으로 받아들이고 회복을 위한 모든 역할에서 배제된다. 따라서 의사의 치료를 전적으로 수용해야 한다. 어린아이가 엄마에게 전적으로 의존하는 것처럼 인격적인 권리를 부정하는 것과 마찬가지로 모든 권리를 박탈당해도 수용해야 한다(오혜경, 2018: 19-20).

외부체계와 단절된 채 오랫동안 생활하게 되면 의존성을 갖는 것은 물론 고립된 생활을 당연하게 여긴다. 사회복지사 또한 통제하면서 생활의 모든 것들을 관리하는 것을 당연한 것으로 여긴다. 이용자는 개인의 권리보다 시설의 규칙을 준수하면서 요구하는 것들을 충실하게 이행해야 하는 책임이 주어진다. 따라서 환자처럼 수동적으로 행동해야 하고 모든 결정은 지시에 의해 생활하는 수동적인 존재로 생활하게 된다.

탈시설화는 시설생활을 반대하면서 비인간적 처우와 집단생활이 인간다움을 상실한다는 관점에서 시작되었다. 수십 년간 시설에서 생활해 왔다면 개인의 의존성은 선택도 판단할 것도 없는 생활이었을 것이다. 선택과 판단을 미루며 보류하면서 의존성을 보이는 행동은 자연스럽게 태도로 형성될 수밖에 없다.

탈시설화의 핵심은 시설 수용을 반대하고 시설이 아닌 지역사회 복귀를 통해 주민들과 마찬가지로 자조적으로 생활해야 한다는 것이다. 하지만 시설생활에 익숙해져 있는 이용자를 이해하고 받아들이는 성숙된 주민의식이 필요한데 편의장치 및 설비 등의 설치가 그것이다.

삶은 누구에게나 소중한 것이다. 장애와 질병 등의 조건 때문에 처우를 달리해서는 안 된다는 것이다. 각종의 편의장치 및 설비를 갖추지 않는 것은 장애의 제약을 문제 삼아 개인을 구속하는 행위이다.

탈시설화는 제도적 차원과 사회문화적 차원에서 조명되어야 하는데 제도를 통해 사회보장수준을 확인할 수 있기 때문이다. 제도적으로 조건이 불리한 사람들을 보호한다는 명분으로 시설에서 생활하게 한다면 개인의 자유권을 침해하는 구속된 생활을 정책적으로 지향하고 있다는 모순을 국가가 권장하는 셈이다. 개인보다 집단, 단체 생활에 익숙해져 있는 이용자는 권리주장보다 집단생활에 익숙해지면서 우리라는 집단생활을 하게 된다. 모르는 타인과 평생을 살아야 하는 비극은 자기정체감을 형성하도록 지원에 최선을 다하고 훌륭한 시설을 갖췄다고 하여도 안정된 생활일 수 없다. 타인과 교류하는 것은 목적 있는 일 외에는 없다. 처지가 비슷하다면 '너나 나는 같아'라는 처지의 비관을 공유하게 되어, '싫든 좋든 여기서 평생 살 수밖에 없다'는 생각에 그쳐 존재감을 포기하게 된다.

탈시설화가 전개된 1970년대는 인권이 없는 매우 심각한 상황이었다. 물론 배경에는 시설운영에 많은 비용을 지출해야 하는 비용절감 문제의 해결과 시설이용자의 지역사회 복귀를 통해 사회통합을 이루려는 의도가 있었다. 하지만 시설을 벗어나 지역사회에서 생활하도록 조치한다고 하여 탈시설화를 이룬 것은 아니기 때문에 시설이용자를 위한 지원체계를 마련하지 않은 상황에서 시설을 퇴소하는 것은 또 다른 사회문제를 양산한다.

진정한 탈시설화를 지원하기 위해서는 거주할 집이 있어야 하고 편의 시설 구비 외에 이동권 보장, 사회권 보장을 위한 각종의 장치 등을 물리적 통합차원에서 마련해야 한다. 또한 직업 활동을 보장하기 위한 일자리창출과 충분할 정도의 소득을 보장하는 등 사회보장제도가 충분해야 한다. 이웃들과 어울릴 수 있는 사회인식은 고립되지 않고 지역사회 주민임을 인식할 수 있을 정도로 성숙되어야 한다.

초기에는 많은 비용이 투자될 것이다. 하지만 지역사회가 투자를 아끼지 않고 성숙된 시민인식으로 대응하면 어떠한 사람들도 불행과 같은 장애, 질병에 걸리더라도 불편함을 느끼지 않으면서 생활하게 될 것이다. 장애 또는 질병으로 인해 남의 일이라는 관심 없는 이기주의도 사라지게 될 것이다. 탈시설화의 관점에서 보면 사회적 약자를 보호한다는 미명하에 연간 수천억 원의 조세를 시설에 투입하는 것보다 모든 국민이 행복하고 자유롭게 다닐 수 있는 거리와 편의시설 설치에 투입하는 것이 궁극적으로는 자립생활을 목적으로 시설운영 및 서비스를 제공하는 이용자 중심의 복지를 실천하고 있는 측면에서 삶을 질을 높이는 투자가 아니겠는가.

탈시설화는 시설에 집중된 비용의 과다한 지출문제를 개선하고 이용자의 인간다운 생활을 위해 제기된 이론이지만 현재 우리나라의 시설복지 제도에 여러 교훈을 주는 모델이다.

3) 정상화 이념의 실현

정상화 이념은 1960년대 후반 스칸디나비아 반도에서 발달장애인의 시설보호서비스를 반대하며, 시설 장애인들 또한 지역사회 주민들과 같이 정상적으로 생활해야 한다는 것을 주장하며 1970년대와 1980년대 초에 장애인의 재활, 복지, 교육 등을 정상화하자는 것에서 시작된 이론이다. 정상화 이론은 전통적인 재활서비스를 반대하면서 정상적인 일상생활의 리듬이 주민들과 같아야 한다는 것을 제기하며 발달한 이론으로 오늘날 장애인의 재활과 복지, 자립생활을 위한 주요 이론으로 받아들여지고 있다(오혜경, 2018: 23).

정상화 이론의 주창자는 미켈센(Mikkelsen)과 니르제(Nirje), 울펜스버그(Wolfensberger)이다. 1960년 스칸디나비아반도에서 태동된 정상화 이론은 덴마크에 거주하는 지적장애인들의 부모들이 시설생활을 반대하면서 '가능한 한 일상적인 생활'이라는 의미 있는 논의에 의해 촉발되었다. 미켈센은 '주거, 직업, 교육, 여가 등을 포함하는 삶의 질을 강조'하였고, 니르제는 장애당사자가 느끼는 일상의 보통적인 생활 방식에 초점을 둔 정상화 이론을 발표하였다. 이러한 주장의 배경에는 장애인 부모회 소속 부모들이 자녀들의 시설생활을 반대하고, 시설의 서비스 제공방식 등 재활서비스에 대한 문제제기와 아울러 개선책을 요구하면서 비장애인들과 동등하게 일상적인 생활리듬을 갖고 생활해야 한다는 것을 주장하면서부터이다. 주거, 교육, 직업, 여가 환경 등이 가능한 비장애인들과 비슷한 생활이어야 하고 영위할 수 있어야 한다는 것이다. 일상의 생활리듬 회복은 울펜스버그에 의해 '사회적 역할(social role) 가치화'라는 의미로 재해석되었고 사회적 역할 가치화는 하루의 일과에서 일상생활 및 사회활동을 경험하는 것이 아니라 문화적으로 가치 있는 일들을 수용하고 영위할 수 있어야 한다는 것으로 완성되어 오늘에 이른다(최윤영 · 이경준, 2013: 63-64).

미켈센의 주장은 지적장애인들 또한 주거, 일, 교육, 여가 등을 포함하여 주민들의 생활방식을 지적장애인들도 누리며 살아갈 수 있어야 한다는 것이며, 니르제는 지적장애인들 또한 주민들처럼 일상적인 보통의 생활에 가급적 비슷하게 생활할 수 있어야 하고, 지역사회의 일반적인 환경과 생활방식에 가급적 가깝게 생활할 수 있어야 한다고 했다. 니르제는 사생활보호, 매일의 일상적인 생활리듬, 생애주기의 발달경험, 자기 결정의 존중, 이성 관계, 일반적인 환경수준의 보장, 부모와 직원의 환경 또한 지역사회 환경과 같이 정상적이고 일반적일 것을 주장하였다. 이후 울펜스버그는 사회적역할 가치화에 대해 북미화, 사회학적 설명, 보편성을 통해 재정의하여 가능한 한 문화적으로 통상되는 수단을 이용하여 최대한 문화적으로 통상되는 인간의 행동과 특성을 확립하고 보유하는 것으로 정상화 원리를 재정의하였다. 미켈센과 니르제가 목적을 중시하였다면, 울펜스버그의 사회적 역할 가치화는 과정과 목적 양면을 중시한 정의이다. 문화적으로 통상되는 수단을 특히 강조하였는데 시민들과 같은 생활방식으로 생활해야 하고, 장애의 기능이나 능력 등 행동을 개발하고 향상시키기 위해 또한 지지하기 위해서는 문화적으로 통상되는 가치 있는 여러 수단을 이용해야 한다고 하였다(나카조노 야스오 저, 성명옥 역, 2004: 13-15).

시설에서 거주하는 이용자들 또한 지역사회와 유사한 환경에서 거주해야 한다. 거주지의 환경이 일반가정과 같아야 하고, 생활의 리듬이 가급적 주민들의 생활방식과 유사해야 한다. 특히 문화적으로 가치 있게 여기는 일들을 스스로 선택하고 누릴 수 있어야 하는데 시설에 국한된 생활방식이 아닌 지역사회 주민들과 교류하면서 그들이 가치 있는 일을 추구하듯이 이용자들 또한 가치 있는 수단으로 일상의 생활리듬을 회복해야 한다는 것이다.

4) 평등의 추구

(1) 절대적 평등의 구현

평등을 추구하는 것은 인격적인 주체로서 권리를 행사하는 것이지만 평등하지 않다는 것을 인식하게 되면 권리행사에 제약을 받게 된다. 평등권리 행사는 평등하다는 인식을 통해서 추구된다. 평등인식은 사람 간의 이해가 더 영향을 미친다. 누구나 사회활동을 하면서 가족 안에서 겪지 않았던 새로운 상황에 직면하게 되는데 평등하지 않다는 차이를 계속 겪게 되면 더 이상 권리를 행사할 수 없다.

인간의 권리보장과 행사에 영향을 미치는 평등의식은 사람들과 부딪히며 살아야 하는 인간의 삶에서 드러난다. 사람들과 생활의 차이가 있으나 동등하게 느끼고 대등하다는 위치를 인정받게 하는 공평한 처우가 평등이다.

시설이용자 및 사회복지서비스가 필요한 이용자는 절대적 평등권리를 향유하면서 살아가야 한다. 신체적·정신적 조건의 불리함에 따라 사회적으로 낮은 대우를 받는 등 차이가 있는 생활이라면 평등은 구현되지 않는다. 시설에서 수십 년을 생활해 왔다면 시설이용자의 생활은 집단생활에 익숙해져 있어 주장 말하기, 의견 제안하기 등은 큰 결심이 필요한 일일 수밖에 없다. 의사소통의 어려움이 없고 신체조건이 불편하지 않더라도 소극적으로 생활하면서 독립을 주저할 수 있다. 의식과 사고가 의존적으로 형성되었기 때문에 사소한 선택조차 판단하지 못해서이다. 여기에 더해 신체조건의 불리함을 차이로 인식한다면 평등하지 않다고 인식할 것이다.

절대적 평등이 시설이용자에게 중요한 이유는 제도적으로 절대적 평등을 완전하게 보장하지 못해서이며 국가와 지방자치단체의 책임 있는 역할이기 때문이다. 최저수준에서 생활할 수 있는 지원이 필요한 것이 아니라 생활이 가능할 정도의 제도가 마련되어야만 차이를 줄이고 인간다운 생활을 할 수 있기 때문이다. 오직 사회보장제도를 통해서만 절대적 평등을 실현할 수 있기 때문에 국가와 지방자치단체의 역할이 무엇보다 중요하고 책임과 의무를 다할 때 이용자의 생활은 보장을 받게 된다.

(2) 주관적 평등의 실현

주관적 평등은 모든 사람들이 누리는 것이지만 사회적 약자 편에서 논의한다면, 제공의 관점에서 필요한 것들을 충족해 온 이용자들이 느끼는 만족은 부족함과 차별로 대변된다. 사회복지시설의 필요에 의해 운영되는 시설의 서비스는 생활의 대부분의 것들을 지급받으면서 아주 적은 소장품만을 개인들이 관리하고 이러한 생활이 오랫동안 지속돼 온 생활은 필요한 것이 무엇인지조차 판단하지 못하게 한다.

먹는 것조차 영양사가 영양을 고려했다며 주는 대로 먹고, 조리원이 만든 식사를 시간에 맞춰 먹고, 고맙다는 인사를 마친 후 다시 숙소로 돌아와야 하는 생활이었는데, 자신의 주거지를 얻고, 보험에 가입하고, 자동차를 갖고 싶은 것은 환상이다. 옷을 구입하기 위해 지역사회를 나들이처럼 참여하면서 행사처럼 활동하는 생활이었는데 외출 과정이 복잡하다면 옷을 사다 줄 것을 부탁하는 편이 나을 것이다. 시설의 식당에서 식사하는 것이 익숙해 있는 이용자에게 외식을 하자는 사회복지사의 얘기는 정말 반가운 것이지만 오랜간만에 해 보는 것이어서 서툴 수밖에 없다.

장애로 인해 시설에서 오랫동안 생활하게 되면 주관적인 평등의식조차 갖지 않을 소지가 많다. 평등을 고려하지 않는 집단생활은 개인적인 물건을 소유할 수 있는가를 개선하기 위해 겉치레 정도로 사물함을 비치하는 것만으로 역할을 다 했다고 판단한다. 표면적으로 드러나는 역할 중심의 활동에 집중할 수밖에 없는 환경이라면 이용자들은 평등을 인식하지 않게 된다. 또는 불편함을 느끼지 않는 수준에서 간섭하지 않을 정도에서 역할을 멈춘다.

자신의 직무에만 충실한 직원은 형식적인 시설물의 비치를 통해 평등권리를 보장하고 있다고 착각한다. 집단의식은 평등인식을 현재의 직무수행을 방해하는 것으로 인식하게 하여 불편만 가중된다고 생각하게 만든다. 이용자의 욕구를 무시하고 그들에 대한 처우를 사사로운 것으로 여기게 하여 불필요한 것으로 생각하게 만들고 처리해야 할 서류정리가 더 중요하다고 인식하게 만든다. 이용자는 이러한 직원의 처사를 받아들이며 결핍된 욕구를 간직하면서 불평등에 대한 문제도, 생활의 불편함도 인식하지 않는다. 종사자가 요구하는 대로 행동하면서 수동적으로 순응하는 모습을 보이는 것이다.

직원들의 이용자 처우는 개인보다 집단으로 인식하기 때문에 타자의 관점에서 논의하는 정도에서 그친다. 바뀌어야 할 대상에 불과하다는 생각을 갖고 있어 진지한 논의도 시도도 없다. 이를 해결할 방법은 개별화하는 것 외에는 없다는 점에서 주관적 평등을 구현하기 위해서는 집단이 아닌 개인의 생활을 보장하면서 권리를 인정하기 위한 장치를 마련하는 것 외에는 없다.

(3) 상대적 평등의 실현

마지막으로 상대적 평등의 실현을 위해 무엇을 해야 하는가에 대해 논의해 볼 필요가 있다. 상대적 평등은 타인들과 지내면서 인식되는 평등으로 개인의 생활이 안정되었다고 하여도 관계하는 사람들과 비교되는 등 개인이 인식하는 정도에 따라 인식되는 평등이다. 따라서 평등의 수준은 개인적인 것이지만 소득과 생활수준, 생활정도가 타인과 차이가 있다면 평등하지 않다고 여기게 된다.

생활여건 등이 충분한 데 비해 타인의 소득수준이 월등히 높다면 상대적으로 빈곤하다고 인식한다. 반면 자신의 소득이 형편없지만 다른 이의 생활수준이 낮다면 상대적인 평등을 고민하지 않는 것이다.

하지만 상대적 평등을 확인할 수 없는 사람들이 있다. 사회복지시설에 거주하는 이용자들이다. 이들의 생활은 공평하고 처우 또한 차이를 두지 않고 있어 상대적 평등을 느낄 수 없는 환경에 있는 것이다. 규칙적인 식사시간과 정해진 프로그램의 참여, 의복의 개별화를 추구하지만 개별적으로 구입하여 원하는 스타일대로 꾸미기는 쉽지 않다. 원하는 머리 스타일을 추구한다고는 하지만 매번 미용실을 이용하기도 쉽지 않다. 미용실에 가고 싶다는 중증장애인의 요구를 들어주기에는 사회복지사가 지원해야 할 대상자가 많기 때문이다. 더욱이 잠을 자는 시간이 정해진 환경에서 처우의 차이를 느끼지는 않을 것이다. 오히려 공평하다고 느낄 소지가 더 많다.

상대적 평등은 평등하게 처우하는 것만을 의미하지 않는다. 개별성을 보장하고 개인의 기질과 성격, 추구하는 이상, 자기의지에 의해 판단하고 실현할 수 있을 때 인식되는 평등이기 때문이다. 훌륭한 환경을 갖추고 있는 시설에서 생활하고 이용자의 안락함을 지원하기 위해 노력한다고 하여 인지되는 평등이 아니다. 이러한 환경에서는 오히려 집단적인 사고만을 형성하게 할 뿐이다. 따라서 개인들이 추구하고 인식하는 것들을 어떻게 보장하느냐에 따라 주관적 평등은 보장되고 인식하게 된다. 평등권리 보장은 개별성의 보장에 의한다.

5) 사회통합실현

의료모델 이후 탈시설화를 가속시킨 모델이 정상화 이론이다. 이후 제기된 모델이 사회통합모델이다. 사회통합 이론은 장애인을 사회 구성원으로 이해하고 가치 있는 참여를 촉진하기 위한 개인의 사회참여를 지향한다. 사회성원으로 참여하는 방법이 다양하겠지만 장애의 제약을 수용하면서 사회, 문화, 환경의 개선을 통해 장애인에 대한 인식의 전환을 촉구하는 모델이다.

개인의 참여는 단지 몸만 참여하는 것이 아니라 지역사회 성원으로 인식하는 정신적 개선과 물리적 환경을 개조하여 각종의 편의장치와 시설물 사용을 지역사회 주민들이 누리는 방식으로 이용하는 등 의식의 개조를 통해 동등하게 참여하고 생활할 수 있어야 한다는 공동체적 통합을 의미한다. 능력 장애로 인해 겪게 되는 이동의 제약과 편의시설 부족에 의한 사회적 불리를 제거하고 기능적 제약으로 촉발되는 시설물 접근의 제약, 대중교통 수단을 이용하지 못하는 등 조건의 불리함을 통합적 차원에서 수용하고 제거하는 것을 포함한다.

하지만 물리적으로 시설물과 편의장치를 갖추었다고 하여 완전하게 통합되는 것은 아니다. 지역사회 주민들이 사회 구성원으로 인식하지 않는다면 진정한 통합을 이룬 것이 아니기 때문이다. 시설이용자 또한 지역사회 주민이라는 의식의 전환을 통해 장애를 수용하고 받아들임으로써 문화적인 참여가 자연스러운 사회적 인식이 성숙되어야 한다.

따라서 물리적 통합은 비용과 제반시설을 구축해야 한다는 조건이 있지만 물리적 통합을 이룬 후에는 문화적인 통합을 위한 인식개선이 수반되어야 한다. 사회적 성숙 정도에 따라 이해 정도가 달라지기 때문에 완전한 통합은 물리적 개조와 정신적 개선이 이루어질 때 완성되는 것이다.

물리적 통합을 위해서는 접근성을 강화해야 한다. 지역사회 내에 위치해야 하고 접근을 용이하게 하는 이용의 편리성을 확보해야 하는데 대중교통의 증설과 편의시설물 등의 설치가 수반되어야 한다. 물리적 연계는 건물의 외형에 관한 것으로 장애를 인식하거나 주민들에게 혐오감을 일으키는 색감 등은 통합을 저해하기 때문에 재고되어야 한다. 사회적 통합을 위한 프로그램의 형태는 가능한 한 주민들이 이해하는 장소에서 시행하고, 낙인감을 주는 호칭이나 명칭을 사용해서도 안 된다. 이용하는 프로그램에 참여하는 장애인의 수 또한 소수여야 한다(오혜경, 2018: 36-40).

진정한 사회통합을 위해서는 물리적 통합과 정신적 통합을 위한 제도적·문화적 조치를 강구해야 하는데 각종의 편의장치와 시설물을 개조하고 시민인식을 개선해야 한다. 사회통합은 정신적으로 풍성한 시민의식을 통해 완성된다. 따라서 사회복지시설에 대한 거리감을 없애기 위한 다양한 시도가 있어야 한다.

2. 사회복지시설의 인권중심운영

사회복지시설의 인권중심의 운영원리는 개인적, 사회적, 제도적 차원에서 설명할 수 있다.

1) 개인적 차원

(1) 근거중심 이용자 지원

사회복지시설은 24시간 거주하는 이용자의 생활을 지원하기 위해 지역의 인적·물적 자원을 연계하고 다양한 서비스 지원을 통해 안정된 생활에 기여해야 한다. 사회복지사는 시설의 운영목적을 달성하기 위해 이용자의 활동을 지원하게 되는데, 이용자의 특성을 고려하여 아침 일과의 시작과 마감, 낮 동안 이루어지는 활동의 참여와 보조하는 자원의 참여를 위한 연락사무, 프로그램 장소·기자재 등 계획의 원만한 수행을 직·간접적으로 관여하면서 연계자 역할과 중재자의 역할을 통해 도울 수 있다. 이용자 지원 활동은 도움의 정도에 따라 역할을 달리해야 한다.

행정 직무는 기관의 직무처리 절차를 의미하고 각 직무의 처리방법과 절차에 대한 사무에 관한 것으로 문서중심의 처리에 관한 방법과 절차를 말한다. 이용자를 위한 활동은 문서를 근거로 처리하지 않으면 시행의 근거를 갖춘 것이 아니어서 사업수행을 위해서는 반드시 절차에 따라 문서로 처리하여 근거를 남겨야 한다. 자원을 연계하고 후원자를 연계하는 것, 서비스를 개발하여 진행하는 것, 재정을 투입하여 신규 사업을 개발하는 목적도 이용자의 안락한 생활을 지원하기 위한 것이지만 문서를 작성하여 근거를 남겨야 한다. 따라서 행정사무에 의해 처리하지 않는 사업은 성립되지 않아 실행의 근거가 없는 개인적인 활동에 불과하게 된다.

(2) 안전한 생활권리 보장

사회복지시설은 이용자가 입소하지 않거나 이용하지 않는다면 시설의 존립 자체에 문제가 생긴다. 의·식·주를 기반으로 안전한 보호의 의무는 이용자의 안전한 생활과 기본생활을 지원하기 위한 역할로 의무를 수행한 것이다. 이제 서비스 제공 및 기관의 편의시설 등 이용자의 안전을 고려해야 한다. 아무리 좋은 서비스를 제공하여도 안전에 위협이 되는 환경과 서비스라면 좋은 서비스가 아니다. 오히려 이용자의 안전을 위협하는 환경이라면 최우선적으로 개선해야 할 사항이다.

적절한 보호조치는 인권기반, 즉 이용자의 안전을 위협하는 환경을 개선하여 편의시설의 자유로운 이용을 보장하는 데 있다. 따라서 물리적 환경의 충분성은 누구나 동일하게 안락함과 편리함을 인지할 수 있을 정도여야 한다. 차이를 느끼게 하거나 이용하지 못한다면 물리적 환경의 접근성 저하로 인해 차별받을 소지가 있어 반드시 개선되어야 한다.

(3) 인권기반 처우

또한 서비스 제공과 시설이용은 인권을 기반해야 한다. 앞서 논의한 것처럼 사회복지시설은 이용자의 인간다운 생활을 보장하기 위해 1세대 인권인 자유권의 보장과 2세대 인권인 사회권, 그리고 3세대 인권인 집합적 연대의 권리를 보장하기 위해 운영체계를 마련하고 지원하는 모든 서비스 기반이 인권중심이어야 한다.

하지만 시설운영을 책임지고 있는 시설장은 사회복지시설을 운영하는 입장과 책임져야 하는 직무가 많아 인권기반사무를 시설운영에 반영하기에는 어려움이 있다. 사회복지기관은 다양한 법규와 규정, 지침을 준수하여 행정사무, 관리행정, 서비스 등을 법규에 따라 시설운영에 적용해야 하기 때문에 어느 것 하나라도 소홀하게 처리해서는 안 된다.

최근 부각되는 사회복지사의 인권 논의는 이용자의 권리보장만큼이나 중요한 이슈가 되었다. 기관운영의 신뢰성과 투명성에 심각하게 영향을 미칠 수 있어 운영에 문제가 발생하지 않도록 조치해야 한다.

(4) 자유권을 보장하는 서비스

사회복지시설은 서비스 제공 기관이라는 이해가 일반적이어서 서비스개발과 진행, 성과는 지역사회 기여 정도에 따라 평가된다.

생활의 자유는 타인의 간섭과 개입이 없는 사적 생활에 대한 보장을 의미한다. 집단생활을 하더라도 개인의 사생활을 최대한 보장하고 가급적 간섭을 최소화하여 원하는 것을 선택하고 결정하는 자조적인 생활이어야 한다.

생활의 자유권리는 같은 방을 쓰는 동료에 대한 선택, 간섭받지 않는 생활, 필요한 프로그램의 이용, 문화생활의 선택과 결정, 종교의 선택, 각종 규정과 규칙, 자유로운 외출, 이웃들과의 원만한 교류, 지역사회의 자유로운 왕래 등이며 인권에 기반한 생활의 자유권 권리는 개인적 차원의 권리보장을 어느 수준에서 지원받는가에 따라 인식정도가 달라지고, 이를 보장하기 위한 시설의 구조화된 체계 마련과 지원정도에 따라 권리를 보장받게 된다.

여유로움을 인식하는 생활이어야 자유권 권리를 인식하게 된다. 같은 방을 사용하는 동료를 선택하고, 친한 친구와 지낼 수 있는 것, 시설물 사용을 권리로 행사할 수 있어야 한다는 것이다. 자유로운 생활을 보장받는 것은 낮 동안의 활동과 식사 등과 같이 생활의 권리를 누릴 수 있을 때 보장되는 권리이다.

(5) 사생활을 보장하는 개인공간 마련

잠을 자는 공간의 중요성은 거주지를 결정하는 것과 관련된다. 타인의 간섭을 받지 않는 상황에서 사생활을 보장받고, 간섭을 받지 않는 가운데 원하는 물건을 소유하고 원하는 곳에 놓을 수 있는 안정된 주거지라는 인식을 갖게 될 때 애착을 갖는다. 동료들이 물건을 만진다는 생각을 하고 훼손을 염려하게 되면 물건을 보관하고 관리하는 소유권리를 방해받게 되어 숨기고 감추려 할 것이다. 쫓기듯이 직원에 의해 기상 시간에 힘들게 일어나야 하는 생활이 매일이라면 안정적이지 못한 생활이다.

사생활보장은 개인의 인간다운 권리를 행사하는 기본권이기 때문에 사생활은 최대한 보장되어야 한다. 이러한 자유로움을 언제든 직원들과 협의할 수 있어야 하고 원하는 일과 활동을 선택할 수 있어야 하며, 가급적 간섭을 받지 않는 생활, 프로그램이용, 문화생활의 선택과 결정, 종교의 선택과 활동, 각종 규정과 규칙, 자유로운 외출, 이웃들과의 원만한 교류, 지역사회의 자유로운 왕래 등은 인간다운 생활을 권리로써 향유하는 것이다. 따라서 시설운영원칙에 반영되어야 한다.

2) 사회적 차원

(1) 이용자의 인권적인 생활

이용자의 생활을 권리로 보장하기 위한 시설의 활동은 인권에 기반한 자유로운 참여가 있고 흥미 있는 것이어야 한다. 개인의 사적 생활이든 사회활동이든 존중받고 존엄한 존재로서 타인의 개입을 가급적 최소화하고 간섭받지 않는 상황에서 자유권을 행사할 수 있어야 한다. 자신의 선택에 의해 자발적으로 참여하고 최종 결정을 스스로 내리도록 보장하는 것이 권리를 보장하는 지원이다.

사회복지 이념은 인간다운 생활을 보장할 것에 대해 잘 설명하고 있다. 사회복지는 'Social'의 용어를 사용하는데 '사회적'이라는 의미이다. 'Welfare'는 '만족스럽게 살아가는 것에 더해 적절하게 지내는 것'으로, 이를 조합하면 사회복지란 '사회적으로 만족스럽게 살아가거나 잘 지내는 것'을 말한다.

그렇다면 인권은 사회 안에서 만족스럽게 지내고 잘 살아가는 것으로 인간다운 생활을 누리고 향유하는 사회복지 이념과 일치한다. 사회 내의 사람들과 적절하게 지내는 것은 물론 시설물 이용이 필요할 때에 자유롭게 이용하는 현재의 생활이 인권적인 생활이다.

(2) 이용자를 위한 시설운영

최근 사회복지시설에 대한 인식은 아동, 장애인, 여성, 노인 등 보호가 필요한 이용자에게 거주와 사회재활을 담당하는 중추적인 기관으로 인식되고 있다. 보호가 필요한 이용자의 발생 시 행정기관을 비롯하여 관공서는 사실 여부를 조사한 후 원가정으로 복귀하게 하거나 또는 장기보호를 선택하는 조치를 취한다. 가정에서 보호가 불가능하거나 또는 이용자가 장기보호를 선택하게 되면 임시주거지인 단기보호시설을 안내한 후 장기보호가 가능한 사회복지시설을 연계하여 주거제공은 물론 일상생활이 가능한 시설에 입소하도록 지원한다.

우리나라는 사회적 약자를 보호하는 중요한 기능을 국가가 보조하고 민간이 운영하는 방식으로 사회복지시설을 통해 지원하여 왔다. 국민들에게도 사회복지시설은 사회적 약자를 보호하고 지원하는 기관이라는 인식이 일반적이다.

하지만 국가와 사회는 시설운영에 관한 법적 기준을 강화하면서, 지침 등을 세부적으로 마련하여 적용할 것을 요구하고 있어 시설운영은 법적 기준에 준하는 운영체계를 갖추고 지침에서 정한 대로 운영해야 한다. 이는 강제규정으로 사회적으로도 용인되고 있다. 하지만 시설종사자는 적은 급여에 생활유지의 어려움과 이용자 수에 의한 직원 채용, 「근로기준법」에서 정한 주 40시간의 근로시간을 지키면서 직무를 수행해야 하는 부담이 있다. 운영자의 입장 또한 마찬가지다. 광범위하고 포괄적인 사업을 열악한 여건 내에서 수행해야 한다는 부담을 갖고 있는 상황에서 부족한 사업비 마련을 위해 후원을 호소하고, 기능보강을 위한 재원마련에 노심초사하며 시설을 운영해야 한다.

사회적으로도 이용자의 권리를 보장해야 한다는 인식이 일반적이어서 운영법규를 지키지 않거나 지침에서 정한대로 수행하지 않으면 기관은 제대로 운영하지 못한다는 오해를 받는 것은 물론 사회복지사업을 운영할 자격을 갖추지 않았다는 부정적인 평가를 받게 된다. 이러한 부정성은 직원들에게도 피해를 주는데 해당 기관에 근무하였다는 이력으로 남게 되어 사회복지사에게도 이직할 기관에 이력서를 제출하는 과정에서, 또는 이직사유를 설명해야 할 때, 또는 지원한 기관에 면접과정에서 부실한 기관에서 배운 것도 없이 허술하게 직무를 수행하였다는 오해를 받을 수 있다.

이를 극복하게 하는 사회적 장치는 사회 어느 곳에도 없다. 이용자의 입장과 운영자의 입장에서 기관운영을 내실 있게 잘하였는지만을 평가하기 때문이다. 사회복지시설의 평가는 1년 후 또는 사회적 여론이 안 좋아 민원이 제기되면, 혹여나 운영에 문제가 있는지, 누가 이런 논의를 하였는지를 염려하면서 촉각을 세우지만 법과 지침에 위배된 것이라면 도움이 되지 않는다.

사회적 요구는 법과 지침을 준수하고 이용자의 사회적 생활을 지원하기 위한 기반 마련과 적극적으로 자립생활을 촉진하고 참여하기를 기대한다. 열악한 재정상황과 기관의 어려운 여건을 고려하지 않는다는 것으로 사회복지기관은 사회적 약자를 도와야 하고 이용자의 편에서 필요한 사업이었는지를 고려하기 때문이다. 사업 또는 프로그램을 진행하기 위해 후원에 의존해야 하는 시설의 상황 또한 관심을 두지 않는다. 시설운영과 이용자의 처우가 사회적으로 용인될 수 있는지 등만을 고려하기 때문이다.

따라서 사회복지사는 지역사회 인식을 개선하고 사회적 인지도를 높이기 위해 다양한 시도를 해야 한다. 이용자를 보호하면서 안전하게 생활할 수 있는 서비스 원칙을 시설차원에서 마련하지 않는다면 이용자는 물론 보호자 또는 사회복지와 관계된 사람들의 요구에 허덕이면서 기대에 부응할 수 없다. 따라서 시설의 대외적인 인지도를 높이기 위해 홍보 등을 강화하고 사회복지시설의 본래 목적인 이용자 보호에 최선을 다하는 기관으로 위상을 알려야 한다.

(3) 목표가 분명한 프로그램 실행의지

시설이용자의 자립생활을 촉구하고 인권지향적인 사회참여 프로그램을 개발하여 실행해야 한다. 사회복지프로그램은 생활을 기반으로 여가활동 외에 일상생활의 기술습득과 자조생활에 관한 프로그램, 도구를 사용하고 활용하는 프로그램의 개발과 활동에 집중한다. 외부 활동은 지역사회 기관의 방문, 시설물이용, 여가문화 생활을 위한 프로그램 등이다. 개인들의 장애정도와 자립목표, 안정된 생활을 위해 자립생활 계획을 수립하고 실천 가능한 수준에서 검토를 거친 후 확정한다.

해마다 이러한 계획은 반복되고 적정한 수준에서 실행될 수 있도록 기관과 자원의 모집을 통해 참여하게 하면서 시행한다면 변화를 기대할 수 있다. 하지만 사회복지사의 지원의지가 확고해야만 원만하게 진행된다는 점에서 이용자의 생활과 삶에 영향을 미쳐야 한다. 따라서 지원목표가 분명해야 한다.

(4) 접근 가능한 시설물의 개선

사회 내에 설치되어 있는 모든 시설물과 편의장치는 인간의 생활을 위해 만들어지고 창조된 것으로 인간의 생존에 필요하고 이용하게 될 때 생활을 윤택하게 하는 기능이 있다. 또한 활용되고 사용하면서부터 가치를 부여하는데, 인간의 생활에 유용하게 활용되었는지에 따라 활용도가 높아진다.

아무리 좋은 물건이라 하여도 활용되지 못하거나 기능하지 못하면 활용가치가 없다. 그렇다면 사회 내의 모든 시설물, 기자재, 자연의 소산물이라고 하여도 인간의 생활에 유익을 끼쳐야 하고 어떠한 목적에서든지 사용되고 활용되어야 한다. 모든 시설물은 활용되고 그 가치가 인정될 때 인간의 삶에 유용한 것으로 판단하여 삶의 질을 높이는 것으로 본다.

사회 내의 시설물은 인간을 위해 창조된 것이다. 따라서 인간의 생활에 보탬이 되면서 유용해야 한다. 하지만 인간의 신체적, 정신적 제약 등과 같은 조건의 불리를 갖고 있는 장애인 등이 사회 내의 시설물을 활용하지 못하고 접근조차 못 하는 시설 또는 시설물이라면 가치가 없는 것이다. 따라서 시설물을 이용하는 데에는 어떠한 장벽도 없어야 한다.

편의시설은 인간의 생활의 필요를 충족하고 행복을 더하기 위한 기능이 있다.

문구점은 학용품을 비롯하여 필요한 문구를 구입하고 학습의 욕구를 충족시키는 용품들이 가득하다. 도서관은 학업의 보충적 기능이 있으며 다양한 도서를 읽고 미래를 준비하는 학생들의 꿈의 공간이다. 슈퍼는 생활용품을 비롯하여 식사를 할 수 있는 생필품을 구입하는 곳이다. 이러한 기능에 더해 편의점은 식사를 할 수 있는 기능까지 갖추고 있다.

여가문화 공간은 어떠한가, 영화관은 가족들의 나들이 장소가 되었고, 놀이공원은 즐거움을 주는 시설이다. 은행은 안정적인 미래를 준비하기 위한 주거구입에 대한 희망을 꿈꾸게 하는 등 생활에 없어서는 안 될 중요한 기능을 담당한다. 이것뿐이겠는가, 심신의 위로와 내적 안녕을 위한 종교시설은 인간의 생활에 필수 공동체로 자리매김하였다. 사회생활을 하면서 이용하는 기관은 너무나 다양하고 광범위하여 사실 열거하지 못할 정도로 많다.

활용이 높은 시설은 지역의 주민들을 모이게 한다. 각자의 욕구에 따라 여가와 문화생활 등을 보낸다는 점에서 시설물은 인간의 삶에 유익을 끼쳐야 한다.

(5) 시설 밖의 생활 이해

많은 장애인, 노인, 아동, 자활대상자, 노숙인, 미혼모 등이 시설에 입소하면서 공동생활에 적응하고 시설의 규칙을 지켜가면서, 그동안 누려온 개인적인 것들을 가급적 삼가고 제공하는 서비스를 이용하면서 지내야 하는 등 생활의 변화를 겪게 된다.

공동생활은 동료들과 함께하는 생활이 우선이다. 일어나는 시간, 식사시간, 씻고 준비하는 것, 오전 활동을 준비하기 등 생활하면서 동료에게 피해를 주지 말아야 하고, 직원의 준비와 역할에 협조해야 한다. 개인적인 준비는 직원의 얘기를 듣고 순응하는 정도에 의해 적응정도를 평가받기 때문에 매일의 생활리듬은 규칙을 이해하고 지키는 것이 우선이다.

개인의 장애정도와 신체조건에 따라 사회복지사의 개입정도 또한 달라지기 때문에 서비스관점과 원조 인식 등이 생활정도를 결정한다고 볼 수 있다. 생활원조는 생활 규칙과 일과 등이 정해져 있어 사회복지사의 원조에 따라 생활하게 되면 문제가 없는 생활이다. 또한 이용하는 공간과 장소 또한 허락은 아니지만 활동하는 경로를 파악해야 하기 때문에 자신의 위치를 담당 사회복지사에게 알려야 한다.

시설 밖의 활동 또한 사고예방과 예상하지 못한 일들이 발생하지 않도록 안전에 주의하면서 참여해야 한다. 이러한 활동은 지원하는 사회복지사의 역할과 관심정도에 의해 또한 자원의 확보정도에 의해 자유로운 활동인지가 판단된다.

사회활동은 주민들의 생활을 직·간접적으로 체험하고 대면하는 기회이다. 개인의 의사에 따라 자유롭게 왕래할 수 있어야 하는 것은 맞지만 장애 등의 취약성은 지역사회 활동을 가로막는 장애물이기 때문에 사회복지사의 지원수준에 따라 활동의 정도가 결정된다. 차량의 준비와 자원의 연계는 필수이다. 또한 방문하고 경험하기로 한 시설물의 담당자와 사전 조율을 하였는가에 의해 질적으로 높은 수준의 활동으로 이어지고 아니라면 단순 경험에 그치게 된다.

하지만 신체적 제약이 있다고 하여도 다가올 미래에 생활해야 할 터전이 지역사회이기 때문에 스스로 생활할 수 있을 정도여야 한다. 사람들과 어울리며 살아가는 생활은 원하는 기대를 마음껏 펼칠 수 있는 기회여야 하고 여건이 어떠하더라도 적응하고 생활해야 할 시설 밖의 터전이다. 따라서 오랫동안 시설 밖을 나가지 못하거나 행사처럼 참여하는 활동이라면 자유롭지 않은 이용으로 인해 적응에 어려움을 겪게 되어 타자의 생활일 수밖에 없다. 더욱이 참여에만 의미를 두는 활동이라면 참여장소가 정해지게 되어 낯선 공간일 수밖에 없다.

3) 제도적 차원

사회복지시설은 수혜, 돌봄, 사회적 약자를 보호해야 한다는 사회적 인식으로 인해 어려움에 처해 있는 사람들에게 도움처 기능을 제공하는 사회복지기관이라는 이해가 일반적이다. 하지만 이러한 사회적 이해에도 불구하고 타인을 돕는 일은 아무나 할 수 없었던 시기가 있었다. 1950년대 한국 사회는 전쟁을 치르고 난

후여서 국가와 국민 모두가 가난했다. 외국의 원조는 국가 재건에 절대적으로 영향을 미쳤고 민간의 후원과 원조활동은 가난한 이웃들의 생계유지에 매우 중요한 기능을 하였다. 가난과 빈곤, 모자가정의 어머니와 아이, 장애가 얼마나 힘든 생활인지를 이해하고 있었지만 세금을 거둘 수 없는 상황에서 재원을 마련하기도 불가능하였다.

하루 한 끼를 먹는 것만으로도 다행이라는 사람들이 기하급수적으로 증가하였고 또한 흔한 일이었기 때문에 한 끼를 먹기 위해 하루 종일 구걸을 해야 했고 구두 닦는 일로 하루를 보내느라 이웃을 돌아볼 여력이 없었던 시기이다. 내일은 나아질 것이라는 얘기를 하는 생활이 매일이어서 선택할 것이 없었던 시절이다.

1980년대에 「사회복지사업법」이 제정되면서 사회복지사업을 시행하는 개인들과 민간단체 등에 대한 규제 장치가 마련되었고, 이후 몇 차례 개정과정을 거치면서 오늘에 이르렀다. 최근 사회복지사업은 시설운영과 이용자 개인의 권리를 보장하기 위한 법적 규제를 강화하였다. 성폭력 관련 교육은 시설장을 비롯하여 전체 종사자들과 이용자를 대상으로 교육해야 하고 그 결과를 행정관청에 보고해야 한다. 인권관련 교육은 공무원, 행정관청 직원, 각급 학교 종사자, 군인 등으로 확대되어 연 8시간 이상 교육해야 한다. 제도적 조치는 이용자뿐만 아니라 시설종사자의 인권의식을 높이는 유일한 대안이라는 판단에서 내려진 조치로 볼 수 있다.

이와 같은 조치는 인권기반 시설운영과 서비스 제공이 인간다운 것임을 증명한 것이다. 따라서 사회복지사업에 관한 제도적인 보완은 시설운영 및 사업, 서비스, 이용자에 관한 내용으로 구성된다. 운영에 관한 사항은 매년 보건복지부에서 발행하는 사회복지시설사업안내를 통해 시설운영에 반영해야 할 사항과 사업을 안내하고 있다. 직원 채용 및 호봉책정 등 유사경력 인정 등에 관한 사항은 사회복지시설 관리안내 책자를 안내하고 있으며, 종사자 및 시설의 지도·감독 등에 관한 사항과 업무처리 전산시스템, 시설의 안전보건관리 및 재무회계규칙 등을 안내하고 있다. 사회복지시설안내는 시설의 업무처리 및 운영을 위한 최소한의 운영지침이므로 반영해야 한다.

위의 지침은 시설운영 전반에 반영해야 할 사항으로 한편으로 사회복지시설은 규정과 지침에 의해 운영되는 기관이라 해도 과언이 아니다. 하지만 사회복지시설은 실제 더 다양한 사업을 처리하기 때문에 광범위하다고 할 수 있다.

시설운영은 이용자의 장애 등으로 인해 수행하지 못하는 것에 대한 도움제공과 필요를 충족해야 할 책무가 주어진다. 사회복지사업은 인간의 이상과 꿈을 보호하고 지원하는 도덕적 책무가 부여된다. 사회복지시설은 이용자의 인간다움을 보장하고 권리증진을 위해 운영되는 공공기관이기 때문에 권리가 보장되는 인간다운 생활공간이어야 한다. 좋은 서비스는 생활 친화적이고, 이용자의 입장에서 바라는 욕구와 필요를 채울 수 있을 정도로 충분한 지원이 언제든지 지원되는 사회복지사의 역할에 의해서다.

따라서 모든 활동과 지원은 이용자 편에서 지원되고 편리와 편의를 보장하면서 현실적이어야 한다. 제도적 규칙과 원칙만을 강제한다면 이용자의 인간다운 생활은 저해될 수밖에 없다. 이를 보충하면서 충족시키는 것이 프로그램이고 서비스이다. 새로운 호기심을 유발할 수 있는 사업은 이용자의 참여와 활동에 동기를 부여하여 생활의 여유를 갖게 한다. 어울려 교류하면서 존재감을 갖게 하고 문화적 활동을 경험하면서 사회복귀에 대한 비전을 품고 사회적 역할을 찾게 한다.

이와 같은 이용자 중심의 서비스를 제도적으로 마련하지 않는다면 집단적인 생활을 지속하고 유지하기 위해 이용자를 규제하는 것에 지나지 않는다. 더욱 심각한 문제는 제공의 관점을 당연한 것으로 여기고 이용자의 처우와 지원은 기관의 입장만을 반영하면서 참여를 강제하고 따를 것을 요구하는 등 최소한의 지원만으로도 역할을 다했다고 판단하는 오류를 범하고 있음에도 이를 정당하다고 인식하는 것이다. 공공성을 상실하고 있음에도 인식하지 못하고 개인이 설립했으므로 자신의 소유임을 주장하면서 사익을 위한 기관임을 당연하게 여긴다. 매년 지원되는 후원금과 조세로 운영되는 기관임을 의식하지 않고 장애인 등을 위해 기여하고 있다는 착각에서 벗어나지 못하는 것이다.

9장

인권기반 사회복지시설 운영실무

1. 인권기반 시설운영위원회 운영

「사회복지사업법」 제36조는 운영위원회 구성 및 활동, 심의 사항에 대해 자세하게 안내하고 있다.

1) 거주인 대표의 운영위원 활동 보장

시설운영위원회의 설치 목적은 민주성, 투명성, 이용자 권익향상 등으로 운영위원회의 기능과 역할은 시설을 대표한다.

운영위원 구성은 시설종사자 및 이용자 대표, 보호자 대표 등이 참여하게 되어 있다. 종사자 및 운영자의 안건만을 반영하는 등 일방적인 시설운영을 견제하기 위해 보호자 대표 및 이용자 대표를 운영위원회에 참여하게 한 것이다. 하지만 사회복지사가 이용자의 운영위원회 참여를 지원하지 않거나 중요성을 인식하지 않아 활동의 지원을 하지 않는다면 시설운영위원회는 시설장과 외부위원 중심으로 운영될 것이 뻔하다. 또는 이용자 대표를 위원의 자격이 아닌 시설장애인으로 처우하면서 이용자의 참여에 의미를 둘 것이다.

이에 대한 대안으로 시설운영위원회 개최 시 외부 인사에게 회의비 등을 지급할 수 있는데, 이용자 대표에게 수당을 지급하면 책임감을 갖게 되어 적극적으로 활동하게 된다. 프로그램의 일환으로 비용을 지불하는 방법이 있으며 후원금에서 지출하는 것도 대안일 것이다. 또한 운영위원회 개최시기가 분기별 1회 이상이므로 생활요구를 제안하는 방식으로 이용자 대표의 활동을 지원한다면 이용자의 권리증진에 도움이 될 것이다.

2) 운영위원회 안건 발굴 보장

자유권과 사회권 보장을 위한 지원은 이용자에 대한 충분한 정보제공의 과제가 있다. 이용자 개인의 평소 욕구를 파악하기 위한 시스템을 갖추어야 하는데 생활실 담당직원부터 관리자와 시설장애인에 이르기까지 일원화되어야 하고 관찰과 정기적인 상담을 통해 욕구파악에 대응하는 원스톱 체계를 갖추어야 한다. 의사표현이 어려운 이용자의 표현방식과 행동을 관찰하는 시설의 운영체계를 갖추어야 한다는 것이다.

또한 시설이용자의 권리주장을 위한 안건개발이다. 「사회복지사업법」 및 같은 법 시행규칙에서 정한 일곱 가지 안건은 운영위원회에서 다루어야 할 기본심의사항이다. 이와 별도로 생활관련 사항과 사회활동 안건은 사회복지사의 의지가 있다면 다양하게 발굴될 것이다.

지적장애인시설, 아동시설, 요양원 등의 입소자는 자신의 의견을 피력하기 어려운 경우가 있는데, 사회복지사는 충분한 상담을 통해 확인된 의견을 발표할 수 있도록 지원해야 한다. 시설이용자 및 보호자 대표가 인권 당사자이므로 이용자의 욕구와 요구 등을 파악하여 운영위원회 안건에 반영하기 위한 사전 준비가 필요하다는 것이다.

시설운영위원회에서 다루는 심의사항은 시설이용자 프로그램, 생활환경 및 고충 처리, 이용자 인권보호 및 권익증진에 관한 사항 등으로 동료 이용자들의 의견을 청취하여 시설운영에 반영하기 위해 충분한 의견수렴 과정을 거쳐야 한다. 당사자의 입장에서 제안하는 욕구만큼 중요한 것은 없다. 또는 생활하면서 요구와 관련된 영상을 찍어 두고 자주 표현하는 용어를 메모하여 의견을 대리하여 발표하는 것도 방법이다. 이 경우 이용자 대표와 충분한 상담을 통해 시행된 것임을 전달해야 한다. 위원들에게 단순한 욕구파악이 아니라는 것을 전달하기 위해서이다.

이용자 욕구에 대한 안건의 개발은 이용자 회의 또는 이용자 운영위원회 안건 발굴회의 등을 통해 지원한다면 가능하다. 운영위원회는 분기별로 1회 이상 개최하게 되어 있으므로 위원회 개최 2주일 전에 심의자원에서 확인된 안건을 심의한 후 운영위원회 상정을 논의하고 추가되어야 할 사항이나 상정하지 않아도 될 안건을 구분하여 상정한다.

물론 위의 절차는 시행 2주일 전에 이용자들이 알 수 있도록 고지하고 참여에 관심을 갖게 하여 안건으로 개발될 수 있어야 한다. 모든 사항은 공개를 원칙으로 한다.

3) 이용자 대표의 권한 보장

이용자 대표의 처우 지원을 강화하는 것이다. 위원으로 참여하는 이용자 대표는 동료 이용자를 대표하는 대표성을 갖는다. 이용자의 생활, 프로그램개발 및 실행, 종사자들과의 관계, 자원봉사자와의 교류, 시설 내 환경 등에 관한 사항을 대표하여 심의한다. 즉 시설운영을 대표하고 이용자들의 입장을 대변하면서 동등한 입장에서 참여하게 된다는 것이다.

따라서 권한이 많아야 한다. 하지만 외부 위원중심으로 논의되는 것은 이용자 관점이 아닌 제공자 관점에서 주로 논의하게 되는 문제가 생긴다. 이렇게 된다면 이용자 대표라 할지라도 참여하는 데만 의미를 두고 장애가 있음에도 열심히 한다는 인상을 심어 주는 것 외에는 아무런 의미가 없게 될 수 있다. 따라서 참여가 아닌 위원의 자격으로 활동할 수 있도록 이용자들의 의견을 적극적으로 제안하는 등 이용자 대표의 권한을 보장해야 한다.

이용자의 입장에서는 생활의 필요와 어려움, 생활에 관한 다양한 요구를 당사자의 입장에서 느끼는 것이 많을 것이다. 시설의 대표자로 동료들의 생활과 삶을 관찰하고 확인하면서 건의할 수 있는 장치와 여건 조성의 유일한 창구가 건의함이다. 진정함 설치 및 활용은 필기도구 비치, 봉합용 봉투 및 용지 비치 외에 임의적으로 직원이 개봉하지 못하도록 함으로써 이용자의 권리를 보장할 것을 구체화하였다. 이를 협조할 책임은 시설장 및 사회복지사에게 있다. 사회복지사는 상시적인 관찰과 상담을 통해 인권침해 요소를 발견하면 적극 시정하고 협조해야 한다.

「사회복지사업법 시행규칙」 제26조 2항은 인권침해 사항에 대해 중대한 사유가 발생하고 시설의 정상적인 운영이 불가능하다고 판단되면 1차 발생만으로도 시설폐쇄를 조치할 수 있음을 명시하고 있다. 시설운영위원회의 주요 기능 가운데 인권과 관련된 침해예방, 인권유린의 문제, 법령준수 및 관련 서류 비치 등을 명시하고 있다. 시설이용자 스스로 권리를 지키도록 반영한 조항으로 시설운영위원회의 적극적인 예방 의지를 명시한 것이다.

대부분의 기관에서 이용자 대표회의 또는 이용자 자치회의를 시행하고 있다. 하지만 형식적으로 운영될 수 있는데 이용자의 장애 등의 취약성으로 인한 의사소통의 어려움과 제약 때문이다. 따라서 사회복지사의 회의 중재역할은 중요하다. 조언과 중재를 통해 이용자 자치회의의 진행을 돕고 이하 논의 사항은 영상촬영, 녹음 등의 방법을 활용한다면 보다 적극적인 의사 개진의 투명성을 확보할 수 있다. 아마 더 많은 아이디어가 있을 것이다.

2. 이용자 인권을 보장하는 보조금관리

1) 보조금 사용 설명회

사회복지시설은 정부회계연도를 기준으로 한 해 동안 사용된 예산 및 결산서를 공개하게 되어 있다. 회계연도 중이라도 소요된 예산의 집행과 처리에 대해 행정관청의 지도점검을 받아야 한다. 또한 보조금 및 사업수입금, 이용자부담금,

후원금 등 수입을 예산에 반영하고, 지출 또한 통장으로 관리해야 한다. 모든 수입과 지출은 사회복지정보화시스템을 통해 처리해야 한다. 위의 사항은 운영의 투명성을 확보하기 위한 강제 의무사항이다.

또한 사회복지법인 및 사회복지시설 재무·회계 규칙에서는 정부회계연도 내에 발생한 수입과 지출의 예·결산사항을 공개하도록 강제하고 있다. 따라서 예산 수립과 결산내역 및 후원금의 수입 및 결산서를 누구나 알 수 있도록 공개해야 한다. 사회복지기관의 예·결산은 시설 자체적으로 처리할 수 없다.

하지만 공개하는 것도 중요하지만 보다 인권 친화적으로 운영하고, 시설이용자 중심으로 모든 회계사무를 처리하는 것이 더 중요하다. 시설의 운영위원까지 참여하는 이용자 대표가 내용도 모르고 이해하지 못하는 예·결산 내역과 사업 및 직원관련 사항을 공개한들 소용이 있겠느냐는 것이다. 내용을 파악하지 못한 상황에서 예산사용처가 명확하다고 하여도 이해하지 못한 상황이라면 효율적인 예산사용이 아니다. 일반 공개를 위해 홈페이지 등에 게시하지만 이용자가 이해하지 못한다면 무관한 사항일 수밖에 없다. 더욱이 법규에서 정한 원칙을 준수하고 있다고는 하지만 이용자들이 사용집행 내역을 파악하기는 불가능하기 때문에 보다 적극적인 조치가 필요하다.

실예로 다수의 이용시설은 주민들이 이용주체가 되지만 사업 및 예산사용 등에 관한 설명회를 개최하지 않고 있으며, 이러한 상황은 거주시설 또한 비슷한 상황이다. 거주시설 또한 이용자에게 예산사용 및 결산서를 보고하지 않는다. 따라서 보다 인권친화적으로 보조금 예산을 수립하고 집행하기 위해서는 시설 이용의 주체인 이용자의 편에서 이해하기 쉽게 설명하는 방법을 모색해야 한다. 이용자들이 모두 참여할 수 있는 자리를 마련하여 예산집행 설명회를 개최하는 방법이 효과적이다. 영상촬영을 하여 진행과정의 투명성, 신뢰성을 확보한다면 기관의 대외적인 신뢰를 높일 수 있다.

사회복지사는 운영위원회, 주민설명회, 회의 등 다양한 경험이 있을 것이다. 이와 동일한 방식으로 이용자 대표를 비롯하여 이용자들이 모두 참석한 자리에서 설명회를 개최할 수 있을 것이다. 하지만 이해를 높이기 위한 방법을 찾아야 한다. 사전에 자료를 배포하여 설명하는 것도 방법이다. 이러한 설명회 개최는 이용자의 내용 이해 유무를 떠나 이용자 참여를 촉진한다는 점에서 중요한 의의를 갖는다.

2) 이용자의 보조금 집행결정 참여

앞서 설명한 방식을 결산보고 시에도 동일하게 적용할 수 있다. 특히 예·결산 집행의 신뢰성과 투명성을 확보하기 위해 관공서 공무원과 운영위원회 위원의 참여 요청 또는 보호자들을 초청하여 설명한다면 시설운영의 투명성과 신뢰를 갖게 하고 대외적인 위상을 높일 수 있다. 이를 귀찮고 불필요한 것으로 이해하지 말기를 바란다. 오히려 사업의 신뢰와 시설의 인권지킴이 예방활동의 일환으로 인식하고 적극적으로 시행해야 한다.

예산집행 시 시설종사자 중심의 집행이 관행처럼 여겨져 왔다. 설립자의 의도에 의해 또는 시설장과 관리자 중심의 운영이 일반적이다. 하지만 이용자 입장에서 보면 타자의 논의이고 타자들이 관여하는 개입일 뿐이다. 체득된 경험은 여러 번 듣는 얘기보다 파급력이 크다는 것을 알고 있을 것이다.

3) 투명한 보조금 집행을 위한 사전준비

현행의 법규는 시설입소자 수에 따라 직원의 채용과 운영보조금이 집행되는 구조이다. 보조금은 이용자를 위해 사용하라고 국민의 세금을 국가가 지급하는 방식으로 집행된다. 이용자는 세금의 주체이고 세금을 얻게 한 당사자이다. 사회복지시설 재정의 주요 원천은 시설이용자이다. 재정의 근간이 이용자이고 보조금 수입 또한 이용자 때문이다. 사회복지사업에 이해가 없는 사람들이 후원금을 후원하는 이유도 이용자 때문이다. 자원봉사를 하는 이유, 관심을 갖는 것도 모두 이용자 때문이다. "힘드실텐데 수고가 많으십니다. 감사합니다."의 인사를 한 두 번은 받아보았을 것이다. 무슨 의미인가, 대신하지 못해 고맙고 감사하다는 의미이다. 후원자의 기대는 본인이 후원한 후원금 또는 물품이 이용자에게 사용되고 시설의 운영목적인 안락한 생활과 삶에 기여되면서 사회복귀를 기대하는 바람을 갖고 있다. 자원봉사자의 방문 또한 마찬가지이다.

시설운영을 위해 법인을 설립하는 이유는 국가의 보조금을 수령하여 운영의 기반을 마련하기 위해서이다. 아니라고 하여도 사실 사회복지에 대한 관심의 증가는 평생 할 수 있는 사업으로 인식된 측면이 있어 최근 사회복지시설을 설립하려는 개인들이 폭발적으로 증가하였다는 것에서 확인할 수 있다. 사회변화와 맞물려 평생직장이라는 개념이 사라지면서 공무원, 사회복지직 등 정년을 고민하지 않으면서 일할 수 있는 직장으로 선호되었다. ㅇㅇ군 사회복지기관의 채용응시 서류접수만 수십 대 일이다. 수도권의 사회복지기관의 경쟁은 더 심할 것으로 보인다.

하지만 다음의 질문을 고민해야 한다. 시설의 설립이유는 무엇인가, 시설의 제도화는 복지이념을 실현하기에 충분한가, 또한 사회복지사는 이를 위해 헌신할 준비가 되었는가, 이용자 편에서 지원할 준비가 되었는가 등에 대해 깊이 생각해 볼 필요가 있다.

이용자는 심신의 기능쇠퇴, 신체적 무능력 등으로 인해 스스로 할 수 있는 일에 많은 제약이 있기 때문에 사회복지사의 도움이 필요하다. 따라서 지금 개입하지 않으면 도움이 아닌 것이다.

4) 이용자 중심 보조금 집행원칙

인권이 부각된 이유는 이용자의 인간다운 생활을 향유하도록 지원하기 위해서이며 시설의 제한된 상황이 이용자의 삶에 전부가 아니라는 것을 증명하기 위해서다. 중요한 것은 사회복지사가 자신의 권리를 주장하기에 앞서 이용자의 권리를 알고 제약받는 시설 내의 생활이 무엇인지를 확인해야 한다. 이용자의 권리가 보장되면 사회복지사의 권리 또한 보장된다.

주민들이 이용자의 인권에 관심을 두는 이유는 자신들조차 인권을 잊고 지내 왔기 때문이다. 지역의 주민들은 시설을 운영하는 시설장과 사회복지사에게 이용자의 안락한 삶을 일상의 생활 속에서 지원하기를 기대한다. 그래서 후원을 하고 자원봉사로 활동하면서 보조금을 수령하는 것을 용납하는 것이다.

하지만 복지에 투신한 사회복지사가 보조금을 횡령하고 후원금을 남용하는 위법을 저지른다면 어느 누가 자원봉사자나 후원자로 참여하겠는가, 기대를 저버린 행위로 인해 신뢰가 떨어지면 지역의 기관으로 인식하지 않는다. 여기에 더해 처우가 열악하고 존재감 없는 시설장애인으로만 처우한다면 복지사업을 수행할 자격이 없다고 판단하여 더 이상 기대하지 않을 것이다. 이러한 사회복지기관에 근무하는 사회복지사 또한 사익을 위해 근무하는 직원에 불과하므로 주민들의 인식은 부정적일 것이 뻔하다.

이용자의 의사결정 참여를 배제하게 되면 사회복지사 중심의 지원과 운영에만 관심을 두게 된다. 외부인과 주민, 후원자, 자원봉사자에게 맞출 것이 아니라 인식의 전환을 통해 사업과 프로그램, 행정사무, 서비스, 관리 사무의 영역을 이용자 편에서 계획하고 진행하기 위한 대안을 마련하는 등 논의를 구체화해야 한다. 사업에 적용하고 내실 있는 시설 이미지를 부각하기 위해 이용자의 안정된 생활을 위한 처우보장 조치를 강구해야 한다. 이용자와 주민, 관계된 사람들을 설득시키기 위해 건물의 편의장치와 환경구성에 집중하고 이용자의 생활이 안락한지를 점검하고 이용자 참여를 촉진하기 위해 보조금 사용을 점검하는 등 공공성과 투명성을 높여야 한다.

공공성과 투명성을 높이기 위해서 할 수 있는 것은 사업과 활동중심의 프로그램 등이 이용자 편에서 효과적이고 유익한지를 점검하는 것이다. 참여를 강제하기보다 참여를 유도하는 방식이 효과적이다. 예로 시설의 대청소 날이면 자원봉사자 등의 인력이 필요할 것이다. 이들의 방문 시 이용자들과 함께 청소하는 것이다. 또한, 매년 사업보고회를 시행하면서 개최 일주일 전에 이용자들에게 보고하고 의견을 청취하여 운영위원회에 상정하는 것이다. 비용의 지출 또한 마찬가지이다. 개인적인 후원금 및 장애연금 등의 비용을 지출할 때는 영수증 증빙 및 이용자에게 확인받는 시스템을 갖추는 것이다.

보조금관련 사항부터 시행해 보자. 점차 이용자의 참여가 확대될 수 있는 대안을 모색하여 적용한다면 당장은 어렵겠지만 익숙해지면 당연한 권리로 인식되어 이용자 중심의 지원으로 바뀔 것이다.

3. 인권보장을 위한 손해배상 책임보험 가입

1) 보험가입 교육의 중요성

사회복지시설은 책임보험을 의무적으로 가입하게 되어 있다. 책임보험은 시설의 가스, 화재, 소방설비, 전기 등 건축물에 대한 보험가입을 해야 하고 이용자의 사고와 시설종사자의 직무활동 중의 예기치 않은 사고를 대비하기 위해 대인배상 보험에 가입해야 한다. 사고는 예기치 않은 상황에서 발생하기 때문에 이를 대비하기 위한 장치가 보험가입이다.

하지만 이용자가 사고 및 위험에 노출되었을 때 또는 위험에 처했을 때 보상을 받을 수 있는 보험가입 내역과 관련된 사항을 이용자들이 알지 못하는 경우가 대부분이다. 시설의 사회복지사나 시설장은 보험가입 내역과 그에 따른 보상 관련 사항을 스스로는 알지 못하거나 알 길이 없는 이용자들에게 적극적으로 알릴 필요가 있다. 사고의 위험을 대비하고 보호받을 수 있는 보험 제도를 설명하는 것은 이용자의 권리를 보장하는 방법 중 하나이기 때문이다.

아동시설은 입소한 아동들의 자립을 목적으로 다양한 교육을 실시하고 프로그램을 개발하여 시행하지만 사회생활을 준비하지 못하는 아동들이 있다. 시설의 프로그램이 아동의 퇴소 이후 혼자서 생활해야 하는 사회생활의 준비와는 거리가 있기 때문이다. 위험에 대비하면서 손해를 보지 않는 방법을 교육하는 것은 물론 사기를 당하거나 하기 싫은 일을 억지로 해야 할 때 자신의 의사를 명확히 알릴 수 있는 자기주장 방법, 자동차 보험을 가입하는 방법과 아플 때 치료비를 보상하는 보험의 종류, 집을 구하고 소득에 적합한 소비생활을 하는 것 등을 프로그램으로 교육해야 한다.

이용자들이 사고를 당하거나 치료가 필요한 위험에 노출된 경우 자신을 보호하고 사회생활을 하면서 불의의 사고를 당하지 않도록 지원하기 위해 보험가입은 중요하다. 중증의 장애인들과 치매노인, 보육원 이용 입소아동의 경우는 더 그러하다.

2) 손해보상 보험 가입교육

인권친화적인 손해보상 보험 가입교육은 이용자에게 보험가입 유형과 절차, 약관을 확인하고 가입방법을 교육하는 것이다. 대부분의 주민들은 의료보험 혜택을 거절당한 경험이 있어 비급여 항목을 보충하기 위해 사보험에 가입한다. 보험가입은 위험상황을 대비하고 위기상황을 최소화하는 지혜로운 방법임을 알고 있기 때문이다.

자립은 분명한 목적에 의해 수립하고 자립을 위한 준비 및 과정이 철저해야 한다. 혼자 생활해야 한다면 일상생활과 사회생활에 대한 이해가 높아야 한다. 프로그램에 참여하면서 스스로 식사를 준비하고 반찬과 음식을 만들 줄 알아야 한다. 주거지가 있어야 생활할 수 있기 때문에 주거구입절차, 주거지 꾸미기, 집세 내는 방법, 계약서 작성과 보험 가입 등 주거와 관련된 것들을 알고 있어야 한다.

이러한 것들을 처리하는 과정에는 항시 위험이 따르며 문제가 발생하면 스스로 자립해야 하는 중요한 시기에 치명적인 피해를 유발하기 때문에 사전에 대비해야 한다. 따라서 프로그램 가운데 보험관련 사항은 반드시 교육해야 한다. 하지만 여가문화프로그램에 집중하는 경향이 시설의 상황이라면 검토가 필요하다. 스스로 살아야 하는 생존방식을 교육하는 것이 미래를 대비하는 지혜로운 프로그램의 운영이다. 따라서 지원 방식의 전환을 고려해 볼 것을 권한다.

3) 경쟁사회에서 손해 덜 보기 지원

적성에 맞는 직업을 선택하고 선택한 직업을 찾는 것은 사회생활을 위해 매우 중요한 것이지만 적성을 고려하기 전에 사회생활을 위한 준비가 되었는지를 확인하는 것이 먼저이다. 사회생활은 직업을 획득한 후에 활동하게 되는데 준비 없이 취업을 하는 경우 이직 또는 사직하게 된다. 직업은 취업을 하는 것이 중요한 것이 아니라 유지하는 것이 더 어렵기 때문이다.

타인과 관계하면서 겪는 손해는 경쟁사회에서 언제든 발생하는 일이다. 지금 뉴스는 'Me Too' 열풍을 연일 보도하고 있다. 성희롱 등을 당했다는 사람들의 신고가 증가하고 있다. 사람들이 억울하고 누가 무엇을 해서 그렇게 당했다는 말로 채워지고, 회사에서 상사가 이렇게 했다는 신고가 민원으로 접수되고 있다. 상처와 상처받은, 상처를 당했던 사람들의 논의가 부각되고 있다. 이러한 사회는 병든 것이다. Me Too를 긍정으로 바꿀 만한 사회 이슈는 없을까, 상처를 안고 힘들었던 과거의 고백이 이어진다 한들 보상을 위한 위로금이 전부라면, 그게 전부인 사회라면 희망이 없다. 함께하는 활동이 범죄와 관련된 것만을 말하고자 한다면 그 사회는 더 이상 비전이 없다.

정말 좋은 일들이 없는가, 사건을 쫓지 말고 희망을 보도하는 뉴스를 기대해 본다. 말장난 하듯이 얘기하는 정당 대표의 책임 없는 얘기를 뉴스로 보내지 말기를 기대한다. 이런 얘기에 휩쓸려 판단하는 시대는 지났다. 국민을 위해, 국민을 위한, 국민의 제도가 그립다.

4. 인권기반 시설안전점검

1) 안전점검범위

시설의 안전점검은 시설물과 설비장치 외에 이용자들의 거주 공간과 활동하는 프로그램실, 식당 등이다. 사용에 문제가 없는지 안정성을 확인하고 전기, 소방, 가스시설 등 외부전문가 또는 전문 업체의 점검을 의무화하고 있다.

시설장은 시설안전기사(또는 안전점검원)를 채용하여 가스, 전기, 소방 등을 정기 또는 수시로 점검해야 한다. 점검의 범위는 시설물 전체로 화기를 다루는 식당, 가스시설이 있는 공간 외에 이용자가 이용하는 거주공간이고 가스난방을 하고 있다면 보일러실을 포함한다.

2) 안전점검유형

보건복지부(2018a: 97-107)는 사회복지시설안전점검을 다음과 같이 안내하고 있다.

첫째, 「사회복지사업법」 제34조 4항에 시설은 정기안전점검과 수시안전점검을 실시해야 하는데, 구조 및 설비의 안전에 문제가 예측되거나 있다고 판단되면 외주전문 업체 또는 전문가에게 의뢰하여 점검을 실시하고, 그 결과를 관할 시·군·구청장에게 보고해야 한다. 안전점검을 실시하지 않을 경우 3백만 원 이하의 과태료가 부과된다.

둘째, 지자체장의 명령에 의해 4월과 11월에 안전점검을 실시할 수 있다. 시설 종사자 및 이용자를 대상으로 안전점검표에 따라 안전교육을 실시하고 그 결과를 보건복지부에 보고해야 한다. 동·하계 시에는 건축물, 부대시설의 안전성, 소방가스전기시설의 관리 상태 및 보험가입 여부, 시설이용자 건강관리 대책 외에 급식 위생시설 상태, 폭설, 제설, 동파 및 난방관리 대책 등을 추가로 점검하여 사회복지정보시스템을 통해 결과를 보고해야 한다.

셋째, 지자체를 비롯하여, 정부 및 전문가 등으로 구성된 합동점검단을 운영하여 안전상태 및 위기상황 피난훈련, 대피훈련 등에 관한 계획을 수립하여 훈련을 시행하고, 시행결과를 지차제장에게 보고해야 한다.

넷째, 한국시설안전공단은 보건복지부의 요청이 있는 경우 협의하여 소규모 취약시설에 대해 무상으로 안전점검을 실시하게 되어 있다. 시설장 및 지자체는 점검결과에 따라 보수 및 보강 등의 조치를 시행하고 실적을 공단에 제출해야 한다.

다섯째, 시설의 장은 소방안전관리자 및 소방안전 책임관을 선임하고 지정해야 하며 교육을 실시해야 한다.

3) 이용자 권리보장을 위한 시설안전점검 시행지침

시설장은 시설의 안전성을 유지하고 이용자의 생활편의증진을 도모하기 위해 시설안전점검을 매일 실시해야 한다. 시설안전점검은 이용자의 인권을 보호하기 위한 조치로서 사회복지사의 직무수행을 능동적으로 수행하게 하고 이용자의 생활에 활력을 주는 등 생활을 활기차게 한다. 시설의 안정성 확보와 쾌적한 환경을 조성하기 위해서는 다음의 사항을 고려해야 한다.

첫째, 거주환경은 쾌적해야 한다. 이용자는 위생적이고 청결한 환경에서 생활할 권리가 있다. 하지만 개인의 사적 공간이므로 이용자가 청소 등을 할 수 있다면 스스로 정리하게 해야 한다. 사회복지사는 위생적인 생활을 위해 이용자가 수행하지 못하는 사항에 대해서만 지원한다. 지원 시기를 정해 동의를 구한 후 시행한다.

둘째, 식당 및 화장실, 집단 활동실 등의 안전성은 이용자의 생활을 활기차게 한다. 벽의 균열, 페인트칠의 벗겨짐, 화장실의 찌든 때, 보수가 필요한 벽면, 또는 기자재 등의 수리가 필요하거나 망가져 사용하지 못한다면 생활은 제약을 받는다. 따라서 위생적인 생활을 위해 활동하는 공간의 안전성을 확보하는 것이 중요하다.

셋째, 위험요소를 정기적으로 점검하는 것은 이용자의 안전을 보장하는 시설 운영자 및 사회복지사의 의무이다. 시설은 이용자가 주거하는 생활공간일 뿐만 아니라 사회생활을 준비하고 사회복귀를 준비하는 터전이다. 행정관청의 공무원과 주민, 보호자의 기대가 어우러진 생활공간이기 때문에 안전성의 확보는 시설 이용자뿐만 아니라 주민들의 복지기대에 부응한다.

위험요소를 제거하고 안정성을 확보하는 방법은 정기적인 점검 외에는 없다. 사고 발생 시 초기 대응이 중요하고 대응을 위해 적절하게 조치했는가에 따라 사고 후 결과가 달라지므로 시설안전 점검일지를 매일 작성하여 시설의 상태를 최상으로 유지한다.

넷째, 이용자의 권리는 생활편의시설물의 안전 상태가 영향을 미친다. 권리보장은 시설물과 기자재를 언제든지 사용할 수 있도록 최상으로 유지하는 데 있다. 일일, 주간, 월간점검을 시행하고, 계획에 의해 정기적으로 안전점검을 실시한다. 소방, 전기, 가스시설물 점검은 필수사항으로 라운딩을 통해 매일 확인한다.

장애인 및 노인, 아동시설의 경우 분기별로 소방대피 훈련을 실시하게 되어 있다. 사고 등의 안전조치 계획서를 연간사업계획에 반영하여 수립하고 시행한다. 이용자 및 종사자를 대상으로 대피훈련을 시행하는 이유는 사고 및 화재 등의 발생 시 피난통로를 확보하고 신속한 대피를 통해 피해를 최소화하기 위해서다. 연 1회 소방관련 공무원 또는 전문 업체 전문가를 초빙하여 안전교육을 실시하고 직접 시연하는 것이 교육의 질을 높이는 방법이다.

사고는 예기치 않게 또는 우연하게 발생하기 때문에 예방하는 것이 최선의 방법이다. 이용자의 안전은 매일 시설물을 점검해야 하고 정기적인 훈련 외에는 대안이 없다는 것을 명심하기 바란다.

5. 종사자의 인권보장을 위한 산업재해예방활동

1) 산재 위험성

산업재해보상은 정규직 종사자와 일용직 종사자, 계약직 종사자 등에 적용된다. 시설의 직무를 수행하는 중에 발생된 모든 사고를 대비하기 위한 시설의 안전조치로서 재해발생 후 치료비를 포함하여 완쾌까지의 요양비용을 포함한다. 치료비의 지급은 시설이 가입한 보험과 산업안전관리공단 등에서 지급받게 된다. 보험료 납부는 사업주가 전적으로 부담한다.

사회복지시설의 산업재해 발생 여지는 항시 있다. 조리원은 가스를 다루어야 하고 칼을 사용하면서 상해를 입을 위험에 노출되어 있으며, 생활실을 담당하는 사회복지사가 이용자들과 집단프로그램을 진행하면서 이용자가 다치거나 종사자가 상해를 입을 위험은 예기치 않게 발생한다. 위험을 대비하지 않으면 지역사회 활동을 진행하는 중에 순간의 실수로 인해 또는 판단착오로 인해 사고가 발생하기 때문에 대비하는 것만이 노출된 위험을 최소화하고 신속하게 대처할 수 있을 것이다. 따라서 안전을 위해서는 항시 위험을 대비하고 대처할 수 있도록 예방활동이 강화해야 한다.

시설 내에서 이용자의 신변케어를 지원하는 중에 폭력을 당하거나 미끄러져 다치는 등의 사고는 흔한 것이다. 출장 등 공무수행 중의 차량사고는 흔한 일이다. 이용자의 안전을 보호하면서 동시에 자신에게 닥친 위험에 대처하기란 쉽지 않다. 오히려 이용자의 신변을 보호하기 위한 조치를 취한 후 자신을 보호해야 하는 직업적 특성으로 인해 사고는 언제든 발생할 여지가 있다. 장소와 상관없이 수행해야 하는 매우 위험한 직업이 사회복지 직업이다.

2) 산재발생 시 조치절차와 안전점검

산업재해보상은 신체적·정신적으로 고통을 수반하기 때문에 외상 후 스트레스

장애와 같이 장기간 치료를 요하는 상태에 처해진다고 하여도 완쾌를 목적으로 지원한다. 일단 재해가 발생되면 회복지원뿐만 아니라 재해의 원인을 파악하여 재해발생 여파, 종사자의 상태 등 시설의 운영자는 필요한 조치를 취해야 한다.

산업재해 발생예방은 위험요소인, 전기, 가스, 소방, 그 밖의 시설물에 대한 점검이 우선이다. 일일 점검을 통해 안전요소를 매뉴얼로 제작하고 담당자를 지정한다. 관리자는 수시 또는 상시적으로 점검하되 일일, 주간, 월간으로 구분하여 점검하는 것이 효과적이다. 재해발생 시 피해를 최소화하고 위험을 대처하는 피난 외에는 없다. 하지만 이러한 능력은 위험을 대처할 수 있도록 평소에 훈련되어야 한다. 종사자들이 위험발생 시 이용자의 피해를 최소화하고 본인 또한 위험으로부터 보호하기 위해 월간 또는 분기별로 재해발생을 가정하여 위험 대피훈련과 안전교육을 실시한다. 안전교육에는 응급처치 및 병원이송 방법 등을 포함한다.

6. 이용자 및 종사자의 인권보장을 위한 건강검진

「국민건강보험법 시행령」 제25조(건강검진)는 시설종사자 중 사무직 종사자에 대해 2년에 1회, 그 외 종사자는 매년 보건소 이상의 병원에서 건강검진을 받도록 강제하고 있다. 시설장은 종사자의 건강증진을 위해 정기검진을 의무적으로 시행해야 한다. 위반 시 1천만 원 이하의 과태료가 부과된다.

종사자는 건강증진 및 예방을 위해 힘써야 하는데 특히 식중독 및 간염 등 전염성 질환에 유의해야 한다. 종사자의 건강은 이용자의 생활에 직접적으로 영향을 미친다. 또한 서비스 질을 높인다. 더 나은 서비스를 제공하기 위해 이용자를 존중하며 관계하게 만든다. 명령과 지시를 강제하지 않으며 개인의 욕구가 무엇인지를 알고 필요한 것들을 지원하는 데 최선을 다하게 한다. 이용자의 욕구를 무시하지 않으며 최선을 다해 의무와 책임을 다하도록 긍정적으로 인식하게 하는 등 자신의 역할이 무엇인지를 알고 실천하게 한다. 따라서 종사자의 정신적 · 신체적 건강은 이용자의 생활을 건강하게 만드는 요인이고 활력이다.

종사자가 극심한 스트레스를 받게 되면 지원하는 이용자에게 영향을 미친다. 이용자가 종사자의 표정과 태도에서 불편함을 느끼면 욕구가 있다고 하여도 지원을 요구하지 못한다. 불편한 감정은 표정과 태도에서 인지되기 때문에 자신이 바라는 것을 해달라고 요구하는 것은 용기가 필요한 일이기 때문이다.

직무과중에 시달리는 종사자가 시간에 쫓기며 이용자를 즐겁게 처우할 수 있을지는 개인의 역량이지만 밝지 않은 표정은 스트레스를 받고 있다는 것이다. 말을 끊고 "그래서요." 라는 사회복지사의 반응은 내가 힘드니 말을 걸지 말라는 신호이다. 무뚝뚝하게 대하는 사회복지사의 태도를 보면서 어느 이용자가 '이걸 하면 좋겠다'고 얘기할 수 있겠는가, 이후부터 이용자는 종사자에게 필요한 도움을 요청하지 않을 것이다.

종사자가 자신의 건강을 돌보아야 할 이유는 말하는 투, 태도, 표정에 이용자는 반응하고 자신의 역할을 판단하기 때문이다. 이용자는 시설에서 생활하는 약자라는 것을 인지하고 있다. 종사자에게 의존하여 생활해야 한다는 것도 알고 있다. 따라서 종사자의 비위를 맞추려 노력하고 위축된 채 생활하게 되면 더욱 의존적으로 변한다. 한편 종사자가 항상 밝은 표정을 짓고 능동적으로 직무를 수행하면서 이용자에게 친절하게 대하고 긍정적인 관계를 형성하게 되면 이용자의 생활은 밝아진다. 즉 종사자의 건강한 상태가 이용자의 생활에 영향을 미친다는 것이다.

10장

인권기반 사회복지시설 행정사무

1. 종사자의 인권보장과 인사관리

사회복지시설의 직무 영역은 회계, 시설관리(자산관리), 서비스지원, 사업개발 및 진행, 행정사무, 법인관계, 자원관리, 후원활동, 인사관리, 지역사회 기여활동, 이용자와 관련된 보호자 지원, 시설홍보, 각종 제 규정 생성과 개정, 서류관리, 사례관리 등이다.

직급과 직렬제를 도입하여 직위에 따라 직무를 분장하고 해당 직위는 종사자의 배치에 따라 차이가 있는데, 이용자 정원 수에 따라 종사자의 채용 여부가 결정되는 구조이다.

사회복지시설은 위의 직무 외에 시설의 특성을 반영한 사업은 별도로 진행할 수 있다.

1) 능동적인 직무활동과 인권보장

보건복지부는 '2018 사회복지시설 관리안내'를 통해 시설장 및 종사자의 채용 절차와 공개모집 기준, 자격 기준, 호봉획정, 근무형태, 채용확정 시 임면절차와 임면 보고, 결격사유 등을 안내하고 있다. 종사자의 채용에 관한 사항은 시설의 형태와 규모 등과 상관없이 모든 사회복지시설이 적용해야 한다.

시설장은 이용자와 시설을 위해 헌신하면서 최선을 다해 직무를 수행하는 종사자를 채용하려 할 것이다. 이러한 종사자들로 구성된 시설은 이용자와 관련된 문제들이 발생하여도 능동적으로 대처한다. 또한 더 나은 서비스를 지원하기 위해 다양한 시도를 한다. 현재의 서비스를 점검하고 이용자의 안락한 생활을 지원하기 위해 창의적인 생각을 하고 직무를 알기 위해 노력을 한다. 수행할 직무를 끊임없이 고민하고 더 나은 서비스를 위해 배우면서 직무를 수행한다.

이와 같은 고민을 하는 사회복지사는 현실을 직시하고 상황개선을 위한 자신의 역할을 확장하기 위해 집중한다. 시설의 설치 법규에 대한 이해를 갖기 위해 규정을 검토하고 직무범위와 수행사항을 조율하면서 해야 할 역할과 기대를 알기 위해 고심한다. 절실한 것이 무엇인지를 알기 때문에 새로운 후원자를 극진하게 대우하고 환대하는 미소를 통해 그가 원하는 것을 충족하기 위해 태도와 몸으로, 표정으로 성실하게 임한다. 이용자가 어떠한 처지임을 설명하면서 왜 참여해야 하는지를 알리기 위해 노력하고, 참여를 통해 얻게 되는 가치적인 활동임을 구체적으로 제시한다. 사회복지사의 이러한 고민은 사회복지 직업을 선택한 이후에 갖는 태도이다.

따라서 사회복지사는 이용자의 인간다움을 권리로 보장하기 위해 최선을 다해야 한다. 이용자는 장애 등의 제약으로 인해 약자의 입장에서 평등하지 않은 관계를 맺을 수 있어 사회복지사가 사명을 갖고 인권을 지키고 보장하기 위해 존중하지 않는다면 이용자는 시설장애인의 입장에만 머물게 된다. 예를 들어 직장의 문화가 상위하달식의 지시와 복종 등이 우선하는 식이면 경직된 조직으로 보는 것과 마찬가지이다. 관리자가 부하직원들의 얘기를 귀담아듣지 않고 지시에 의한 업무처리를 강요한다면 경직될 수밖에 없는 것처럼 사회복지사가 이용자를 살피기보다 직무효율성을 높이기 위해 성과만을 강조한다면 이용자는 결핍을 느끼고 불만을 간직하게 된다. 이러한 조직은 경직된 조직이라 할 수 있다. 반면 이용자의 인권을 존중하고 권리로 인식하는 문화가 형성된 조직은 종사자들을 독려하면서 이용자의 권리를 보장하기 위한 다양한 장치를 마련하여 직무에 반영될 수 있도록 점검하는 체계가 구축되어 있다. 이용자의 인권을 권리로 인식하기 때문에 종사자들의 서비스 제공방식과 지원하는 역할 또한 이용자들의 권리를 지키고 보장하는 것임을 확신시킨다. 능동적인 직무활동을 독려하고 긍정적인 결과를 도출하기 위해 함께 노력하면서 이용자의 인권을 더 누릴 수 있도록 권리를 지키려는 다양한 방법을 찾는 등 서비스를 질을 높이려는 인권감수성이 풍부하다.

2) 직무 대표성

사회복지사는 해당 직무 수행만으로도 시설을 대표하는 역할을 부여받는다. 사회복지사는 이용자의 생활지원 및 사회활동, 가족관계 등을 지원하기 위해 다양한 역할을 수행하는데 시설이 지향하는 서비스를 주체적으로 수행하는 대표성이 있기 때문이다. 이는 사회복지사를 서비스의 실행주체이고 생산자이며, 이용자와 지역사회, 이용자와 주민들의 중재역할을 하는 주체로 인식하는 이유이다.

개발된 서비스를 지원하는 과정에서 이용자에게 유익을 끼치고 안정된 생활이라는 것을 증명하는 것은 사회복지사의 투철한 사명감에서 우러나오는 마음가짐에서 발현되기 때문에 지원의 효과성을 확신해야 한다. 시설의 일차 목적은 보호에 있으며 보호란 생활의 안정감을 느끼는 편안한 상태를 말한다. 사회복지사의 마음가짐과 태도 등이 이용자 권리를 존중하고 이해하면서 그의 상황에 따라 책임 있게 역할하는 데 집중한다면 이용자는 평온을 찾고 안정된 상태에서 생활하게 될 것이다.

생활의 질을 높이기 위해 노력하는 모든 활동이 서비스 기획자의 머릿속에 있는 것이 아니라 실천하는 주체의 활동에 의해 평가되고 지원의 결과로서 이용자의 상태를 통해 알 수 있으므로 사회복지사의 직무자세는 중요하다.

사회복지사의 대표성은 자원봉사자들의 활동에서도 드러난다. 자원봉사자는 이용자에 대한 이해가 적은 상황에서 봉사에 참여한다. 이용자를 소개하면서 기관의 설립목적과 주요 프로그램, 봉사활동의 가치가 이해되었다면 자원봉사자의 마음가짐과 태도는 이용자와의 첫 만남에서부터 달라진다. 도움이 필요한 대상자라는 시각을 갖지 않고, 활동 또한 이용자의 편에서 접근하기 때문에 신중하고 처우에 민감하게 반응한다. 이러한 중재활동을 통해 이용자와 자원봉사자의 간격은 좁혀지고 자신의 활동이 얼마나 유익한 것인지를 가치적으로 인식하는 등 긍정적인 생각을 갖는다.

3) 이용자가 원하는 사회복지사 배치

사회복지시설은 사회복지사업안내에서 제시하고 있는 사업을 추진해야 하기 때문에 몇 개의 프로그램을 시행했는가에 의해 사업의 양을 결정하는 구조여서 사회복지사는 시설의 상황에 적합한 프로그램을 개발하고 적용해야 하는 과업이 있다. 하지만 사회복지사가 추진 가능한 일인지 확인하지 않고 일임하게 되면 자칫 이용자의 호응을 얻지 못해 보호활동 중심의 제한된 처우만을 제공하게 된다. 따라서 시설은 유능한 사회복지사를 배치해야 한다. 사회복지사는 시설을 대표하면서 직무를 수행한다는 확신을 갖고 직무에 임해야 한다.

사회복지시설에 근무하면서 자원봉사자와 후원자를 개발하기 위해 전력하지 않는 직원은 없다. 프로그램을 시행하면서 보조할 수 있는 자원이 필요하고 활동의 동기를 부여하고 가치적이었다는 것을 설득하기 위해 고민하는 것이 사회복지사이다. 이용자의 편에서 살펴보면 시설의 제한된 환경에서 공동체 생활을 해야 하고, 가족이 아닌 사람들과 살아야 하는 생활이다. 그래서 참여를 위한 활동을 사회복지사로부터 요구받는다고 하여도 거절하기 어렵다.

따라서 자원봉사자에게 가치적인 활동임을 확신하게 하기 위해서는 이용자에게 긍정적으로 처우하고 바람직한 인생관을 갖추도록 하는 데 자원봉사자들의 태도가 영향을 미치고 중요하다는 것을 주지시켜야 한다.

2. 인권중심 서류관리

사회복지사는 서비스를 원조하면서 근거를 남기기 위해 서류를 작성한다. 모든 직무는 사무절차에 의해 보고하고 문서로 처리해야 한다. 사회복지사의 직무는 사무절차에 의해 처리되는 문서작업에 의해 활동의 근거를 인정받는다. 각각의 생산된 문서는 보관절차를 거쳐 보존기간에 따라 관리해야 한다.

「사회복지사업법 시행규칙」 제25조에서 명시하는 시설의 비치 서류는, 법인의 정관(법인에 한한다), 법인설립허가증 사본(법인에 한한다), 사회복지시설신고증, 시설거주자 및 퇴소자의 명부, 시설거주자 및 퇴소자의 상담기록부, 시설의 운영계획서 및 예산·결산서, 후원금품대장, 시설의 건축물관리대장, 시설의 장과 종사자명부 등이다. 하지만 구비해야 할 최소한의 서류이므로 이보다 더 많은 서류를 관리하는 것이 사회복지시설의 현실이고 사회복지사의 직무이다.

1) 인권기반 서류기록

사회복지사들이 토로하는 직무과중의 요인이면서 힘겨운 직무가 서류작성이다. 활동의 근거를 남기고 활동의 이유와 필요성을 문서를 통해 증명하고 활동의 결과 또한 적정했음을 기록으로 보고해야 한다. 사회복지사가 활동의 타당성을 증명하지 못하는 대부분의 요인은 기록능력 부족 때문이다.

사회복지사가 직무수행을 위해 생성하는 기록은 사무절차에 의해 처리해야 하는데 범위가 광범위하여 사실 사회복지사의 직무는 기록으로 시작하여 기록으로 마친다고 볼 수 있다. 사무적인 기록과 실제 추진한 사업내용 간의 간격을 줄이기 위해 무엇을 기록할 것인지 또한 부담을 주는 요인이다. 기록은 보존된다는 점에서 기록관점을 갖지 않으면 기록의 질의 문제가 아니라 이용자에 관한 역사적 사건이 축소되거나 담지 못하게 된다. 기록의 수준은 이용자의 생활과 삶을 대변한다. 따라서 기록의 질을 높이기 위한 연습은 사회복지사의 직무수행능력을 높이고 이용자 처우를 높이는 대안이다.

기록자가 이용자를 무능하게 여기고 아이취급하거나 돌봄에 지쳐 있다면 기록은 단순 서비스 지원만이 기록되어 결핍된 욕구와 무관한 문제행동 또는 문제가 된 행위만을 다루면서 문제가 잦아진다는 등 보여진 상황만을 담게 된다. 위의 사항은 이용자와 관련된 모든 서류를 포함한다. 따라서 이용자 관점의 인권중심의 서류기록은 인생의 역사라는 점에서 중요하다.

이용자 관점의 서류기록은 이용자의 생활을 기반으로 작성된다.

첫째, 이용자의 약점인 생활능력을 규명한다. 이용자가 생활하면서 어려움을 호소하는 것들을 규명하고, 신체적 무능력 때문인지, 또는 다른 욕구로 인해 나타난 것인지를 일목요연하게 기록한다. 생활하는 데 장애가 되는 어려움은 자조적인 수행이 불가능한 정도를 말한다. 식사의 도움 정도, 의복의 착·탈의, 세면, 위생적인 생활이 가능한지, 또는 도구를 활용하여 생활할 수 있는지 등에 관한 것이다. 또는 도구를 활용하여도 생활할 수 없다면 어떠한 지원을 해야 하는지 등에 관한 것이다.

둘째, 일상생활에 관한 기록이다. 시설생활 가운데 도움이 필요한 사항을 모두 기재한다. 또한 도움의 정도를 규명한다. 도움의 정도는 자유로운 생활정도를 의미하고 생활정도는 개인의 자유권을 행사할 수 있는 역량을 말한다. 거주공간에서 화장실이용, 매점이용, 프로그램실·양호실 등을 자유롭게 이동하고 왕래할 수 있는 능력의 정도를 말한다.

셋째, 대인관계에 관한 것이다. 친한 친구와의 교제, 교류시기, 왕래정도 등 개인의 사생활을 보장하는 선에서 그와의 친밀한 관계를 계속 지원하기 위해서이다.

넷째, 지역사회 활동에 관한 것이다. 시설이용자는 지역사회 시설물을 자유롭게 이용할 수 있는가, 미용·문화공연 등을 관람하면서 불편한 것은 있는가, 도움을 필요로 하는 활동이 있는가 등을 기록한다.

다섯째, 필요한 서비스를 규명한다. 서비스를 지원할 수 있는 범위에 관한 것으로 이 부분이 명확하게 규명되어야만 자원연계 및 개발로 이어지기 때문에 반드시 규명되어야 한다. 먼저 사회복지사 차원에서 지원할 수 있는 서비스를 규명한다. 지원이 가능한 생활원조 서비스와 외출 등의 동행, 상담지원, 목욕과 신변청결 등이다. 관리자와 상의하여 처리하고, 부서협조가 필요한 사항, 기관에서 지원해야 할 서비스를 사회복지사 입장에서 규명하고 지원이 가능한 서비스는 반드시 숙지한다.

사회복지사가 지원 가능한 수준을 정리하는 것은 역할범위와 지원규모를 이해하고 서비스의 신속한 지원을 위한 체계를 갖추는 것이다. 따라서 기록은 이용자 상황에 적합한 개인별 서비스 지원계획에 관한 내용 이해가 필수이다. 일일, 주간, 월간, 특별한 개인의 축하일 등으로 구분하여 기록하는 것이 적정하다.

여섯째, 개인의 생활에 관한 과정기록이다. 과정기록은 모든 생활상이 담겨야 한다. 하지만 매일의 생활과 활동을 모두 담는 것은 사실 불가능하다. 이를 정리하기 위해 기록에 담을 사안을 정해야 한다. 기관차원에서 기록할 내용을 원칙으로 정해 시행하는 것이 효과적이다.

과정기록의 중요성은 개인의 생활사와 인생사를 기록한 기록물이라는 점에서 인생의 여러 흔적을 이해하게 하고, 시설의 생활이 어떠하였는지를 알게 한다. 기관차원에서 보면 기록에 의해 개인의 인생사와 지낸 생활, 서비스 지원내용을 파악하여 미래의 서비스 방향을 정할 수 있고 시설의 서비스가 유용했다는 것을 증명하는 매개이기 때문에 과정기록은 중요하다.

2) 인권중심 문서관리

문서관리를 효율적으로 시행하기 위해서는 서비스 영역과 행정적 영역으로 분류하여 관리해야 한다. 문서는 해당 직무수행의 근거이고 보존해야 하는 기관의 중요 기록물이라는 점에서 관리체계 정도에 의해 해당 기관의 운영능력 수준을 판단하는 근거가 된다.

행정서류 관리는 서류의 성격에 따라 분류한다. 문서의 생성은 직무를 수행하기 위한 명확한 목적이 있기 때문에 수행할 직무는 부서에 따라 또는 부서 내의 담당자의 직무에 따라 분류하는 것이 효과적이다. 문서는 생성순서에 따라 관리해야 하는데 생성된 순서에 따라 일자별로 처리하기 위해 일련번호를 해당 연도순으로 분류하여 관리하는 것이 일반적이다. 일련번호는 해당 연도에 번호를 붙이는 것이다.

예로 2018년에 생성된 문서라면 해당 연도는 2018년이 된다. 생성된 문서순서가 2018년도에 첫 번째로 생성된 문서이면 1번으로 한다. 2018년도에 첫 번째 문서이기 때문에 일련번호는 '2018-1'이 된다. 만약 열 번째로 생성된 문서이면 '2018-10'이 된다.

시설의 부서에서 생성된 문서의 일련번호를 작성하는 방법을 알아보자. 기획행정팀에서 문서를 생성하였는데, 2018년도 첫 번째 문서를 생성하였다. 하지만 여기에는 고려해야 할 것이 있는데 기획행정팀에서 생성된 문서이기 때문에 부서명을 해당 연도 앞에 기술해야 한다. 따라서 '기획 2018-1' 또는 '기획행정 2018-1'로 일련번호를 반영하면 된다. 만약 대외문서, 즉 기관외부로 발송하려는 문서이면 기관명을 해당 연도 앞에 붙이면 된다. 부서명을 해당 연도 앞에 붙이는 이유는 각각의 부서에서 생성하고 처리한 문서의 구분을 통해 문서관리의 효율성을 높이기 위해서다.

인권중심의 문서관리는 이용자 측면과 기관차원에서 중요하다. 이용자 차원의 문서관리는 서비스와 행정지원으로 분류된다. 이용자의 생활용품을 구매하기 위해 품의를 해야 하는데 담당자는 기안을 작성하여 구입물품과 수량을 기재하고 관리자의 결재를 거친 후 시설장의 결재를 받아야 한다. 이후 회계담당부서의 협조를 받은 후 구입하게 된다. 이러한 일련의 절차가 행정적 절차이다. 단순히 문서를 결재받는 것이 아니라 협조할 부서 및 동료 간의 유기적인 협조를 통해 해당 직무를 원활하게 수행하기 위해서 중요한 과제이다.

예를 들어 이용자들과 외부 나들이프로그램을 기획하여 서비스를 지원하고자 한다면 위의 행정적 절차를 거친 후 회계부서에 협조를 구한 후 이동 방법을 고려해야 하는데 시설의 차량으로 지원할 것인지 또는 대중교통수단을 이용할 것인지를 판단해야 한다. 기관의 차량을 이용하게 되면 시설관리 부서로부터 차량 사용 승인을 협조받아야 하고, 대중교통을 이용한다면 이동 방법 등이 포함된 문서를 작성해야 한다.

서비스에 참여한 이용자의 기록은 참여성격, 참여과정의 만족도, 특이사항 등 프로그램에 참여한 이용자에 관한 전반적인 사항이 담겨야 한다. 기록은 참여과정과 종료 후 변화에 초점을 두고 이용자의 만족정도를 포함하여 과정 중에 보인 반응을 기록하는 것으로 완료된다.

이러한 문서관리는 다음회기에 반영해야 할 서비스를 준비하게 하여 서비스 지원의 질을 유지하는 데 효과적이며 서비스 질을 향상시킨다. 이용사항에 대한 반성적 고찰을 통해 더 나은 서비스를 계획하도록 안내한다. 따라서 문서관리는 행정적 사항과 서비스 측면에서 이용자의 권리를 보장하고 지켜가기 위한 것이라 할 수 있다.

3. 사회복지정보시스템을 활용한 권리보장

사회복지시설은 사회복지정보시스템을 활용하여 사업과 서비스, 정보, 후원 등을 처리하고 보고해야 한다. 사회복지정보시스템은 시설운영의 투명성과 체계성을 확인하는 데 유용하다.

사회복지정보시스템은 모든 사회복지시설이 의무적으로 사용해야 한다. 종사자 임용 및 퇴직, 경력증명서 발급, 서비스 지원 사항 및 상담내용, 후원관련 일체의 직무, 자산 및 시설의 취득과 소실 등 시설의 주요 사업과 운영사항을 입력하게 되어 있다.

이용자의 인권지향 측면에서 시설운영의 투명성은 해당 시설에 대한 지역사회

인식을 긍정적으로 갖게 한다. 또한 지역사회 인지도를 향상시켜 이용자에 대한 선입견을 해소하고, 주민참여 및 활동을 촉진하게 한다. 따라서 시설운영의 투명성은 해당 시설의 사업을 활성화시키는 동력으로 자원 확보에 유리하다.

또한 주민들의 방문이 잦아지게 하여 지역경제 활성화에도 기여한다. 해당 지역이 복지증진 도시라는 이미지를 부각하게 하여 주민들이 살기 좋은 도시로 명성을 얻게 한다.

따라서 사회복지정보시스템은 시설종사자 누구나 사용할 수 있어야 하고 직무수행 즉시 입력한다는 원칙을 수립하여 관리해야 한다. 직무수행 시행초기와 진행과정, 진행결과를 증명하는 것이라는 이해 속에 직무의 시작과 마감이 되면 사회복지정보시스템에 입력한다는 원칙을 수립하여 관리해야 한다는 것이다.

4. 이용자 권리보호를 위한 비용징수와 관리

시설입소장애인의 서비스이용에 따른 비용징수는 실비입소시설과 유료시설이 해당하고 사회복지시설은 정원의 30%까지 실비입소자가 입소할 수 있지만 매월 이용료를 납부해야 한다. 지역사회복지기관 또한 프로그램을 이용하기 위해 이용료를 납부해야 하는데 치료적 프로그램과 여가프로그램 등이다. 국민기초생활수급권자의 경우 무료로 이용한다.

인권중심의 비용 징수는 이용자의 경제력과 보호자의 상황을 반영하여 경제적인 문제로 인해 낮은 처우를 받지 않도록 사전장치를 마련하는 것이 중요하다. 개인용돈을 사용하는 경우에도 비용지출 능력이 없거나 조달할 여력이 안 되는 수급권자 등에 대해 후원자를 개발하여 연계하고, 장애 수당 등 수입을 확보하기 위한 자원을 개발한다. 특히 개인결연은 정기후원으로 연계하여 일정한 소득수준을 유지할 수 있도록 지원한다.

또 다른 방법은 개인장부를 만들어 수입과 지출내역을 포함한 영수증 처리를 철저하게 시행하는 것이다. 이용자의 소득보장을 위해 노력하고 있으며 수입과 지출을 투명하게 관리하고 있다는 믿음을 주어 보호자 등 관계된 사람들에게 신뢰를 갖게 한다.

개인 비용의 지출은 보다 투명하게 처리하고 있음을 증명해야 하는데, 중증의 장애인이나, 치매노인, 아동 등은 자기결정에 의한 의사표현의 제약이 있기 때문이다. 징수방법 또는 지출방법은 원칙을 정해 추진하는 것이 적정한 방법이라 할 수 있다.

5. 인권중심 후원금 관리

사회복지법인 및 시설은 후원금 모금이 사실 사활이 걸린 일이다. 국가 또는 지방자치단체가 지원하는 보조금 수준이 인건비와 관리운영비 정도여서 이를 대체하기 위한 유일한 대안이 후원금의 모금 외에는 없기 때문이다.

「사회복지법인 및 사회복지시설 재무·회계 규칙」에서 정하고 있는 후원금의 종류는 일반 후원금과 지정 후원금, 결연 후원금으로 구분된다. 일반 후원금은 사용목적을 지정하지 않고 지출할 수 있는데, 직접비는 사업과 프로그램 운영, 이용자와 관련한 비용으로 전액 사용이 가능하지만, 간접비는 시설운영 등 이용자와 관련된 사업 외의 지출로 한정하고 있으며 50% 이상을 초과하여 지출할 수 없다. 따라서 일반 후원금은 후원금 집계 등을 통해 지출에 유의해야 한다.

지정 후원금은 후원자가 사용목적을 후원하는 시기부터 지정하였기 때문에 지정한 목적 외의 사용을 금지하고 있다. 따라서 후원자가 사업비로 사용하도록 지정하였다면 사업비로만 지출해야 한다. 시설물 공사비로 후원하였다면 공사비로만 사용해야 한다. 결연 후원금은 후원자가 정기적으로 또는 일시적으로 이용자와 결연관계를 맺은 후 후원하는 것을 말한다.

후원자 관리는 철저해야 한다. 후원자가 후원한 즉시 기부금품영수증을 발행하고, 연말에 소득공제 등을 신청할 수 있으므로 언제든 후원자의 요구가 있을 때 발급할 수 있도록 관리해야 한다. 「사회복지법인 및 사회복지시설 재무·회계 규칙」에서는 후원금 계획서 및 사용계획서, 후원금 예산 및 결산서를 시·군·구청장에게 보고하게 되어 있다. 후원금예산수립은 해당 연도 5일 전에 시설운영위원회 및 법인이사회 결의 후 보고해야 한다. 결산서 보고는 해당 연도 3월 31일 전에 시·군·구청장에게 보고해야 한다.

후원금 예산 및 결산서는 공개를 원칙으로 하고 있어 홈페이지 또는 지방신문, 잡지 등에 2달 이상 공개해야 한다. 이를 위반하면 「사회복지법인 및 사회복지시설 재무·회계 규칙」 위반이다. 개인결연 후원금은 공개하지 않아도 되지만 감사사항이므로 장부를 통해 관리하는 것이 투명성을 담보하는 방법이다.

사회복지사는 한 통의 전화로 후원자의 감동어린 후원의사를 확인하곤 하는데 인권중심의 후원금 관리는 투명성이 핵심이다. 투명하게 관리하고 있다는 것을 증명하기 위해서는 「사회복지법인 및 사회복지시설 재무·회계 규칙」에서 정하고 있는 절차를 철저하게 준수해야 한다. 후원금의 관리는 후원자의 의도와 일치해야 하고 후원금의 사용목적이 객관적이고 철저하게 사용되고 있음을 증명해야 한다. 따라서 후원금 관리에 필요한 서류정리가 일목요연하게 정리되어 있어야 하고 사용처가 분명해야 하는데 시설의 후원금 지출 또한 마찬가지다.

후원금 사용의 투명성은 시설의 위상에 직접적으로 영향을 미친다. 이용자 또는 보호자에게 후원금 관리내역을 공개하고, 매월 후원금 수입 및 사용내역을 홈페이지 등에 공개하여 지역주민 누구나 알 수 있도록 한다.

후원금의 사용내역을 이처럼 강화하는 것은 결국 이용자를 지원하기 위한 시설운영의 투명성을 증명하고 시설에 대한 신뢰를 확보하기 위해서이다. 또한 이용자 개인 소유 재산을 지키려는 의미가 있어 여느 직무보다 투명하고 객관적인 절차에 의해 처리하고 있다는 것이 증명되어야 한다. 후원금관리의 투명성을 설득하게 되면 시설은 운영의 공공성을 확보하게 되어 합리적인 권리지킴의 역할을 수행하고 있다는 것을 증명하게 된다.

6. 이용자의 자유권 보장과 비밀누설금지

사회복지사는 직무를 수행하면서 얻은 정보와 이용자 개인 등에 관한 정보를 상시적으로 습득하게 된다. 또한 개인의 사적 생활 전부를 알게 되는데 이러한 정보는 개인적인 것이어서 관계가 없는 사람에게 누설하면 인권침해에 해당한다.

직무상의 비밀 준수는 시설의 지식 재산에 해당한다. 따라서 어떠한 정보도 유출해서는 안 된다. 사생활에 관한 사항 또한 마찬가지다. 특히 신체상의 비밀, 가족사항, 소득 및 장애상태 등은 개인의 사적 정보이므로 더욱 그러하다. 재직 중이라도 이용자와 관련 없는 상대와 논의하는 것도 인권침해에 해당한다. 따라서 이용자에 관한 정보 등을 공개할 시에는 이용자 또는 보호자와 상의하여 동의를 받아야 한다. 또한 공개의 범위를 정해야 하는데 직무수행 또는 서비스 지원에 관한 사항 외에는 공개하지 말아야 한다.

기관 차원에서 비밀누설 규정을 생성하여 개인의 직무수행 중에 알게 된 사항은 근무 중 또는 퇴직 후에도 누설하지 않겠다는 각서를 받는 것이 방법이다.

직무를 수행하면서 이용자와 관련된 정보 등을 컴퓨터에 보관하는 것이 일반적인데 개인정보가 담긴 파일은 암호화하여 보완조치를 강화해야 한다. 문서를 생성하여 보관하게 되는데 보완이 필요하다면 잠금장치가 되어 있는 서류철 함 또는 캐비닛, 잠금장치가 있는 공간에 보관한다. 폐기 시에는 문서폐기대장에 등재한 후 폐기하도록 하여 유출을 방지한다.

7. 사회복지시설 평가대비와 이용자 권리보장

사회복지시설 평가가 도입되기 전에는 시혜적 관점의 서비스 지원이 주를 이루었기 때문에 재활관점의 교육, 보호중심의 서비스가 제공되었다. 보건복지부는 시설이용자의 처우개선과 운영수준 등을 평가하기 위해 지난 2000년부터 시설평가를 도입하였고 사회복지시설은 3년마다 보건복지부에서 주관하는 시설평가를 의무적으로 받아야 한다.

시설평가를 통해 사회복지시설은 서비스 수준과 운영·능력 외에 프로그램의 적절성, 이용자 처우, 시설환경과 이용자 주거환경, 후원금 모집 규모와 사용처, 시설관리실태, 자원관리 상황, 법인운영능력, 직원인사 등 시설운영의 전문성을 담보하고 운영역량을 평가받게 된다.

시설평가 결과는 공개하지는 않지만 평가 결과는 시설에 통보하게 되어 있고 해당 지자체의 복지수준을 평가하는 지표로 활용된다. 시설평가는 해당 시설의 운영에 관한 전반적인 사항을 종합적으로 평가받는다는 점에서 해당 시설의 투명성과 운영능력을 검증받는 것이라 할 수 있다. 보건복지부는 2018년도 사회복지시설 관리안내를 통해 우수시설에 대한 포상 등을 지원할 수 있다고 명시하고 있다.

사회복지시설은 시설평가를 통해 시설의 운영관리, 사업관리, 서비스 등 전반적으로 수준과 정도를 확인받게 된다. 이를 인권과 결부하여 살펴보면 해당 시설의 사업수준과 운영능력을 검증받고 점검하는 매개가 평가지표이다. 지표를 통해 시설운영의 전반적인 사항을 평가받기 때문에 각각의 지표에서 요구하는 바를 이해해야 한다. 따라서 인권친화적인 시설운영을 위한 요소를 점검하고 분명한 방향을 정립해야 한다. 규정을 검토하고 시설운영의 안정성 확보를 통해 이용자의 생활편의 개선을 위한 대안을 마련하고 운영방향을 수립한다. 이러한 논의가 구조적으로 체계화되면 시설평가를 대비하는 데 문제가 없을 것이다.

8. 인권지향 시·군·구 등의 지도·감독 대비

시·군·구 등의 지도·감독은 연 1회 해당지자체의 점검사항이고, 수시와 상시 점검이 있기는 하지만 감사가 아니므로 지도·감독은 말 그대로 지도하고 감독하는 것이다. 하지만 시설운영의 합리성과 객관성, 각종 규정과 법규에 관한 사항을 점검받기 때문에 소홀하게 인식해서는 안 된다. 당연히 「사회복지법인 및 사회복지시설 재무·회계 규칙」에서 정한 절차를 준수하였는지를 점검받게 되므로 시설의 재정상태가 건전하다면 문제가 되지 않는다.

지도·감독은 이용자의 권리증진을 위한 조치와 준비를 충분히 하였고, 권리침해 등에 관한 사항이 있었는지를 확인받게 되므로 시설운영에 문제가 없다면 문제가 되지 않는다. 다만 종사자들의 이용자 인권을 보장하기 위한 직무 이해가 높아야 한다. 또한 직무를 중심으로 협조체계가 원활해야 한다. 시·군·구의 지도·감독은 시설운영체계를 점검받는 것이며 해당 시설의 서비스 수준과 이용자의 안정적인 생활을 위한 보호 장치 마련 등 운영상황과 관리 실태를 종합적으로 평가받게 된다. 따라서 시설운영 전반에 대한 점검이므로 평소 직원들의 직무태도가 영향을 미친다.

시설점검을 대비하기 위해 평소부터 직무수행 및 관리가 엄격해야 한다. 행정사무, 서비스, 관리운영의 절차와 체계를 마련하여 숙지하고 자체점검체계를 만들어 정기적으로 점검을 시행하는 것이 효과적이다.

9. 이용자 중심의 재무회계 관리와 처리

1) 인권기반 회계사무

투명한 시설운영을 위해 최대한 주의를 기울여야 할 직무가 회계사무이다. 사회복지시설의 회계는 회계 지침을 준수하여 처리해야 하는데 「사회복지법인 및 사회복지시설 재무·회계 규칙」은 종합사회복지관, 장애인복지관, 노인복지관, 사회복지시설 등 공통으로 적용해야 할 사항이다. 다만 보건복지부는 시설유형별로 재무회계처리 항목을 별도로 마련하여 처리하도록 지침을 마련하였고 매년 사회복지사업안내를 배포하고 있어 시설유형에 적합하게 처리해야 한다.

「사회복지법인 및 사회복지시설 재무·회계 규칙」은 회계사무절차를 설명하고 처리사항을 명시한 것이다. 따라서 인권중심 재무회계처리를 설명하기는 모호한 점이 있다. 시설평가와 같이 해당 시설의 운영사무를 철저하게 관리하고 체계적으로 처리하게 될 때 지역사회 인지도 및 위상이 올라가는 것처럼 재무회계 처리는 투명성과 객관성을 담보하는 것이 중요하다. 회계사무는 지침에서 정한 절차와 시기에 따라 처리할 때부터 공공기관으로서의 투명성을 확보하게 된다. 반면 지침에서 정한 절차를 지키지 않거나 시기를 놓치는 등 불투명하게 처리한다면 기관의 신뢰가 훼손되기 때문에 지역사회기관으로서의 이미지를 상실하게 된다.

인권중심의 회계사무는 재무회계규칙에서 정한 바와 같이 회계사무를 준수하고 기관운영비 및 종사자 인건비, 사업비, 후원금 등은 절차에 따라 처리되었을 때부터 공공기관으로 신뢰를 갖게 된다. 따라서 재무·회계규칙에서 정한 시기에 따라 처리 지침을 숙지하고 이를 준수하기 위한 기관의 원칙을 마련하여 합리적이고 투명하게 처리하기 위해 노력하고 있다는 것을 증명할 수 있어야 한다.

2) 이용자의 안정된 생활을 위한 비용지출 확대

인권중심의 회계사무 기반은 인간다운 생활을 보장하고 유지하기 위한 비용지출에서 드러난다. 시설의 지출항목과 이용자 관련 지출항목은 정해져 있으므로 이용자의 안락한 생활과 존엄성을 높이기 위한 예산지출을 고려하여 이용자의 안전한 보호, 안락한 생활, 시설 내·외부 활동과 자립의 준비, 대인관계 활동, 주민교류, 지역사회 참여활동 비용 등을 확대한다. 즉 이용자의 생활안정과 서비스를 고려한다면 부족한 재정이라도 이용자의 권리를 지키기 위한 품위유지 비용을 강화해야 한다는 것이다.

사회복지시설의 예산은 지출 항목이 정해져 있어 사업비 지출은 얼마든지 사용할 수 있지만 예산사용범위가 정해져 있고, 수입구조가 탄탄하지 않으면 사업을 수행하는 데 제약을 받는다. 예산을 수립하면서 당초 계획을 적절하게 수립해야 할 이유이다.

보조금이 한정되어 있고 법인에서 지원하는 전입금이 없다고 하여도 우리에게는 지역사회와 교류하고 활동하기 위한 자원들이 있다. 이용자의 안락한 생활을 보여 주는 것보다 후원자를 설득하기에 더 나은 대안은 없다. 이용자의 사생활을 침해하지 않는 선에서 공개하고, 주민들을 초대하여 시설운영 및 서비스 등 사업과 서비스를 적극적으로 알리는 설명회를 정기적으로 시행한다. 이러한 점을 적극적으로 활용한다면 부족한 재정을 충당하는 데 효과적일 것이다.

절차에 따라 처리하면 문제가 없으므로 회계사무를 숙지할 수 있게 직원들을 교육하고, 지역의 주민들을 시설에 집중하게 하여 위상을 높인다면 후원결연 사업은 위축되지 않을 것이다.

3) 이용자의 품위유지를 위한 지출확대

자원 활용을 위한 전략 가운데 참여를 촉진하는 대안이 이용자의 위상을 높이는 것이다. '이용자가 불쌍하여 그들의 생활을 연명할 방법이 없으니 지금 도움을 주어야 합니다'를 호소하기보다 천원의 가치가 얼마나 큰 것인지를 확신하게 해야 한다.

또한 이용자 중심의 회계처리임을 공개해야 한다. 후원금은 가급적 이용자를 위해 지출하고, 사업비와 서비스 지원비용으로 편성한다. 또 하나의 방법은 서비스 개발의 필요성을 명확하게 수립하는 것이다. 재원의 필요성은 해당 사업을 위한 것이므로 사업의 원활한 수행은 비용의 조달에 있다. 조달해야 할 비용의 원천은 주민들의 참여를 통해서만 가능하므로 비용 사용처를 구체적으로 공개한다. 공개는 누구나 알 수 있는 것을 의미한다. 주민들을 설득하는 것은 투명한 회계절차 외에는 없다는 것을 확신하기 바란다.

10. 인권기반 시설운영에 필요한 각종의 규정

1) 시설운영 규정 제정의 의의

시설운영에 필요한 규정의 생성 목적은 시설운영의 탄탄한 구조를 마련하기 위해서다. 시설은 규정에 의해 운영되고 이용자 보호를 위한 모든 사업과 활동은 규정에 기반한다. 시설규정 수립은 시설운영이 원활한지, 적정하게 운영되는지를 확인하고 가늠하는 기준이다. 따라서 시설운영을 위한 제 규정은 명쾌하고 간결해야 하며 구체적이어야 한다.

사회복지시설은 운영규정을 토대로 운영되는 규정중심의 시설이다. 따라서 어떠한 규정을 제정하는지에 따라 운영방향이 정해진다. 하지만 규정을 생성하여 한꺼번에 적용하기는 불가능하다. 순차적으로 반영할 수 있는 규정을 검토한 후 반영하는 것이 적정할 것이다.

2) 이용자 인권보장 규정 제정의 필요성

시설규정 가운데 인권서비스 지침을 제정하면 기존의 서비스에 더해 인권이 토대가 되는 시설운영 방향을 정립할 수 있다. 인권관련 규정이나 지침은 인권중심의 운영 방향을 정립하게 하여 이용자 및 종사자의 인권을 보장하기 위한 시설운영원칙을 알게 한다. 인권규정을 시설운영지침에 반영하면 서비스 지원원칙과 행정사무, 프로그램, 사업 등의 적용과 실행이 수월해진다. 시설관리와 운영에도 반영이 가능하고 숙소를 관리하고 차량을 운전하는 중에도 탑승한 이용자의 편에서 안전운전을 고려하게 되어 보다 이용자 중심으로 지원하는 등 서비스 질이 높아진다. 인권규정은 시설운영의 토대가 된다는 점에서 시설운영자 및 종사자의 의지가 확고해야 한다.

3) 인권규정 제정 후 변화

인권은 인간다움에 관한 것이다. 인간다움은 모든 사람이 누려야 할 인간적인 생활이다. 따라서 가정, 동네, 일터, 시장, 사회생활을 하는 곳과 사람이 모여 있는 모든 곳에는 인권이 적용된다. 인권의 적용범위는 무한하고 사람이 모여 관계하는 곳에는 항시 인권이 적용된다.

인권은 문화와 사람 간의 정서에도 영향을 미친다. 인권이 중심이 된 관계 맺기는 서로를 존중하고 존중하는 가운데 그의 입장을 이해하게 한다. 이러한 토대가 인권규정이다. 종사자들은 이용자의 생활에 도움이 되고 필요한 지원을 위해 합의하고 서로를 신뢰하고 믿으며 서로의 허물과 부족을 이해하고 채우기 위해 노력한다.

분명 종사자들 간에 믿음이 있고 위로하는 시설이라면 좋은 조직이고 직장이다. 무엇을 해야 할지를 알고 바른 것과 옳은 것을 구별하여 지향할 바를 아는 것이기 때문이다.

더욱 놀라운 것은 인권을 토대로 직무를 수행하게 되면 종사자들의 태도가 진지한 역할모델을 찾기 위해 스스로 노력한다는 것이다. 긍정적으로 고민하면서 가치 있게 역할하기 위해 다양한 방법을 모색하고 대안을 찾기 위해 노력하고 적용하기 위해 시도를 한다. 하지만 종사자들 간의 합의가 있어야 하고 발전적인 대안 모색을 위한 기관의 분위기가 조성되어야 한다. 이러한 노력의 가시적인 토대가 인권규정이다.

11. 인권기반 자원봉사자 또는 후원자 관계 중재

자원들과의 관계를 맺고 연계하는 것은 시설의 책무이고 사회복지사의 중요한 과업이다. 이들은 이웃이고 교류해야 할 주민들이다. 사회 생활하면서 삶의 몫을 감당하기 위해 고군분투하며 현재를 살아가는 주민들이다.

시설은 거주공간임이 분명하다. 하지만 외부와 단절된 채 오랫동안 생활하다

보면 사회변화를 이해하지 못해 적응에 어려움을 겪는다. 따라서 시설에 거주하면서 사회변화에 맞추어 사회진출을 위한 준비 기능이 강화되어야 한다. 준비가 미흡하고 다른 역할과 활동에 집중하게 되면 자조적인 자립의 준비가 역풍이 되어 사회복지사의 역할로 남게 된다. 시설이용자의 부정적인 문제는 의존성이다. 장애 등의 특성으로 인해 보이는 행동이지만 실제는 이용자로 머물게 하였던 사회복지사의 처우가 더 영향을 미친 것이다.

이용자가 수동적인 태도를 보이는 것은 시설의 규칙을 준수하면서 사회복지사가 지원하는 활동에 참여만 하였던 결과이다. 수동적인 태도는 의지를 갖지 않고 장기간 생활하면서 보이는 행동이다. 동기를 부여하지 않은 채 오랫동안 생활해 왔다면 무기력한 상태에 있다는 것이지만 개인의 참여가 배제되고 더 열악한 처우를 받아 왔다면 이러한 상황은 더 심화된다.

자원봉사자들과 관계를 맺으면서 이용자의 권리를 존중하는 것은 사회복지사의 역할에 의해서다. 먼저 이용자의 신상을 소개하면서 장애특성을 설명하고 개인적인 성향을 설명한다. 취미 등을 소개하면서 좋아하는 것과 싫어하는 것, 용어표현의 주의사항 등을 설명한다. 이러한 사항을 알렸음에도 동의한다면 이용자를 연계하고 관계 맺기를 중재한다.

이용자와 자원, 방문자 등과의 교류확대는 사회복지사의 중재역할이 필요하다. 교제과정이 자연스러워지기까지 자리를 같이 하고 관계가 원만해지면 이용자와 시간을 보내도록 지원한다. 이용자는 자기표현이 서툴러 자원봉사자를 부담스러워할 수 있으며 관계 맺기가 서툴 수도 있다. 또는 의존적인 행동을 보이며 과도하게 집착할 수 있다.

이러한 행동을 간과하지 말고 자주 만날 기회를 마련하는 것이 방법이다. 따라서 지역주민들과의 교류기회가 많아야 한다. 지역의 복지센터를 이용하는 것이 도움이 될 것이다.

12. 인권지향 시설 행사

1) 시설의 위상을 높이는 행사

사회복지시설은 운영을 위해, 이용자를 위해, 관계된 자원과 후원자를 위해, 주민들을 위해 다양한 행사를 기획한다. 후원자원을 개발하고 후원의 동기를 부여하면서 장애 등의 취약성을 가진 시설이용자를 돕는 것의 가치를 알리기 위해 후원자의 밤 행사를 개최하고, 이용자들은 관심 밖의 사람이 아닌 그들의 주민이고 이웃이며, 이용자들의 보호와 사회복귀를 지원할 것이라는 대의적인 비전을 이해시키기 위해 다양한 행사를 한다.

축제와 같은 행사는 이용자의 생활 속 변화와 주민교류증진, 시설의 대외적인 위상을 높이기 위해서 등 목적을 갖고 시행되고 중심에 이용자의 참여를 통해 진행된다.

부모 또는 가족들에게 안심하고 자녀의 보호와 보살핌, 부모역할을 수행하지 못하는 미안함을 대리하여 잘 지내고 안심하는 생활을 한다는 것을 전달하기 위해 부모간담회나 부모자조모임 등을 주관한다. 이 날의 행사는 부모와 형제들, 가족들을 초청하기 때문에 가족관계 회복과 시설생활의 안락함이 이해되고 설명되어야 한다. 쾌적한 시설환경과 위생적인 주거공간, 활동하는 프로그램실 외에 지원하고 있는 서비스 등을 알려 안심할 수 있도록 해야 한다.

또는 바자회를 통해 후원금을 모으고 시설의 위치와 역할, 기능을 소개하기도 한다. 내부적으로 이용자의 여가문화생활을 위해 여행을 가는 행사를 시행하고 설과 추석에는 명절행사를 진행한다. 여름에는 바닷가를 여행하고, 겨울에는 눈썰매 등의 행사를 진행한다. 이러한 행사는 일 년을 주기로 이용자에게 삶의 의미를 알게 하고 자기 존재감을 찾게 하는 목적으로 진행된다.

2) 이용자 권리를 침해하는 시설 행사

사실 시설생활은 개별적인 생활공간을 별도로 제공하기는 하지만 여러 명의 동료들과 함께 생활하는 경우가 대부분이다. 또한 외부 자원의 참여를 통해 운영된다는 특성이 있어 행사를 진행하기 위한 목적보다 시설의 운영역량을 증명하고 사업을 대외적으로 알리는 데 있다.

하지만 이러한 행사가 이용자의 권리를 침해할 수 있다는 것을 간과하지 말아야 한다. 행사진행 과정에서 이용자의 입장은 배제될 소지가 있고, 이러한 상황은 이용자의 요구보다 시설장이 의도하는 계획에 의해 일방적으로 진행되는 행사일 때 발생한다.

동의 없이 하는 모든 행위는 인권의 침해라고 할 수 있다. 개인이 요구하지 않은 것을 무리하게 추진하고 시행하면서 '하라'는 지시는 옳은 것이라고 하여도 생활을 방해하고 자율권을 침해하는 처사이다. 인권의 보장은 존중에서 발현되어 태도로 완성된다. 타인을 이해하는 태도는 존중하는 미소와 태도에서 시작된다. 그러므로 누가 원하지 않는 일을 기꺼이 희생하면서 시행하겠는가, 인권은 권리에 기반한 옳은 것을 실천하는 기준을 제시한다.

시설행사는 인권의 침해 요소가 될 수 있고, 아닐 수도 있는데, 이용자의 생활공간이 되는 생활실을 임의적으로 개방하고, 시설의 행사에 의무적으로 참여하는 상황은 침해가 되고, 반대로 사회복지사의 지원이 설득되어 동의를 받아 시행하는 행위는 침해가 되지 않기 때문이다. 예를 들어 후원금을 모금하기 위해 이용자에게 춤과 노래를 준비하라고 하였을 때 이용자는 싫다고 말하지 못하였고 왜 해야 하는지를 고민하였다. 사회복지사가 얘기한 것이기에 거절하기 어렵고 왜 춤을 추어야 하는지 이해가 되지 않았다. 더욱이 내성적인 성격이어서 다른 사람 앞에서 노래하는 것이 부끄러웠지만 할 수 없이 준비를 하였다면 이러한 요구는 명백한 인권침해이다.

이용자의 권리보다 행사에 동원되어 주변 사람들 또는 관심 있는 사람들에게 보여 주기 식의 노래를 해야 한다면 인권을 침해한 것이다. 주민들에게 도와야 할 사람이 누구인지를 알게 하고 확인하게 하는 겉치레의 행사라면 인권침해이다. 우리 중에 자신의 장애 또는 처지로 인해 할 수 없이 하기 싫은 일을 해야 한다면, 또는 주변의 압력에 의해 어쩔 수 없이 해야 된다면 거절의사를 얘기할 수 있는 사람은 많지 않을 것이다.

인권침해는 사소한 생활 속 사건에서 발생한다는 것을 기억해야 한다. 인권을 침해하는 행위가 얼마나 일상적이고 가볍게 자행되는지를 알게 된다면 처우에 주의할 것이다.

3) 인권중심의 시설행사 진행

첫째, 이용자에게 행사의 중요성과 진행과정 전반이 이해되도록 사전설명회를 개최한다.

이용자의 장애특성 등을 고려하여 이해될 수 있는 방식으로 설명회를 개최한다. 행사의 의미를 이해하고 참여하도록 이용자들이 이해하는 방식을 찾아 설명하라는 의미이다. 농구를 모르는 이용자에게 농구경기가 재미있다는 것을 이해시키기 위해 이용자들의 장애 등에 적합한 설명방식을 찾아 경기 규칙을 설명해야 한다. 농구공을 보여 주고 만지게 한 후 링 안에 공을 넣는 등 시범을 보이는 것이 이해를 돕는다.

둘째, 축제로 진행될 수 있도록 계획한다.

축제를 즐기는 것은 즐거움과 여가, 문화적으로 즐길 거리가 있다는 것이다. 행사에 참여한 이용자도 즐기고, 사회복지사도 즐기면서 초대된 사람들 또한 즐거운 기억을 간직할 수 있다면 축제이다.

동원된 행사는 사회복지사를 중심으로 방문하는 사람들과 관계된 사람들을 위해 진행하는 직무에 불과하다. 이렇다면 이용자는 손님도 아니고 방문자도 아니면서 동원되어 구경하는 주변인으로 머물게 된다. 사회복지사가 얘기하는 대로 의무적으로 참여한 대상자에 불과하다. 이용자임에도 무기력한 대상자로 전락하는 것이다.

축제는 즐거움과 즐기는 것이다. 시설의 모든 행사를 축제와 같이 진행하지는 못하지만 의미 있는 행사를 한두 가지 정해 시행하는 것이 방법이다.

용인의 놀이동산에 가면 직원들의 복장부터 다르다. 볼거리가 넘치고 아이들이 즐거워하는 장남감과 솜사탕을 팔면서 호기심과 흥미로운 볼거리가 넘쳐난다. 직원들 또한 미소를 지으며 환대한다. 이처럼 이용자와 사회복지사, 방문하는 사람들이 함께 즐길 수 있는 시간을 만들자는 것이다. 이용자는 이런 시간을 고대하고 기대하며 이러한 경험을 하면서 행복감을 갖는다.

인권은 무엇인가, 이용자를 존중하고 생활하면서 자신의 판단과 선택에 의해 원하는 것을 행동으로 옮기고 수용하는 사회복지사의 태도를 통해 지켜지는 이용자의 권리이다. 이용자가 사회복지사의 관심 밖에 있으면 그는 서비스 수혜 대상자에 불과하고 직무수행의 사무적인 대상자일 뿐이다.

물건을 소유하는 것을 허락받는 것이나, 잘못됐다는 듯 평가 절하시키는 얘기, 태도를 무시하는 것이라면 또는 지시적인 언행을 하면서 태도로 존중하지 않는 것이라면 이용자의 권리가 없는 것이다. 이러한 태도가 직원들의 언행과 모습이라면 이용자를 존중하지 않은 처사이다. 아무렇지 않게 사회복지사 간에 논의되고 얘기되는 일상의 처우라면 관심 밖의 대상자에 불과하다.

가정을 보자. 자녀가 아프다면 가족들의 관심이 되어 회복을 염려하며 관심을 보인다. 나을 때까지 정성으로 간호한다. 사회복지는 지향하는 목적이 분명하다. 생활의 만족을 위해 더 나은 만족을 추구하는데 타인의 간섭을 배제하고 원하는 것을 추구하고 유지하게 될 때 복지적인 것으로 본다. 그러므로 시설의 행사는 이용자의 편에서 유익을 주는 이용자를 위한 축제여야 한다.

11장

인권기반 사회복지시설 서비스

1. 인간다운 서비스 실천원칙

요구에 대한 거절의 경험이 많은 이용자는 결핍된 욕구를 간직한 채 생활한다. 낮은 자존감으로 인해 자기 의사를 표현하지 못하고 타인의 행동을 수용하는 등 수동적인 태도로 생활한다. 생활에 필요한 것들을 참고 감내하면서 무기력한 태도로 대처하고 얘기해도 소용이 없다는 자기 판단을 서두르면서 타인의 행동에 반응을 보이지 않는다.

이용자가 요구하지 않는 것은 해 봐야 소용이 없다는 무기력을 경험하였기 때문이다. 무반응으로 관심을 두지 않는 이유 또한 해 보지 않은 두려움도 있지만 거절에 대한 염려 때문이다. 이러한 경험이 잦고 많아지고 오랫동안 지속된 것이라면 이용자는 손상된 자아 상태에 놓인다. 손상된 자아는 옳은 것을 선택하지 않게 한다. 타인을 따르는 것을 당연하게 여기고 무기력하게 행동하면서 저항도 불평도 없는 생활을 순응하며 감흥 없이 지낸다.

이렇듯 요구에 대한 잦은 거절의 경험은 이용자의 삶의 의욕을 좌절시켜 생활의 리듬을 거스르는 문제가 드러났음에도 문제인식을 하지 않거나 또는 포기하게 만든다. 그래서 결핍된 욕구가 더 심각한 것이다.

많은 시설의 이용자들이 사회복지사에게 요구하지 못하고 주장하는 것을 부담스러워하는 것은 요구를 하였음에도 소홀하게 반응하는 것에서 느끼는 거절의 경험 때문이다. 더욱 심각한 것은 결핍된 욕구를 오랫동안 간직한 채 생활하게 되면 불안한 정서, 불안정한 심리상태로 인해 화를 참지 못해 쉽게 분노하고 타인을 공격적으로 대하는 경우가 있다는 것이다. 심한 경우 반사회적인 문제에 노출되기도 한다.

욕구가 많다는 것은 그만큼 충족되지 않은 결핍이 있다는 것이다. 이렇다면 아무리 좋은 서비스를 지원하고 체계적으로 지원한다고 하여도 결핍된 욕구만이 남게 되어 일상생활을 영위하는 것이 불가능해진다.

1) 인권에 기반한 좋은 처우를 지원하기 위한 노력

좋은 처우의 첫 번째 원칙은 생활하면서 존재감을 갖게 하는 것이다. 존재감은 주거의 안락함 정도에 의한다.

자신의 거주지에서 자유롭고 편안함을 느낄 수 있어야 한다. 거주권리 행사는 삶에 기반한다는 점에서 인간다움의 추구는 거주권리 행사를 통해 충실해진다.

동료와의 생활이 불편하다면 이용자의 거주권리는 제약받게 된다. 따라서 중요하게 고려해야 할 것이 처우이다. 처우는 사회복지사와 이용자 간의 관계를 의미하는데 좋은 관계는 관계를 맺는 방법과 대면하는 태도와 반응에 의한다. 처우 개선은 인권의 기본적 이념이며 속성인 존중에 기반한다. 존중은 상대방을 인격적인 존재로 대우하는 것이다.

자기 존재감은 생활하면서 부딪히는 일들을 능동적으로 대처하고 해결해 가면서 자조적으로 생활하는가의 자기인식을 통해 확고해진다. 여기에서 사회복지사의 처우는 이러한 기회를 배려하고 이용자가 할 수 있는 일들을 가급적 이용자의 결정과 판단에 의해 해결해 가도록 돕는 조언자의 입장에 위치하는 것이다. 생활에 관한 모든 활동을 사회복지사가 해결하고 처리해 준다면 이용자는 나약한 존재로 머물게 되어 다음번에도 같은 일이 생기면 또다시 무기력한 존재로 의존하게 된다.

좋은 처우의 두 번째 원칙은 자기 존재감을 갖도록 지원하는 사회복지사의 서비스 태도이다.

이용자는 자신의 삶에 대한 책임을 가져야 한다. 시설의 원칙을 정해 이용자에게 어떠한 처우를 보장하고 지원할 것인가에 관한 것이다. 후회하지 않고 현재를 충실하게 생활하고 현실감을 갖도록 지원해야만 생활에 충실해진다. 매일이 무료하고 사회복지사의 도움에 의존하는 생활이거나 외부인의 방문을 동의 없이 수용하고 받아들이는 생활을 지속하게 되면 더 이상 존재감을 갖지 않게 되어 수동적인 생활에 매몰된다.

자기 존재감을 갖게 하는 서비스는 이용자 자신만의 생활공간에서 제공되고 결정할 것들이 많은 서비스이다. 의사결정은 무엇을 시도하기 위해 묻는 것이 아니라 실행하도록 돕고 결정의 판단을 옳게 내릴 수 있는 권한을 이용자에게 주는 것이다.

좋은 처우의 세 번째 원칙은 지역사회 주민들이 평범한 생활을 유지하고 누리면서 생활하는 것처럼 주민들과 동일한 방식으로 생활하는 것을 말한다.

평범함의 추구는 일상의 생활리듬을 주민들의 방식에 따라 가치적인 활동을 추구하는 생활이다. 물론 시설의 특수성은 처우를 지원하는 사회복지사에 의해 집단생활과 시설물, 시설운영에 필요한 각종의 규제와 규칙, 법규에 의해 운영되는 특성으로 인해 각각의 개별법령을 적용하여 운영해야 하기 때문에 어려움이 따른다.

하지만 시설이용자의 시설생활은 살아가는 것이므로 인간이기 때문에 누려야 할 권리를 행사할 수 있어야 한다는 점에서 행복은 문제를 극복해 낸 후에 얻는 것이 아니라 평범하고 일상적인 생활리듬을 회복하도록 돕는 과정에서 인식되는 자기 이해이다.

따라서 이용자의 처우를 개선하고 권리행사의 주체로서 안정된 생활을 지원하기 위해서는 원함과 필요가 구분되어야 한다. 원함을 이해하기 위해 이용자의 장애로 인해 제약된 생활을 이해한다. 이용자의 입장에서 불필요한 것과 필요한 것을 확인하고 안정된 환경을 조성한다. 환경조성은 인간다움과 인간다운 생활을 향유하는 토대이다. 따라서 안락한 환경, 생활리듬을 회복하고 유지하는 일상의 평범함의 추구는 인간적인 처우를 위해 절대적으로 중요하다.

좋은 처우의 네 번째 원칙은 심신의 안정과 건강을 유지하고 생활에 필요한 서비스 지원원칙을 수립하여 적용하는 것이다.

누구나 타인과 동일한 조건에서 자신의 생활을 꾸려가기 원한다. 신체적 · 정신적으로 누군가에게 의존하지 않고 원하는 생활을 향유하기 원한다는 것이다. 즉 신체적 조건이 취약하여 마음대로 원하는 것들을 할 수 없는 생활이라고 하여도 의존을 줄이고 생활이 안정되면 스스로 행복하기 위해 노력한다.

지원은 그가 할 수 있는 것들을 자신의 힘으로 통제하면서 생활하는 자기결정권리를 행사하게 하는 것이다. 권리행사는 의존을 줄이고 조건과 제약이 있다 하여도 할 수 있는 일은 가급적 혼자서 수행하는 기회를 갖는 것이다. 이러한 기회가 주어지고 많아질 때 안정을 찾고 평온한 상태에 놓인다. 신체적으로 자유가 있다는 생각을 하면서 불안해하지 않는다.

질병에 걸렸다 하여도 기능이 저하된다는 생각을 하지 않게 되는데 기능저하를 예방하는 치료활동에 적극적으로 참여하기 때문이다. 심신의 안정을 위한 여가 · 문화활동에 적극적이라면 이용자는 삶의 보람을 느낄 수 있는 활동이 다양하다는 것 또한 알게 된다. 따라서 이용자의 생활의 질을 높이기 위한 활동 또한 자연스럽고 매일 새로운 것을 경험한다는 기대를 갖고 사회복지사가 준비한 프로그램을 기대하게 된다. 이러한 활동은 이용자의 심신의 건강을 유지하고 지키게 한다.

2) 삶의 보람을 갖도록 개인의 생활을 보장한다

누구나 의미 있는 생활을 하면서 보람 있게 생활하기 원한다. 보람은 개인적인 것으로 가치 있는 일에 대한 자부심이다. 하지만 의미 있는 삶은 원하는 것을 추구하고 성취되었을 때 얻게 되는 것이 아니다.

보람은 가치 있고 의미 있는 일을 수행한 후에 얻는 성취로서 보람 있고 가치 있는 타인의 인정을 통해 얻는 자기 실존 인식이다. 사회복지사가 사소한 활동이라 하여도 이용자를 격려하고 칭찬하면 의미 있는 역할이었다는 것을 인식하게 되어 이용자가 적극적으로 참여하고 활동한다.

시설에서 거주하는 생활이 보람으로 가득 차도록 활동을 창조할 책무가 사회복지사에게 있다. 시설거주요인이 부모와 가족 친지들의 돌봄 부담에 의해 입소하게 되었다고 하여도 새로운 인생을 살아야 한다는 의지를 갖게 해야 한다. 시설에 거주하는 동안 새로운 인생의 도약이라는 생각을 갖게 해야 한다.

무미건조한 생활은 아무런 시도를 하지 않는 무기력에서 온다. 즐거운 것이 없고 호기심도 없다. 하라는 대로 생활하는 무기력한 생활이 존재감을 갖지 못하게 하는 것처럼 시설을 이용하는 장애인임을 분명히 하면서 새로운 시도를 주저하고 정해진 일과대로 따르라는 참여를 강요하는 생활이다. 장애의 제약을 문제 삼으면서 해야 할 것들을 알려 주는 생활이라면 무기력한 생활이다. 더욱이 이런 생활이 오랫동안 지속되었다면 생활방식으로 정착되어 보람을 느끼지 못해 생활은 더욱 무기력해진다.

따라서 사회복지사에게 의존하는 생활을 가급적 탈피하고 스스로 해 볼 기회가 많아야 하는데 삶의 보람을 갖는 것은 스스로 할 수 있는 것들이 있다는 확신을 갖고 해낼 수 있는 능력이 있다는 자신감을 갖게 될 때부터이다.

할 수 있는 것들이 많아진다는 것은 지역사회와 마찬가지로 자유롭게 생활할 수 있는 거주공간이 있고 선택과 결정할 수 있는 자기만의 생활공간을 갖고 있을 때부터다. 여기에서 의미하는 환경은 편한 시간에 원하는 대로 생활하면서 누군가에게 의지하지 않는 자기만의 공간이 있다는 것을 인지하는 것을 말한다. 시설에 거주하면서 다른 이와 만나는 시간조차 허락을 받거나 도움을 받아야 한다는 생각을 갖게 되면 의존된 생활일 수밖에 없다. 의존을 최소화하고 자기 정체감을 갖도록 가급적 혼자 생활하는 공간을 제공하고, 옆방의 동료는 이웃으로 여기도록 생활하는 방과 호실을 지역주민들이 거주하는 빌라 또는 아파트와 같은 주거문화를 조성해야 할 필요이다.

이러한 생활은 자신의 방에 이웃들을 초대하여 이웃관계를 맺는 식으로 생활하게 되어 가정과 같은 자기 공간이 있다는 확신을 갖게 한다. 여가를 즐기기 위해 차량을 이용해야 한다면 사회복지사가 정해 준 일자에 외출하는 방식보다 스스로가 원하는 날짜를 정해 신청하는 방식이 적정하다. 개인들의 도움 정도를 판단하여 최소한의 도움을 제공하고 필요한 지원만을 시행하는 것도 효과적이다.

존재감을 갖게 하는 최고의 지원은 이웃들과 자주 교류하는 것이다. 이웃들과 교류하는 중에 자신의 의사를 표현하게 되고 자연스러워진다면 대화방식과 교류방법을 알게 된다. 동료들을 이웃으로 여기면서 교제하기 위해 초대하고, 손님을 응대하는 방식이 익숙해지면 주인인식을 가진 것이다.

좋은 친구와는 사소하다 여기는 것조차 교류하고 시간을 보낸다. 이용자에게 좋은 친구는 동료보다 가급적 지역사회 이웃을 친구로 사귀게 하는 것이 생활을 활기차게 하는 방법이다. 식사를 초대하여 교제하는 것은 친밀한 관계임을 알게 한다. 식사를 초대하고, 찾아가는 즐거움은 인간만이 누리는 권리이다.

3) 인격적으로 대우하고 예의바르게 결정하게 한다

임종을 앞둔 암 환자라 하여도 인간답게 죽음을 맞이할 권리가 있다. 품위 있는 죽음을 맞이하고 자신의 인생을 돌아보면서 남은 생을 어떻게 보낼지를 결정할 권리가 있다. 결정하였다면 후회하지 않도록 지금까지 살아 온 삶보다 더 가치로운 일들을 보람 있게 할 수 있도록 지원해야 한다. 이러한 경험은 긍정적인 생각을 갖게 하여 삶에 대한 애착을 강하게 인식하게 한다. 여기에 더해 예의 바른 태도와 존중은 그가 살아 있는 존재임을 피부로 느끼게 한다.

인간은 낯선 환경에 적응하면서 생활하는 능력이 있다. 이 능력은 누구에게나 적용된다. 조건과 상황, 즉 환경에 적응하면서 나름의 방식대로 살아가는 것이다. 생활을 극복하기도 하고 힘겨워하면서 시간의 흐름 속에 존재감을 찾아 가며 더 강한 의지를 갖거나 좌절하기도 한다.

삶의 애착은 더 나은 것을 이루려는 욕구이다. 욕구결핍을 느끼고 도전해야 할 때를 알게 되면 내일을 위한 준비가 충실해진다.

따라서 인격적인 존재로서 이용자의 존재감은 사회복지사의 태도에 달려 있다. 시설의 규칙을 따르고 실패를 맛볼 때까지 준수할 것을 강요하는 것, 식사시간을 지키지 못한 행동이 잘못된 것이라고 지적하면서 목욕하는 시간을 낭비적으로 보냈다는 등의 태도는 이용자에게 모멸감을 느끼게 한다. 하지만 예의 바름은 개인의 자유로운 생활을 추구하게 할 뿐 아니라 시설에서의 생활을 즐겁게 만든다. 누구를 만나 어떤 대화를 나누었는지가 중요한 것이 아니라 누구와 교제하였고 자신의 생각과 의견을 잘 전달했는지, 도움이 필요한 것은 없었는지를 살피는 것이 인격적인 처우이다.

사회복지사에게 인격적으로 대우를 받는 것은 이용자의 권리를 보장하고 인간다운 생활을 향유하게 만든다. 매일 목욕을 할 수 있는 배려, 불편해하지 않으면서 매점을 이용하도록 돕고 자신의 수입이 후원금이든 장애수당이든 사용할 수 있는 권리를 보장하는 것은 시설이용자에게 권리행사의 주체임을 자각하게 한다.

인간다운 생활은 자유권을 행사하고 사회권을 보장받는 데 있다. 따라서 이용자의 취약성을 드러내는 행위는 권리행사를 가로막는 침해이다. 반대로 개인의 권리를 보장하면서 처우하는 사회복지사의 태도는 예의 바름, 즉 존중하는 태도에서 요인된다. 이는 인격적인 존재임을 알게 하고 살아가는 것의 의미를 인식하게 하여 스스로 무엇을 해야 하는지를 결단하게 만든다. 따라서 권리행사를 제한하는 요소를 파악하고 가급적 원하는 일을 지원하기 위해 조치해야 할 것들이 무엇인지를 분명하게 인식해야 한다.

이를 보장하기 위한 것이 시설의 규칙이다. 사실 시설의 규칙은 이용자들에게 적용되기보다 사회복지사의 입장에서 준수하고 지켜야 하는 직무에 관한 것이다. 그러다 보니 이용자 편에서 시행한다고는 하지만 사회복지사 편에서 적용되는 경우가 대부분이다. 사회복지사가 어떻게 판단하는지에 따라 시설이용자에 불과하고 아니면 인격적인 존재가 되어 자기 권리를 행사하게 한다는 것이다.

시설의 여건과 규칙이 이용자의 권리와 충돌하는 경우가 있는데 이런 경우 지원이 불가능하다는 구체적인 설명을 통해 설득해야 한다. 약속한 사항 또한 반드시 지키고 지원할 것이라는 이해를 구해야 한다. 매번 지키지 못할 약속을 내일로 미루면서 프로그램의 참여만을 강제한다면 실망하게 되어 참여를 거부하거나 또는 의사를 개진 하지 않는 등 상처만 갖게 할 소지가 많기 때문이다.

4) 이용자의 인생을 이해한다

(1) 시혜 대상자라는 낙인감

「사회복지사업법」에는 시설의 설치 시 설립목적과 주 서비스 대상을 정관에 명시하게 되어 있고, 운영주체인 법인의 역할까지도 구체적으로 명기하게 되어 있다. 시설운영의 적절성은 이용자를 위해 서비스를 생산하고, 생산한 서비스가 이용자에게 적합하고 영향을 미쳤는지의 평가에 의한다. 대개 만족 여부를 통해 이용자의 신뢰를 얻고 또한 그들의 보호자를 통해 서비스는 평가받게 된다. 또한 시·군·구의 지도점검과 보건복지부에서 시행하는 사회복지시설평가를 통해 평가받게 된다.

이용자는 서비스 생산의 주체이고 서비스의 필요를 평가하며 서비스를 개발하여 적용해야 할 대상으로 시설운영의 주체이다. 시설을 운영하기 위해 사업과 서비스, 행정 직무를 상시적으로 처리하는 사회복지사에게 있어 시설사업의 주체인 이용자의 존재감은 절대적이다. 즉 이용자가 있기 때문에 근무하게 되고 직무를 처리할 수 있는 것이다. 사회복지사의 직무 근간은 이용자 때문이며, 방문하는 주민들과 주민들의 호응, 후원자의 후원목적과 자원봉사자의 활동 또한 이용자 때문이다. 지역의 주민들이 시설을 긍정적으로 생각하는 것, 이 또한 이용자 때문이다. 국가에서 보조금을 지원하고 기능보강을 위해 비용을 지원하고, 기자재를 새로 구입하는 이유 또한 이용자 때문이다. 시설의 모든 사업은 이용자로부터 비롯된다.

이용자는 사회복지사업법과 주민들의 기대, 관계된 사람들의 관심을 한 번에 받는 존재임에도 불구하고 장애의 제약 등으로 인해 호의를 받아야 하는 존재로 머물렀던 이유는 이용자의 존재감이 시설에 없기 때문이다. 이용자의 존재감은 법인의 사업목적과 시설의 설립목적, 종사자의 채용이유이고 서비스 생산과 실천, 평가조차 이용자를 중심으로 시행된다.

사회복지사는 이용자를 중심으로 직무를 수행하는 등 모든 활동이 이용자에게 집중되고 있음에도 이용자의 존재감이 없는 이유는 시혜적 관점에서 제공하는 서비스 인식의 요인 때문이다. 또한 사회복지시설에 대한 주민들의 인식이 이용자를 주민으로 인식하지 않았기 때문이다.

누구나 법인을 설립하면 시설을 운영할 수 있는 기회가 주어졌지만 시혜적 이해는 많은 사람들에게 받아들여지고 있다. 이용자 스스로 우리는 시혜대상이 아니라고 얘기할 수 있다면 얼마나 좋겠는가, 아쉽게도 그들은 그런 말을 하거나 요구하지 않는다. 더욱이 보호자 또한 힘든 과정(자녀양육과 돌봄의 한계를 극단적으로 경험한 것 등)을 겪은 터라 보호하고 돌볼 수 있는 시설을 찾는 것만도 다행이라는 생각을 하고 있어 시혜적 인식은 개선되지 않고 있다.

(2) 부모 및 보호자 입장 이해

다수의 부모들과 보호자는 참고 버티면서 어떻게 할지 알지 못하는 상태에 놓여 있는 것이 현실이다. 시설에 대한 정보도 없이 보호해야 할 자녀를 생각하며 사회를 원망하고 속상해하면서 돌봄과 양육을 가치 없는 것으로 여기기도 하였다. 더 이상 돌볼 수 없다는 선택을 하고는 지인의 얘기를 듣고 가족들과 상의하여 괜찮을 거라는 기대 속에 시설을 방문하는 것이다.

시설은 깔끔하고 쾌적하며 이용하는 사람들의 표정이 밝아 보인다. 직원의 설명 또한 이해되어 다른 생각을 하지 않는다면 입소를 결정한다. 염려하면서 찾아갔지만 괜찮다는 생각에 안심하는 것이다. 안내하는 직원에게 이것저것을 물어보지만 시설의 운영과 관련된 간단한 질문이기 때문에 답변 또한 명쾌하다.

입소 이후 부모 또는 보호자는 시설을 입소한 자녀를 생각하며 잘 지낼지를 염려하지만 지난 시간의 돌봄과 양육의 어려움을 잊는다. 입소 결정까지 어려움이 있었으나 신경 쓸 일이 크게 없기 때문에 시간이 많아지면서 생활의 여유를 찾고, 자녀가 잘 지낼 것이라는 안심을 한다. 보호부담에 대한 불안을 잊어 가면서 그동안 해 보지 못했던 일들을 계획하고 활동하면서 괜찮게 생활할 거라는 기대를 갖고 지내는 것이다.

장애아동을 둔 많은 부모들이 자녀를 양육하고 돌보면서 겪는 일은 힘겨운 것이지만 장애부모에 대한 지원정책이 부모의 입장을 대변하지 못하고 있다는 현실의 반증일 것이다. 시설입소는 장애당사자와 부모에게 결심이 필요하고 선택해야 할 상처이며 아픔임을 알아야 한다. 장애가 없었다면 시설을 이용할 필요가 없었을 것이다. 사회적 지원이 충분하지 않은 상황에서 선택할 수 있는 최선의 방법이 시설입소라면 고민해야 한다. 부모는 있으나 떨어져 지내야 하고 가족은 있으나 헤어져야 한다면 비극이다. 누가 이러한 생활을 원하겠는가.

이용자 중심의 서비스를 지원하고 시설운영의 중심에 이용자가 있다는 것을 고려한다면 이용자와 부모, 보호자의 인생을 이해해야 한다. 의미 있는 인생의 이야기를 듣는 것은 상처를 이해하고 보람된 생활을 보내도록 시설의 서비스가 집중되어야 함을 의미한다.

5) 이용자 개인의 권리행사는 시설의 규칙보다 우선한다

시설의 생활은 정해진 일과에 따라 운영되는 구조이다. 단조로운 생활패턴은 어쩌면 당연한 것일 수 있는데 시설의 정해진 일과가 요인이며 직원들의 근무시간 등이 영향을 미친다. 식당 조리원은 새벽에 나와 저녁 식사를 마친 후 퇴근하게 되는데 연가를 사용하면 식사준비에 차질이 생긴다.

현행법은 조리원의 임명을 이용자 수에 따라 채용하게 하였다. 조리원을 채용하지 못하는 시설은 이용자 수가 적다는 것으로 자부담으로 채용하거나 또는 직원들이 돌아가면서 조리원 역할을 해야 한다. 따라서 조리원의 휴무 시 다른 직원을 투입하거나 간편하게 준비할 수 있는 식사를 제공하기도 하는데, 이날은 식사지원만으로도 모든 종사자들이 분주하다. 이용자의 식사 케어는 물론 설거지를 해야 하고, 양치를 지원하는 등 신변케어에 집중만 하여도 벅차기 때문이다. 따라서 본인의 직무를 수행하는 것은 쉽지 않다. 왜냐하면 이용자 수에 따라 최소한의 직원만을 채용해야 하는 시설의 인력 부족 때문이다.

시설생활에서 사회복지사가 가장 중요하게 인식해야 할 역할은 이용자의 권리행사이다. 이용자가 자신의 거주공간에서 권리를 보장받을 수 있도록 항시 점검하고 외부시설물 이용과 방문자를 만나고 싶다는 의사표현을 흘려듣지 말고 선택과 판단에 집중하는 자세를 견지해야 한다.

시설이용자의 권리를 보장하는 기본권은 자유권이다. 모든 시설물과 공간을 자유롭게 이동하고 원하는 때에 언제든 방문할 수 있도록 개인의 선택을 존중해야 한다. 하지만 장애 등을 거론하며 보호를 우선한다는 미명하에 허락을 받아야 하거나 확인을 받으면서 시설물을 이용하는 것은 자유권 권리를 제한하는 처사이다.

이러한 사회복지사의 이용자 처우는 사회권 행사를 가로막는다. 외출의 허락, 사회복지사와의 동행 또는 자원봉사자가 확보된 이후에만 가능한 외출은 이동권 권리를 행사하지 못하게 하는 사회복지사에 의한 권리침해이다. 더욱이 프로그램을 통해 지역사회 시설물을 방문하는 방식은 이용자의 자유권 행사를 제약하고 사회권 권리를 행사하지 못하게 한다.

행사 또는 사업 성격으로 특별한 날에만 시행되는 방문형식의 참여라면 집단 활동에 불과하다. 이렇다면 참여적 규제 또는 보호를 위한 것이라는 명분하에 질서만을 강제하여 이용자의 활동은 제약받게 된다. 자유권 행사 또한 규제받을 소지가 많다. 모르는 사람과 얘기해서는 안 되고 사회복지사와 자원봉사자들과 함께 다니라는 보호조치만을 강제하기 때문이다. 시설이용자에게 자유권 행사는 사회권 권리를 행사하는 권리임을 인식해야 한다.

인력의 제약으로 인해 자원을 동원하여 활동하는 현실과 재정의 한계를 극복하면서 시설의 운영을 위해 어쩔 수 없이 시행하는 자조 생활지원은 분명 제약이다. 이용자는 안 된다는 등의 지시를 받게 될 것이고 이러한 거절의 경험이 축적되어 시설의 본래 목적인 이용자의 완전한 자립과 사회복귀는 멀어지게 된다. 싫다는 거부의 의사도 분명 권리로 존중해야 한다.

따라서 권리행사를 위해서는 시설의 규칙과 지침을 준수하되 이용자가 자유롭게 생활할 수 있도록 자기결정권을 보장하기 위한 조치 또한 마련해야 한다. 특히 식사시간을 정해 놓고 제 시간에 밥을 먹지 않으면 안 된다는 규칙, 일어나는 시간이 정해져 있어 늦게 일어난 이용자를 게으르다고 몰아붙이는 것, 잠을 자는 시간, 운동시간, 레크리에이션 활동 및 프로그램의 참여시간, 일자가 정해진 외출 등 정해 놓은 날짜와 시간에만 시행하는 방식을 탈피하여 가급적 이용자의 욕구를 충족할 수 있는 자유로운 활동이어야 한다. 그렇지 않다면 개인은 없고 시설의 활동만 있게 된다.

휴일에도 평일과 같이 생활해야 한다면 자유권 권리를 위반하고 침해하는 잘못된 규칙이다. 적어도 휴일에는 원하는 시간에 일어나 식사를 하면서 평일에 하지 못했던 것들을 해 볼 수 있는 여유로움이 있어야 한다. 국과 반찬이 쉬지 않도록 보온밥통을 마련하는 등 적당한 조치를 취하여 자유롭게 식사할 수 있도록 조치한다면 자유권 권리는 보장될 것이다.

또한 시설 밖의 활동을 하면서 미리 자원봉사자를 섭외하여 일대일로 친구 맺기를 통해 자원봉사자와 자유롭게 활동하는 것은 어떤가, 굳이 참여성격의 프로그램을 진행하기 위해 매주 전체 이용자가 활동해야 할 필요가 있겠는가, 한 달에 한두 번만이라도 진행한다면 그날의 프로그램을 기대할 것이다.

시설이용자들이 거주하는 공간은 허락을 받아 방문하고, 청소 등을 지원하기 위해 내방해야 한다면 이용자와 협의하여 원하는 일자에 청소하는 것이다. 그러면 사생활을 침해하지 않게 된다. 이용자 개인별로 계획을 수립하여 지원하는 소집단 활동으로 지원하는 것도 방법이다. 10명 이상의 대집단 활동에서 5~6명 이하의 소집단 활동을 모색하자는 것이다. 시설의 어떠한 규정과 규칙도 개인의 권리보다 우선할 수는 없다.

6) 이용자 중심지향

이용자 중심은 시설의 모든 서비스와 사업, 행정력을 이용자에게 집중하여 이용자의 상황, 즉 욕구를 토대로 서비스를 기획하고 필요한 행정서비스를 총동원하여 지원하는 것을 말한다.

'이용자 중심원칙의 관점에서 시설의 행정력과 서비스를 제공한다.'라는 관점을 가지면 가치적인 활동을 추구하게 되어 직원들의 직무수행 성과를 질적으로 배가시킨다. 이용자를 우선하게 되어 대안 모색을 위한 역할을 스스로 고민하면서 대안 찾기에 최선을 다한다. 사회복지사는 직무수행 과정에서 이용자의 문제해결을 위한 아이디어 제안, 실행방법 등을 협의하는 중에도 이용자에게 필요한 서비스가 무엇인지를 알기 위해 노력하고, 책임감 때문에 수행하였던 의무적인 역할에서 안정된 생활을 향유하도록 지원에 최선을 다한다.

또한 질적으로 높은 성취중심의 서비스를 지원하게 되어 이용자의 더 나은 생활을 위해 긍정적인 대안을 제안한다. 즉 잠재력 개발과 가능성 등 미래지향적인 서비스 방향을 모색하는 것이다. 이용자의 편에서 유익이냐 아니냐의 선택을 위해 더 나은 대안 찾기에 몰입하는 것이다.

이용자 중심의 논의의 핵심은 사회복지사와 원조받는 이용자와의 파트너 관계 형성이다. 파트너 관점은 사회복귀를 염두하고 잠재적 가능성 개발에 초점을 둔 활동으로 이용자의 잠재력 개발에 초점을 둔 서비스 지원을 구체화시키고 합의를 도출하기 위해 이용자 편에서 생각하게 한다. 생활의 제약을 줄이고 제거하기 위한 노력을 시도하는 한편 이용자의 불리를 강점으로 개발하기 위해 사회복지사의 역할을 정립하게 한다. 또한 서비스를 지원하기 위한 목적이 분명해진다. 자신의 역할을 분명히 하여 이용자를 파트너로 인식한다. 현재의 서비스와 행정적 지원이 유익이 되는지 등 생활을 윤택하게 만들기 위한 대안 찾기에 주력한다.

7) 강점중심 접근

강점중심 접근은 이용자의 장애 등의 취약성을 극복하기 위해 잠재력을 개발하고 남아 있는 능력을 최대한 활동적으로 전환하기 위한 대안을 모색하는 것이다. 오른편 다리가 불편하여 보행에 어려움이 있는 이용자가 자신감이 없고 무기력하다면 사회복지사는 이용자와의 충분한 상담을 통해 잠재력을 발견하고 다른 문제가 없는지를 확인할 것이다. 보행불편을 최소화하기 위해 신체 상태를 확인하고 조치를 강구하면서 필요하다면 보장구 사용을 권유할 수 있다. 또한 낮은 자존감을 회복하기 위해 정서적인 지지를 보내면서 불편한 다리 때문에 좌절하지 않도록 다양한 지지체계를 마련할 수 있다.

강점중심은 이용자의 내재된 역량을 극대화하여 불편을 최소화시키기 위해 이용자의 개별성을 인정하고 문제 중심에서 역량을 강화하는 데 주력한다. 따라서 강점중심의 접근은 이용자의 장점을 극대화하여 문제해결 능력을 강화하는 데 있다. 약점이 있다고 하여도 강점으로 강화시켜 문제해결에 있어서 능동적으로 대처하는 능력을 갖추게 하는 것이다. 이렇게 된다면 사회 환경에 능동적으로 적응하고 적극적으로 대처할 수 있게 될 것이다.

사회복지사는 이용자의 상황을 파악하여 개발될 수 있는 강점요소와 강화되어야 할 개인의 능력과 역량을 확인한다. 이용자가 힘들어하는 요인을 분석하여 개발되어야 할 것들을 이용자의 역량강화차원에서 개발하도록 함으로써 스스로 문제해결능력을 갖추게 하는 것이 강점중심의 지원이다.

2. 일상생활권리 지원서비스

생활서비스는 이용자의 시설생활이 지역사회 생활과 마찬가지로 정상적인 생활리듬을 갖고 자조적으로 생활하도록 지원하는 것을 목적으로 한다. 가사원조, 생활원조, 도구사용 및 신변처리, 의복의 착·탈의 외에 주민들과 교류하는 이웃관계 맺기, 지역사회 외출과 물품 구입하기 활동 등 일상의 생활을 향유하도록 지원하는 서비스이다.

생활하는 것은 살아가는 것을 말한다. 이를 사회복지분야에서 서비스로 명명하는 이유는 생활지원이 필요한 이용자의 상황이 생활을 유지하고 살아가는 데 어려움이 있기 때문이다. 이용자의 정신적·신체적인 상태에 따라 일상생활과 사회생활의 불편함을 최소화하고 자조적인 생활을 영위하도록 지원하는 일상의 서비스가 생활서비스이다.

일상생활은 모든 사람이 하루를 보내는 데 필요한 기본적인 것으로 매일 수행하는 활동이다. 에저턴(Edgerton)(1954)은 스스로 용변을 보고 옷을 입고 벗기, 자신을 꾸미고, 의지에 따라 물건을 다루고 전화사용하기, 대중교통 수단을 이용할 수 있도록 돕는 훈련을 자조활동이라고 정의하였다. 로턴과 브로디(Lawton & Brody(1969)는 '기본적 일상생활'과 '수단적 일상생활'로 구분하고 낮은 수준의 삶은 신체적 자기관리를 기본적 일상생활로 정의하였다. 수단적 일상생활은 사회생활을 위한 활동으로 지역사회에 참여하는 복잡한 과제라고 하였다. 기본적 일상생활이란 생활하면서 공통적으로 매일 반복하는 활동으로 로턴과 브로디는 인간의 모든 활동에서 직업적 활동을 제외한 보통의 하루를 보내는 데 필요한 활동이라고 하며, 국가별 또는 생활습관의 차이는 있으나 기본적이고 본질적인 공통의 활동이라고 하였다(박지환 외, 2014: 4).

생활서비스는 일상의 생활리듬을 회복하는 평범함을 추구한다. 평범함은 정상화 이론에서 제기하는 사회적 역할 가치화에 의한 가치 있는 활동을 추구하고 주민들이 누리고 영위하는 생활의 리듬의 회복이다. 즉 주민들과 동일한 조건과 상황에서 생활하는 것을 의미한다.

일상은 하루 일과와 한 주, 한 달의 생활이 주민들과 동일한 것을 말한다. 따라서 신체적 조건과 정신적 상태가 주민들과 차이가 있다 하여도 생활은 같은 것이라는 관점에서 가치적인 문화를 즐기고 여가를 보내면서 개인적인 시간을 자유롭게 향유할 수 있어야 한다.

신체적 조건이 불리하더라도 주어진 하루의 조건은 달라지지는 않는다. 일상은 누구에게나 동일하게 주어지는 것이므로 생활서비스는 다양한 편의장치를 제공하여 불편을 최소화시키면서 필요한 것들을 수행하고, 원하는 것들을 선택하고 결정하면서 일상생활을 보내도록 지원하는 사회복지사의 역할은 매우 중요하다. 이러한 점에서 생활서비스는 인간다운 생활을 위해 반드시 필요한 서비스이다. 개인의 상황과 조건이 차이가 있다고 하여도 서비스를 통해 주민들과 동일한 생활패턴을 보내고 활동하는 데 목적이 있기 때문이다.

일상생활활동은 다음과 같이 분류할 수 있다(박지환 외, 2014: 7).

• 첫째, 기본적 일상생활활동

사회생활을 하기 위해 개인의 생존과 안녕을 가능하게 하는 기본적 활동이다.

- 목욕하기: 몸을 씻는 활동으로 비누칠하기, 말리기, 헹구기, 목욕 중 자세유지하기, 이동하기 등이다.
- 대·소변 관리: 대·소변의 수의적 조절과 배출하는 데 필요한 대장, 방광조임근의 준비, 관련된 용품을 사용하는 것 등이다.

- 옷 입고 벗기: 의복을 벗고 입는 활동이다. 날씨 및 요일에 적당한 옷을 입고, 자기를 꾸미기 위해 장신구를 선택할 수 있고, 옷장에서 옷을 꺼내 입고 벗기, 순서에 따라 옷을 입고 벗기, 옷과 신발을 조이고 조절하기, 의지나 보조기 입고 벗기 등이다.
- 먹기: 음식과 음료 등을 머금고 씹어 삼키는 활동으로 음식을 베어 물기, 음식을 머금기, 잘게 씹기, 음식을 삼키기 등이다.
- 식사하기: 입으로 음식을 가져가기 전의 활동이다. 음식을 한입 크기로 뜨고 또는 집기, 음식을 입으로 가져가기 등이다.
- 기능적 이동: 자세를 바꾸거나 다른 장소로 이동하는 활동으로 침상의 이동 또는 휠체어 이동, 또는 방에서 욕실로 가는 것 등이다.
- 개인용품관리: 자기관리를 위해 물품을 사용하고 관리하는 활동으로 보청기사용, 안경착용, 보조도구의 사용하기 등이다.
- 개인위생과 몸단장: 몸을 청결히 하고 단정하게 치장하는 활동으로 화장품을 바르고 지우기, 머리 빗기, 손톱 손질하기, 구강위생 등이다.
- 성 활동: 성적인 만족을 얻을 수 있고 얻기 위한 활동으로 스킨십, 피임용품의 사용, 성행위 등이다.
- 화장실 위생: 소변, 대변, 월경 시 위생적으로 처리하는 자세, 관련 용품을 사용하는 활동으로 소변, 대변 자세 유지, 회음부 및 항문 씻기, 월경 관리하기 등이다.

- 둘째, 수단적 일상생활활동

가정과 지역사회에서 일상생활활동을 지지하기 위한 활동으로 더 복잡한 환경과의 상호작용이 요구되는 활동이다.

- 다른 사람 돌보기: 타인의 안정과 성장을 위해 주의하면서 감독하고 관리하는 활동으로 다른 이를 돌보기 위해 계획을 세우고 실행하기, 간병인 등과 같은 보호자 선택, 보호자 감독하기 등이다.

- 애완동물 돌보기: 좋아하는 동물을 기르는 활동으로 애완동물 관리하기, 감독하기 등이다.
- 아이 돌보기: 아이의 발달적 요구를 지지하기 위해 관리와 감독하는 활동으로 신체적 안전, 지적 안전 제공하기 등이다.
- 의사소통관리: 상대와 소통하기 위해 자신의 생각이나 느낌을 전달하고 수용하는 활동으로 필기도구사용, 전화, 시청각 녹음기, 컴퓨터, 호출 벨, 의사소통 보드 등 다양한 체계와 도구를 사용하여 정보를 받고 보내며 해석하기 등이다.
- 지역사회 이동: 원하는 서비스를 찾고, 받기 위해 지역사회를 이동하여 장소를 이동하는 활동으로 대중교통 이용, 개인적 교통수단 이용하기, 지역사회 걷기 등이다.
- 재정관리: 경제적 상태와 관련된 금전관리 활동으로 돈을 빌리고 또는 빌려주고, 저축하기 등이다.
- 건강관리와 유지: 개인의 건강상태를 관리하고 유지하기 위해 요구되는 활동으로 영양섭취, 건강에 위험한 행동 줄이기, 약물치료 등이다.
- 꾸리기 및 관리: 가정을 유지하고 관리하기 위한 활동으로 가사도구 사용 및 관리, 가정환경을 만들어 유지하기, 도움을 요청하는 방법과 요청할 상대는 아는 것 등이다.
- 식사준비와 설거지: 음식조리, 먹고 난 뒤에 그릇을 씻어 정리하기 활동으로 영양가 있는 식단 계획, 준비, 대접하기, 식사 후 음식물과 식기 치우기 등이다.
- 종교적 관습: 종교적 믿음에 관한 것으로 의식적, 상징적, 조직화된 활동으로 기도, 제사 지내기, 예배드리기 등이다.
- 안전과 응급상황 관리: 예기치 못한 상황을 인식하고 적절한 대처와 예방절차에 관한 활동으로 구급차 호출, 심폐소생술 시행, 가스밸브 잠그기 등이다.
- 쇼핑하기: 생활에 필요한 물품을 구입하는 활동으로 물품구매, 택배로 주문하기, 지불하기, 지불방법 선택, 금전보고서 작성 등이다.

이상의 활동은 일상생활을 향유하기 위해 반드시 필요한 활동이다. 일상생활 서비스의 지원목적은 이용자의 안정된 생활을 위한 자조생활을 스스로 향유하게 하는 데 있다. 이용자의 장애 등으로 인해 일상생활을 유지하지 못하는 사항을 확인하여 필요한 지원을 시행하고 생활의 만족을 높여 삶의 주인공이 되도록 지원하는 데 있다. 따라서 장애 등의 취약성은 개인적인 것이지만 일상생활의 안정과 행복한 삶을 살아가도록 지원할 몫은 사회복지사에게 있다. 이러한 사회복지사의 역할은 이용자의 삶을 윤택하게 한다.

일상생활을 자조적으로 수행하지 못하는 이용자의 심리적인 안정과 신체적인 안정을 도모하고 유지하기 위한 사회복지사의 역할은 절대적이다. 자조적으로 수행하지 못한다면 일상생활활동목록을 작성하고 지원계획을 수립하여 부서협조 및 시설지원을 위한 협의를 진행해야 한다. 결정된 사항에 대한 서비스 계획을 수립하고 확정하여 이용자의 동의 및 참여를 확인하고, 월간계획을 수립하여 주간업무 계획에 반영한다. 매일 지원해야 할 사항과 주간에 지원해야 할 사항을 구분하여 서비스를 지원한다.

예를 들면, 약을 매일 먹어야 하는 이용자는 식사 후 약 복용 여부를 확인하고 일지에 기록하여 근거를 남긴다. 주 2회 정기적으로 병원에서 물리치료를 받아야 한다면 주간계획표에 '○○병원 물리치료'를 기재하여 지원일자 및 시간을 확인할 수 있도록 기록해 둔다. 또한 작성된 목록표 내용 가운데 자조적으로 수행할 수 있는 것과 도움이 필요한 것 등의 여부를 확인하여 지원계획에 반영한다.

모든 것을 지원하라는 것이 아니라 최소한의 지원을 통해 이용자가 할 수 있는 활동은 스스로 수행하게 해야 한다는 것이다. 수단적 도구를 사용해야 한다면 취약성을 감안하여 안전 여부와 추가적인 지원 사항을 확인한 후 지원한다.

3. 지역사회참여 및 활동권리 보장을 위한 지원서비스

1) 집단활동에서 소규모 활동으로

시설이 위치한 지역에 대중교통 수단이 없다면 지역사회 시설을 이용하거나 마트를 방문하는 것, 가벼운 외출조차 제약받을 것이다. 많은 지방자치단체는 사회복지시설 이용자들의 편의를 고려하지 않고 주민들의 이용정도에 따라 대중교통 수단을 배치하는 등 시설이용자들의 생활편의를 고려하지 않는다. 시설이용자는 소수이고 주민들은 대중임을 고려한 조치일 수 있으나 사회적으로 약자일 수밖에 없는 이용자의 편에서 개선해 달라고 요구하기 힘든 것이 현실이다.

시설의 차량을 이용하여 일자를 정해 지역사회 문화체험 등의 활동을 프로그램으로 진행하는 이유일 것이다. 이러한 활동은 장애 등의 제약을 고려한 지원이기는 하지만 집단적인 방식으로 진행되고 있어 개인의 자립을 위한 지원과는 거리가 있는 지원이다. 자립은 지극히 개인적인 것이다. 따라서 집단의 자립은 존재하지 않는다. 집단의 자립은 공동체 집단에서 시행하는 것이다.

한 가지 짚고 넘어가야 할 것은 집단 중심의 지역 활동이 주민들에게 어떠한 인상을 심어 주는가이다. 십여 명이 넘는 장애인이 사회복지사의 인솔에 따라 지역의 시설을 이용하고 나란히 걷는 모습을 상상해 보라. 지역사회시설을 이용하기는 하지만 집단 활동을 연상할 수밖에 없다. 따라서 가급적 소수인원이 참여하고 개별적인 활동이어야 한다.

사회복지시설은 지금껏 집단적인 활동이 주로 진행되었다는 점에서 이용자의 입장보다 운영자의 관점이 지배적이었다고 볼 수 있다. 사회적 약자를 보호한다는 명분하에 개인중심의 사회생활의 준비를 지원하지 않은 것이다. 집단 활동 또는 단체 중심의 활동은 장애 등의 약자에게 제공해야 할 서비스를 시설운영자의 입장만을 반영했다는 것으로 자유권을 제한할 소지가 많다.

2) 이동권 보장

지역사회 참여와 활동 서비스를 제공하는 데 있어 가장 중요한 것은 개인의 선택과 판단에 의한 자발적 활동인지 여부이다. 이동이 가능한가, 전동휠체어와 같은 보조기구를 이용하여 자력으로 이동할 수 있는가, 지역사회활동을 즐기는가, 또는 도움이 필요한가, 대중교통수단을 이용할 수 있는가 등의 여부를 파악해야 한다. 자녀들이 성인이 되기까지 부모의 돌봄과 양육을 받아야만 사회생활을 위한 자기 돌봄이 가능하고 자조적인 생활을 준비하게 된다는 점에서 보행불편에 따른 이동편의를 시설차량만을 이용하는 것은 바람직하지 않다.

우리 사회의 경쟁위주의 문화가 장애 등의 취약성을 가진 이용자들이 대중교통조차 이용하기 힘들게 만든다면 개선이 필요한 것이다. 자동차는 현대인의 필수가 되었지만 시설이용자에게는 남의 이야기이다. 그럼에도 자립의 논의는 지원체계를 마련하지 않은 상황에서 할 수 있다는 식으로 진행되어 왔다. 지적장애인 이용자가 매월 한두 번 참여하는 지역사회 식당 이용하기 프로그램과 영화관 등을 자유롭게 이용할 수 있을 것으로 보는가, 이러한 행사방식의 참여활동이 자립을 준비하는 데 기여한다고 확신할 수 있는가, 프로그램은 문제를 개선하고 변화시키는 목적이 있다. 그러므로 사회복지사의 지원이 가능성 없는 불투명한 미래의 생활을 위해 소진하는 것은 아닌지 고민해야 한다.

재가장애인 또한 대중교통 수단을 이용하지 못해 콜택시를 불러야 하고 그나마 거리의 제한이 있어 이용이 제한된다면 이동권을 보장받지 못한 것이다. 이동권 보장은 이용자의 자유로운 이용에 의해 더 자유롭고, 자유권의 행사 여부에 따라 사회권을 보장받는다는 점에서 사회권은 이동권 보장에 의해 권리를 행사할 수 있게 된다.

언제든 원하는 때에 이동할 자유는 누구에게나 있다. 그럼 이동을 위한 편의시설 및 장치마련은 사회와 국가가 책임져야 할 의무이다. 어떠한 조건과 상황이라도 보장되어야 할 권리이다.

외부활동 서비스는 외출의 자유를 보장하는 권리에서 출발한다. 사회활동 권리는 사회참여에 의미를 두어서는 안 된다. 경험하는 데서 그치는 것이 아니라 사회 내에서 생활하는 주체로서 정체감을 갖고 사회 구성원들과 함께 살아가는 이용자의 권리이다.

3) 자조생활과 사회복귀를 방해하는 장애물 극복

사회복지사는 이용자의 자립과 자조생활을 지원하기 위해 지역사회 참여 활동 서비스를 계획하고 사업과 프로그램 등을 계획으로 수립하여 진행한다. 이용자의 주거가 시설이 아닌 지역사회임을 인지시키고 생활해야 할 지역사회를 알고 이해시킴으로써 자립을 현실화하기 위해서이다.

하지만 이러한 지원은 대도시, 중·소도시 또는 농·산·어촌 지역에 따라 지원 방식이 달라야 한다. 농·산·어촌 지역은 오후 6시나 7시가 되면 버스가 다니지 않는다. 사회편의시설이 없거나 물리적 편의장치 및 사회서비스가 취약한 지방자치단체에 터전을 마련한 시설 또한 비슷한 상황으로 대중교통수단의 이용보다 시설의 차량을 이용하여 지역사회를 방문할 것이다. 소규모 시설의 운영자는 사회 환경의 열악함을 감수할 수밖에 없어 더 어려운 여건에 처해 있다. 보조금도 부족한 상황에서 인력마저 없다면 할 수 있는 방법은 외부재정에 의존할 수밖에 없다. 하지만 인구가 적어 후원자원과 자원봉사자의 발굴에 어려움을 겪는다면 보조금 증액 외에는 방법이 없을 것이다.

이용자의 사회참여를 제약하고 있다는 것을 알면서도 대안을 찾지 못해 사회복지사업안내에서 제시하고 있는 최소한의 프로그램을 시행하면서 역할을 다했다는 정당성을 주장한다면 열심히 하지 않는다고 평가할 것인가 등 시설중심의 논의를 정당화시킨 요인이지만 이용자의 입장에서 보면 서비스 제약은 물론 인간다운 생활을 저해하는 장애물임에는 분명하다.

사회복지시설은 시설규모에 따라 이용자 수가 결정되고 이용자 수에 의해 종사자를 채용하는 구조여서 종사자 채용을 확대하기 위해서는 이용할 수 있는 시설의 면적이 넓을수록 이용자 수가 많아지게 되어 종사자 채용이 확대되는 구조이다.

이러한 요인으로 인해 사회복지시설은 필요성은 매우 많으나 결핍된 욕구 모두를 지원하기에는 어려움이 있다는 것을 지속적으로 제기하지만 뚜렷한 대안이 없는 실정이다. 재정의 대부분을 후원에 의존하는 사회복지시설의 실정은 한정된 자원과 인력의 제한으로 인해 호봉대로 급여를 지급받는 것만으로도 다행이라 생각할 수 있다. 최저임금이 인상되어야만 급여가 인상된다면 이해할 수 있겠는가, 사회복지시설에 근무하면서 호봉조차 인정받지 못하는 종사자들이 있다면 이해하겠는가 말이다.

우리나라 사회복지서비스는 생애주기를 중심으로 사회복지와 관련된 서비스를 권장하고 있다. 어린이집과 지역아동센터 및 노인시설 종사자의 급여체계는 타사회복지시설 종사자와 차이가 있다. 따라서 이와 같은 시설에 근무하는 종사자의 급여수준은 유형이 다른 사회복지시설보다 급여가 훨씬 적다. 동일한 어린이집에 근무하더라도 사회복지법인과 개인이 운영하는 어린이집에 근무하는 보육교사의 급여 또한 차이가 있다.

가장 중요한 시기에 부모를 대리하여 영유아를 보호하고 건강한 성장과 발달을 도맡아서 지원하고 있음에도 개인이 운영하는 어린이집에 근무하는 종사자들은 십 년을 근무해도 최저임금을 기준으로 4대 보험을 제외한 금액을 급여로 지급받는다. 호봉도 인정되지 않는다. 경력이 많다고 해도 개인이 운영하는 어린이집에 취직을 하면 최저임금을 지급받는다. 급여 인상은 최저임금이 인상되는 때에만 기대해 볼 수 있을 뿐이다. 그나마 사회복지법인에서 운영하는 시설의 종사자는 호봉을 인정받고 수당을 지급받는다. 그래서 어린이집 교사들은 법인에서 운영하는 어린이집에 근무하기를 희망한다.

반면 농촌지역에 위치한 어린이집 종사자는 수당을 더 지급받고, 개인이 운영하는 어린이집 종사자는 명절휴가비가 있음에도 일부를 공제한 후에 지급받는다. 선택은 개인이 하는 것이지만 이러한 상황이 어린이집에 근무하는 종사자들의 현실이다. 십 년을 근무해도 최저임금을 받아야 하는 현실을 독자의 입장이라면 이해할 수 있겠는가, 보육사업이 국가정책에서 배제된 것은 아닌지, 또는 누구나 대신할 수 있는 일로 이해된 것은 아닌지 재고할 필요가 있다.

많은 사회복지시설의 관리자와 시설장, 사회복지사는 재정이 부족하여 자원을 발굴하기 위해 고군분투하며 직무과중을 버거워한다. 이러한 시설의 여건에서 이용자는 사회복지사와 평등한 관계를 맺을 수 있겠는가, 일상생활과 사회활동은 지극히 개인적인 것이다. 그럼에도 집단적으로 활동을 할 수밖에 없는 여건이다. 집단 활동이 반복되면 이용자는 무료한 참여에 지치게 되어 의존적인 존재로 머물게 된다. 좋은 프로그램을 기획하여도 성과를 도출하지 못한다.

지역사회 참여와 활동서비스는 사회복귀를 위한 사전 단계로 사회복귀를 조기에 실현하는 목적이 있다. 따라서 뻔한 프로그램과 서비스라면 기대를 갖지 않는다.

4. 가족권리 지원서비스

시설이용자들은 24시간 시설에서 거주하기 때문에 자유권을 제약받을 소지가 있는데 자유권이 제한되면 사회권 행사 또한 제약을 받는다. 프로그램실에서 물리치료실을 가는 것조차 종사자와 함께해야 하는 상황에서 자유로운 외출은 동행이 아니라면 불가능할 것이다. 더욱이 가족들 또는 보호자에 의해 입소했다면 보호가 우선이기 때문에 더욱 그러할 것이다.

누구나 가족은 있다. 가족은 사랑하는 사이가 되어 부부가 되어 혈연으로 맺어지고 또는 입양을 통해 가족이 된다. 사회적 관계에 의해 공동체 가족이 되기도 한다. 가족은 사회생활에서 얻기 힘든 쉼과 휴식, 재충전을 제공하는데 가족만이 일과 직무, 직장에서의 힘듦을 이겨내게 한다.

사회복지사는 보호자가 있는 이용자에게 서비스를 지원하면서 가족관계 유지를 위한 서비스 또한 지원해야 한다. 가족지원서비스를 강화해야 하는 이유는 자녀와 부모, 형제관계의 단절을 예방하기 위해서이다. 시설에 입소하는 순간 가족관계 단절이 우려되고 관계하지 않을 소지 또한 많기 때문이며 장애 등의 취약성으로 인해 자식에 대한 기대가 없거나 희망하지 않을 염려 때문이다.

한편 이용자는 시설의 환경에 적응하며 새로운 인간관계를 맺고 시설의 규칙과 생활의 변화를 적응해야 한다. 떨어져 지내는 생활 또한 익숙해져야 한다. 헤어짐이 오랫동안 지속된다면 각자의 생활에 몰입하면서 일 년에 한두 번의 방문만으로도 역할을 다했다고 생각하는 등 가족관계는 소원해진다. 어쩌면 효도받기는 틀렸다고 생각할 수 있기 때문에 시설에 사는 것이 더 나을 수 있다고 판단할 수도 있다. 돌봄의 양육부담이 가중되었다면 더한 생각도 할 것이다. 종종 부모와 형제들에 대한 정보를 전달해야 함에도 연락이 안 된다는 얘기를 이용자에게 해야 할 때가 있다. 가족은 있는데 가족이 없는 것이다.

가족은 떨어져 지낸다고 없어지거나 하지 않는다. 따라서 가족의 성향과 특성, 가족의 애착 정도를 파악하여 관계회복을 위한 서비스를 모색해야 한다. 어떠한 서비스가 가족관계를 회복하고 가족임을 인식하게 할 수 있는지는 많은 사회복지사들이 고민하는 사항이다.

따라서 사회복지사는 다음의 사항을 고려해야 한다.

첫째, 이용자와 가족들의 정보를 정기적으로 제공한다.

가족들이 이용자의 생활을 확인할 수 있도록 방안을 모색한다. 정기적으로 시설을 이용하는 가족들의 소식을 전할 수 있는 가족소식지를 발행하는 것도 방법이다. 사회복지사는 부모와 형제들에게 정기적으로 안부를 확인하여 이용자에게 전달하고 또한 이용자의 생활을 이해할 수 있도록 활동사진과 주거 공간, 프로그램 참여 사진을 인화하여 발송한다. 생활상을 이해할 수 있도록 최근의 근황을 기술한 편지 형식이 적정하다.

이용자의 단점과 장애 등을 거론하기보다 활동사항을 중심으로 배우고 있는 것들을 소개하고 사회참여를 통해 해낸 일들을 중심으로 기술한다. 설, 추석, 어버이날에는 장애수당 등 개인용돈으로 부모에게 드릴 선물을 구입하여 손 편지를 써서 집으로 발송한다. 손 편지는 사회복지사가 도움을 주고 설명을 통해 이해시킨다.

둘째, 가족지원서비스는 권리회복이다.

가족지원서비스는 가족의 권리를 회복하고 가족임을 확인하게 하는 데 목적이 있다. 가족을 만나 교제하면서 시간을 보내는 것은 당연한 이용자의 권리이다. 권리회복과 주장하기 위한 서비스 조치는 가족연계와 정보제공이다.

가족지원서비스는 가족관계 회복을 위한 활동으로 가족들의 생활상을 이용자도 알아야 하고 부모, 형제들 또한 시설에서 안정적으로 생활하고 있음을 알게 되면 안심하게 된다. 가족의 근황을 정기적으로 제공하기 위한 연락사무는 중요한 사회복지사의 역할이다. 가족을 초대하여 시설에서의 생활과 여가문화활동 등을 소개하고 안심하도록 하는 것 또한 권리보장을 위한 조치이다. 가족방문을 활성화하여 시설 내 행사에 초대하거나, 명절에 집으로 귀가지원 또는 가족들이 시간을 보낼 수 있는 가족숙소를 마련하는 것도 가족관계를 돈독히 하는 데 효과적이다.

가급적 시설운영위원회가 개최되면 부모를 초대하여 참여하도록 하고, 시설에서 시행하는 행사나 운영관련 사항을 가정서신으로 발송하는 것도 가족들의 관계를 유지하고 이해를 돕는 방법이다. 가족캠프를 통해 형제관계를 지원하고 의미 있는 활동의 참여를 권장하는 것도 좋은 방법이다.

셋째, 안락한 시설환경은 가족권리를 회복시킨다.

아무리 좋은 시설을 갖추고 환경이 좋다고 하여도 가정보다 편하지는 않는다. 가정과 같은 환경을 추구하고 개조하는 이유는 가정은 사회참여와 활동을 위한 쉼과 휴식 등 가족만이 누리는 공간이기 때문이다. 환경의 적절성은 가족관계를 유지하고 지속하는 데 필수 요소이다. 따라서 가족은 떨어져 지낸다고 하여 관계가 끊어지지 않는다. 어떻게 유지하게 하는지에 따라 개선되므로 가족지원서비스는 사회복지사의 권리보장을 위한 활동임을 기억해야 한다.

넷째, 형제관계 회복은 가족 성원임을 확신하는 권리이다.

부모는 죽음 이후 남은 자녀를 걱정하고 이용자의 노후를 걱정한다. 형제들의 관계유지가 중요한 이유는 자녀의 앞날을 걱정하는 부모의 염려 때문이고 소원해지는 형제관계 때문이다. 형제관계는 부모의 죽음 이후 가족임을 인식하고 돌보는 관계에서 형제임을 확신하기 위해 사회복지사의 중재가 필요하다. 따라서 정기적으로 또는 연 행사를 통해 형제 초청 프로그램을 기획하여 형제관계를 지원하는 것이 가족관계 유지에 효과적이다.

5. 여가문화권리 지원서비스

여가가 시설이용자에게 자연스럽게 논의되고 사회복지시설의 프로그램 가운데 주로 시행하는 활동이지만 생활 중에 '여가활동이 이것이다'라고 정의하기는 모호한 점이 있다. 여가는 시설에서 24시간을 지내야 하는 이용자에게 생활의 무료함을 벗어나 즐거움을 선사하는 것임에도 불구하고 일반적인 프로그램과 동일하게 시행되고 있어 개념정의가 필요하다.

1) 여가의 어원

고대 그리스어인 'schole'와 라틴어인 'licere'에서 유래하여 영어 'leisure'는 즉 '아무 것도 하지 않음'의 의미가 내포되어 있는 라틴어 'otium'과 생활공간으로부터의 행방과 자유, 자유 시간' 등을 의미하는 'schole'에서 유래하였다. 'otium'은 특별히 하는 일이 없는 시간으로 잔여시간을 의미하고, 'schole'는 자기발전을 위한 배움의 활동인 자유재량시간을 의미한다. 따라서 여가는 어원적으로 볼 때 한가하게 자유재량으로 시간을 보내는 것이고, 자기향상과 자유재량을 통해 소비하는 활동이다. 즉 노동과 일과 타인으로부터 구속받지 않는 시간으로 신체적 자유, 부과된 의무로부터 해방되어 자유롭게 휴식을 취하는 것을 말한다. 피로와 압박으로부터의 휴식을 통해 에너지를 충전하는 재창조의 여가와 즐거운 시간을 보내는 오락을 의미한다(박지환 외, 2017: 406).

2) 여가의 기능

여가의 기능은 휴식기능과 심리적 기능, 자기실현기능, 사회적 기능 외에 교육 및 문화적 기능이 있다(박지환 외, 2017: 407).

첫째, 휴식기능은 여가를 통해 정신적, 신체적 피로를 풀고 재생산을 위한 에너지를 보충하여 다시 일을 할 수 있는 힘을 회복시키는 생리적 휴식기능이다.

둘째, 심리적 기능은 단조로운 작업과 변화 없는 생활과 자기 상실 등에 의한 스트레스를 줄인다. 고독, 정서불안, 좌절감 등을 해소하여 성취감과 심적 안정을 갖게 한다.

셋째, 자기실현기능은 인간성을 회복하고 인격 형성 및 표현의 기능을 회복하는 것이다. 일과 관련이 없는 취미생활을 통해 특기를 살리고, 지적 능력을 보완하여 자유롭게 사회활동에 참여하면서 성장과 발전을 촉진하는 데 있다.

넷째, 사회적 기능은 사회적 관계를 원만하게 유지하고 사회적 역할을 배우며, 인간관계의 조화로운 태도와 기술을 익히게 하여 사회 구성원으로 참여하게 함으로써 개인 및 집단 간의 벽을 허물고 건전한 여가생활을 보내도록 하는 데 있다.

다섯째, 교육 및 문화적 기능은 건전한 여가를 통해 지적인 능력을 향상하고 음악, 연극, 미술 등의 활동을 통해 문화에 대한 이해를 높이면서 지적인 자극을 강화하는 등 문화 창조와 형성에 기여하는 기능이다.

3) 여가문화생활 권리 향유

여가생활은 생활의 안정을 찾게 하고 휴식을 갖게 하여 안락한 생활을 유지하게 한다. 더 긍정적인 효과는 대인관계와 사회생활을 원만하게 하는 에너지를 제공하는 데 있다. 여가활동은 직무관계를 떠나 사적 관계에서 취미활동 등 공통의 관심사를 갖고 만나기 때문에 관계 맺기가 자연스럽고 더 친밀한 관계를 맺고 유지하게 한다.

또한 여가생활은 이용자의 장애 등의 조건과 상관없이 자유롭게 원하는 것들을 즐기게 한다. 신체조건과 질병 등으로 인해 건강하지 않다고 하여도 오히려 치료 효과를 기대할 수 있어 여가는 개인의 약함을 호전시킨다. 활동과 참여를 위한 사회적 관계 또한 친밀한 관계에서 교제하게 하여 사회참여 및 활동의 범위를 넓히는 데 유용하다. 힘든 일과 무리한 상황에서 직무과중을 겪는다 하여도 여가생활을 통해 스트레스를 감소시키고 에너지를 충전시킨다.

많은 사회복지사들이 시설이용자에게 건전한 여가문화 조성을 위해 다양한 프로그램을 개발하여 진행하고 있다. 한 주와 한 달을 기준으로 시설 내에서와 지역사회에서 진행하고 있으며 주로 시설에서 사회복지사에 의해 시행되는 경우가 대부분이다. 하지만 중증 지적장애인 또는 치매 노인 등의 여가활동은 치료중심의 활동이 많아 생활여가 프로그램을 개발하여 진행할 필요가 있다.

시설이용자의 편에서 여가문화권리는 인간다운 생활을 유지하고 지키기 위해 매우 필요한 활동이다. 시설이용자가 도전적인 행동을 하거나 불필요한 말썽에 휩쓸리고 타인을 공격하는 행위를 하는 것은 거절 경험에 의한 욕구불만 때문이다.

개인들의 성향이 다양하여 보호자가 대신 얘기해 주면 도움이 되지만 그렇지 않을 경우 사회복지사는 이용자의 상황을 정확하게 파악해야 한다. 누구나 동일한 조건에서 같은 것을 추구하면 불편해진다. 또한 개인의 권리행사가 제약을 받는다. 자유권을 보장하기 위한 조치는 개인의 특성에 적합한 여가생활을 보내도록 하는 것이다. 사회참여를 촉진하는 차원에서 가급적 지역의 주민들과 어울리며 즐길 수 있는 프로그램에 참여하도록 적극적으로 권장하는 것이 적절하다. 설사 혼자 있는 시간이라도 취미를 즐기도록 적성에 적합한 여가활동을 보내게 되면 여유를 갖게 되어 즐거운 시간을 보낼 수 있다.

이용자의 여가문화권리를 보장하기 위해 사회복지사는 선호하는 것을 찾기 위해 상담을 하고 이를 지원하기 위한 대안을 모색해야 한다. 확정된 논의를 기관의 지원으로 연계하기 위해 기안하여 승인을 받고, 여가활동을 지원할 수 있는 지역사회 강사를 연계하여 시행한다. 물론 이용자가 이해할 수 있도록 충분한 사전 설명을 통해 동의를 받아야 한다.

영국 등은 다양한 형태로 여가문화를 창조하여 보급하고 개발하는 데 주력하고 있다. 영국에서는 노인회관, 마을회관, 교회, 도서관, 일일센터 등을 여가공간으로 활용하고 있으며, 어린 시절부터 단체에 가입하여 여가활동을 즐긴다. 미국은 1950년대부터 지역에 퍼져 있는 교육센터에서 컴퓨터 교육 등을 즐기면서 여가활동을 권장하여 왔다. 일본은 가정에서 즐길 수 있는 여가활동과 사회참여를 통해 단체 등에 가입하여 활동하는 여가활동이 활발하다(박지환 외, 2017: 410-411).

사회복지사는 이용자들이 적극적으로 여가문화생활을 누릴 수 있도록 여가활동 선호조사를 통해 여가활동을 개발하고 참여 및 활동의 만족도를 파악한다. 이용자와 정기적으로 상담을 진행하고 요구하는 것들을 반영하기 위해 보호자 및 강사 등과도 정기적으로 협의한다. 이제 여가생활을 위한 모니터링을 통해 평가하고 만족정도를 확인하여 개선사항을 반영한다. 이용자는 시설에서 생활해야 한다는 제약이 있지만 생활 권리는 여가생활을 보장하면서 자유롭게 활동하는 것 외에는 없다.

6. 주거권리 지원서비스

일반적으로 주거서비스의 기본요건은 안정성으로 위험요소가 없어야 하고 염려 또한 하지 않아야 한다. 심신이 휴식을 취할 수 있도록 쾌적해야 하며, 화장실 이용 등은 방에서 방으로, 거실이나 주방의 이동이 자유로워야 하는 편리성이 우선이다. 장애의 중증화, 나이 듦에 따라 신체능력이 저하되면 이에 따라 시설을 개조할 수 있어야 하는데 생활의 변화에 대응할 수 있는 융통성과 건강하고 위생적으로 생활할 수 있는 보건성을 갖추고 있어야 한다(박지환 외, 2014: 352).

주거는 색감 및 심리적인 면을 포함하여 안심하면서 생활할 수 있는 장소를 가리킨다. 따라서 생활이 전제되어 있어 개인들의 주거행위를 포함한 거주공간이어야 한다. 현대사회의 주거지인 주택은 수면을 위한 침실, 편히 쉴 수 있는 거실, 식사를 위한 주방 등으로 구분되고 휴식과 충전, 쉼의 공간으로 기능한다. 따라서 주거공간은 쉴 수 있고 생활할 수 있어야 하고 제약을 받지 않고 기분 좋게 생활할 수 있는 기능이 있을 때에만 주거라고 할 수 있다(박지환 외, 2014: 352).

거주기능은 주거하는 사람의 상황에 적합한 환경과 시설이어야 한다. 안정을 주는 색감은 심리적으로 편안한 상태를 유지하게 하기 때문에 평온을 유지하지 못하는 색채라면 불안한 심리상태를 갖게 하여 생활리듬을 깨뜨린다. 휴식의 기능을 최대한 보장하고 쉴 수 있는 여유로움을 회복하려면 이용자의 상태에 적합한 개조를 통해 이동권 보장과 생활할 수 있는 활동의 폭이 가급적 넓혀야 하고 자유로운 활동이 가능한지 등이 고려되어야 한다. 또한 조명과 인테리어가 부산하고 분산된 색감은 적절하지 않다. 현란한 조명, 색감이 짙은 벽지, 턱이 있는 것 등은 지양해야 한다.

따라서 주거는 생활하는 데 공간적으로 유용하고 생활활동이 공간과 연관되어 있을 때 행복감을 느끼게 한다. 주거는 행복감을 느낄 수 있는 공간이어야 한다는 것이다(박지환 외, 2014: 353).

시설을 개조하는 것은 이용자의 생활 편의를 도모하고 이동성과 공간을 최대한 활용하고자 하는 목적 외에 개인들의 휴식과 주거 기능을 극대화하여 쉼과 행복감을 충족하기 위해서이다. 공간 활용성을 높이기 위해서는 장애 등의 상태에 따라 이동성과 휴식, 쉼을 갖도록 방과 방, 거실에서 방, 주방에서 베란다, 화장실 이동이 자유로울 수 있게 개조하는 것이 먼저이다.

또한 편의장치가 이용자의 편에서 적정하게 설치되고 사용이 자유로워야 하는데 스위치의 높이, 가구 및 수납공간의 사용, 방문을 열고 닫는 손잡이, 미끄러지지 않는 바닥, 화장실의 안전손잡이, 비상벨의 설치, 싱크대 및 조리 기구를 넣을 수 있는 충분한 공간, 혼자서 휠체어에서 침대로 이동할 수 있는 침실 구조, 채광이 잘되는 창문, 편안하게 휴식을 취할 수 있는 의자, 냉·난방 등이 이용자의 신체적·정신적 상태에 적합해야 한다.

이러한 개조는 불편을 최소화시켜 주거목적을 달성하게 한다. 이용자의 신체적, 정신적 조건에 부합하고 생활에 활력을 불어 넣어 생기를 갖게 한다. 즉 재충전과 편안한 휴식을 갖게 하여 에너지를 공급하는 것이다.

하지만 시설이용자의 장애특성 등을 고려하지 않아 구조가 비좁거나 한 방에 많은 동료와 생활해야 한다면 동료와 사용하는 공간이 협소하여 신체적 부딪힘을 유발하고 갈등하게 만들어 공간침해 등 불편함을 초래한다. 집단으로 생활하는 것은 개인의 사적 생활을 보장하기 어렵다. 개인적인 시간을 보내지 못하게 되어 사소한 것들이 불편하고 심리적으로 불안하게 하는 등 예민하게 만든다. 불편이 많은 거주공간은 주거기능을 상실하여 생활의 활력을 떨어뜨리고 의지를 갖지 않게 한다. 화장실 사용조차 순서를 기다려야 하는 공동체 생활이 안락할 수는 없다.

거주는 생활을 의미하는데 자기 존재감을 갖게 한다는 점에서 집단생활의 안락함은 시설의 공간 활용이 이용자의 장애 등의 특성에 적합해야만 인지되는 편안함이다. 이용자의 거주 공간 권리는 사생활이 보장되고 침해받지 않을 정도여야만 주거지로 기능한다.

따라서 주거기능 확보는 이용자의 장애 등 신체적·정신적 상태에 따라 개인들의 생활을 보장하는 개조에 의한다. 따라서 사생활을 보장하기 위한 개인들의 생활공간을 최대한 확보하는 것이 관건이다. 5~6명이 함께 생활하는 공간을 개방하여 옷을 갈아입고, 개인의 물건을 보관하는 공간조차 없다면 주거기능을 상실한 것이다. 반면 한 방에 여러 명이 생활한다고 하여도 개인의 프라이버시를 지킬 수 있고 물품과 물건을 마음껏 사용하면서 보관할 수 있는 사물함이 비치되어 있다면 사생활은 보장된다. 옷을 갈아입고 휴식을 취하면서 자기 공간이 있다는 생각을 갖게 되면 여유로운 생활을 하게 되어 안정감을 갖는다.

주거권리 보장은 개인의 사적 생활의 보장정도에 의한다. 여러 명이 사용하는 주거지라고 하여도 개인 생활을 보장할 수 있도록 거실 공간을 최대한 활용하고 휴식을 취하면서 잠을 잘 수 있는 침실이 있다면 주거권리는 보장된 것이다.

7. 자조생활권리 지원서비스

자조적인 생활은 이용자 스스로 일상생활과 사회생활을 수행할 수 있는 능력에 관한 것이다. 자조서비스가 권리로 보장받기 위해서는 개인의 능력에 대한 주도면밀한 확인, 즉 기능적 신체상태의 파악을 통해 수행 가능한 것과 수단적 생활의 도움정도를 파악해야 한다.

자조생활은 자립생활을 위해 매우 중요한 생활능력으로 가정생활과 사회생활을 수행할 수 있는 능력에 해당한다. 옷을 입는 것과 벗기, 음식을 섭취하고, 목욕하기 등과 같은 일상생활 능력과 수단적인 일상생활로 도구를 사용하여 일상생활의 편리함 등을 추구하는 생활능력을 말한다. 따라서 자조생활을 향유하기 위해서는 자유롭게 자신의 의지대로 활동할 수 있어야 한다는 조건이 있다. 일상생활의 자유로운 활동과 도구사용 능력은 자조생활을 촉진하기 때문이다.

자조생활을 위해 사회복지사의 지원이 필요한 이유는 자기결정권을 촉진하고 자유권 행사를 위해서이다. 수행이 어려운 생활기능을 파악하여 보조기구 등을 지원하여 자조생활을 도울 수 있다. 서비스 지원을 통해 자조생활을 가급적 개인의 판단에 의해 생활하도록 촉진할 수도 있다.

자조생활정도는 능력과 결부된다. 개인적으로 수행 가능한 활동은 가급적 스스로 수행하게 하고 수행이 미흡하고 어려운 활동에 대해서만 서비스계획에 반영하여 지원한다. 동의를 구해 참여 동기를 부여하는 등 일방적이어서는 안 된다. 충분한 사전설명이 필수이고 지원서비스 내용 또한 숙지할 수 있도록 이용자의 입장에서 설명한다.

자조적으로 생활하지 못하면 반대로 의존성이 증가된다. 개인의 무능력이 부각되어 사회복지사와의 관계는 더욱 의존하는 위계적인 관계가 되어 이용자는 의존하는 대상자로 전락한다. 사회복지사가 의도하지 않더라도 이용자는 사회복지사의 얘기를 지시로 받아들이고, 수행해야 할 역할, 참여만이 강조되는 등 개인의 주장과 판단은 보류된다. 사회복지사가 서비스를 지원하기 위해 설명하는 것조차 요구로 받아들이며 따라야 한다는 수동적인 태도로 무기력하게 행동한다.

이러한 생활이 장기화되면 이용자는 더 이상 자조적으로 생활할 수 없다. 수동적으로 생활하면서 시설의 규칙과 패턴이 자신의 삶인 것처럼 행동하고 더 이상 능력개발을 위해 노력하지 않는다. 더 나은 생활을 위한 도전은 동료의 몫이라고 생각하며 아무런 노력을 하지 않는 것이다. 이렇다면 이용자를 위해 아무리 좋은 서비스를 개발하여 적용하고 시도하려 해도 수동적인 태도를 버리지 않는다. 많은 사회복지사들이 이러한 이용자의 태도와 모습을 겪으면서 장애를 문제 삼아 거론하는데 변하지 않는다는 이야기를 자연스럽게 하는 이유도 이러한 이용자의 태도 때문이다.

자조적인 생활은 개인의 능력에 따라 적용시점을 고려해야 하는데 신체조건과 정신적 상황이 어떠한지에 따라 스스로 생활이 가능한 것과 아닌 것을 구분하여 적시에 지원해야 한다. 하지만 이용자의 참여 의지가 있어야만 지원의 적시성을 높일 수 있다. 따라서 개인의 능력은 반드시 고려되어야 하고 적극적인 사회복지사의 의지와 노력정도에 따라 권리를 행사한다는 점에서 사회복지사의 역할은 중요하다.

원하는 것을 시기에 따라 수행하는 것은 인간이 가진 고귀한 권리이고 행사를 촉진하는 매개이다. 누구나 원하는 것을 구속받지 않으려고 한다. 스스로 수행이 불가능하기 때문에 사회복지사의 역할이 중요한 것이다. 사회복지사의 세심한 주의와 배려는 이용자의 권리를 보장하는 매우 중요한 것임을 기억하기 바란다.

8. 주민교류권리 지원서비스

주민들과 시간을 보내는 것은 사회참여를 촉진한다. 주민교류지원은 사회권 행사의 중요한 교두보이다. 하지만 효과적인 주민교류 서비스를 지원하기 위해서는 교류대상과 지원범위를 사전에 파악하여 교류계획을 수립해야 하는데 교류장소, 시간, 이용자의 장애특성 이해시키기 등 이용자와 주민들이 만족할 수 있는 교류여야 한다.

주민들은 이웃이다. 하지만 시설이라는 특수한 주거공간은 집단생활을 하면서 생활하는 이용자들과 종사자들이 생활하면서 근무하는 곳이다. 방문자가 주민이 될 수 있지만 찾아와 만나는 식은 결코 좋은 방법이 아니다. 오히려 이용자들은 시설 밖의 주민들이 살아가는 사회적 교류가 더 필요하다.

따라서 시설의 방문자 또는 후원자, 자원봉자사가 방문하였다고 하여 이용자의 동의 없이 숙소 등을 방문해서는 안 된다. 개인의 거주공간은 사적인 곳으로 일상적인 관례라고 하여도 이는 명백한 권리침해에 해당한다. 사전 동의를 받아야 하고 거절한다면 그것 또한 자연스러운 것이다. 자신의 집을 방문하는 것은 오직 주인의 초대에 의한 것이어야 하기 때문이다.

일상적인 생활리듬을 회복하는 가치 있는 활동은 주민들의 생활방식을 가급적 유사하게 생활하는 것이다. 주민들은 친구를 만나 교제하기 위해 커피숍에서 만나자는 얘기가 자연스럽고 휴일에는 여가를 보내기 위해 놀이공원에서 가족들과 시간을 보낸다. 매일 시설에서 지내면서 찾아오는 사람을 만나는 것은 제약된 생활이다.

의미 있는 날 지역의 식당에서 외식하는 것은 현대인의 여가생활이다. 의미를 더한 선물을 건네는 것, 자유롭게 친구들과 통화하는 것 등은 누구나 하는 생활이다. 사회복지사로부터 이러한 활동을 해야 한다고 요구받는 생활은 의존된 생활이다. 원하는 시기에 자유롭게 지역사회 시설물을 이용하며 보내는 여가는 시설에서 보내는 활동보다 더욱 가치 있는 활동이다.

주민들은 이웃이고, 친구이며 교류하는 누구나이다. 따라서 시설 내에서 집단적인 활동보다 가급적 개인적인 활동을 추구하도록 지원하고, 시설에서 보다 시설외부, 즉 지역사회에서 진행하는 것이 더 나은 활동이다.

주민교류 또한 마찬가지다. 시설에서 동료들과 보내는 시간보다 주민들을 이해하기 위해 만나고 시간을 보내는 것이 나으며, 지역사회에서 주민들이 교류하는 방식대로 즐기는 것이 이용자의 편에서 더 나은 선택이다. 스포츠센터를 이용하고 평생교육원을 찾아 이용하는 것, 책을 읽기 위해 도서관을 이용하는 것, 커피숍에서 시설동료를 만나 대화하고, 영화를 관람하는 등 가급적 지역사회 주민들이 생활하는 지역의 편의시설에서 시간을 보내는 것이 정상적인 생활리듬을 갖게 하는 일상의 평범한 생활이다.

이용자들을 지역의 주민들과 교류하고 지원하기 위해 지역의 모임과 활동이 가능한 취미활동을 찾아 설명하고 참여 동기를 확인한다. 해당 시설에 연락하여 이용이 가능한지를 문의하고 비용지불을 개인비용에서 지불할 것인지, 프로그램으로 진행할 것인지를 동료들과 협의한다. 이후 동행하여 스스로 이용이 가능할 때까지 지원하고 주민들과의 관계 맺기를 위해 이용자 소개 및 시설생활 등을 설명하고 중재한다. 관계가 맺어지면 시설에 초대하여 이용자의 특성을 소개하고 이용자에 대한 거리감을 없애고 자연스러운 교제가 가능하도록 지원한다.

9. 자립생활권리 지원서비스

자립생활은 홀로서기이다. 위험이 있다고 하여도 감수하면서 스스로 살아가는 생활이다. 자립은 자신의 선택과 판단에 의해 원하는 것을 수행하는 활동이며 이러한 생활은 자기 결정에 의한다.

자립의 범위는 포괄적이다. 생활의 모든 것이며 사회생활을 포함한다. 따라서 자립을 하려면 개인적인 생활을 스스로 수행할 수 있어야 하고 사회생활의 경험과 기술을 습득하여 원하는 것들을 언제든 할 수 있어야 한다.

사회복지사는 개인의 기능정도를 확인하고 능력에 적합한 활동을 찾기 위해 단순한 활동부터 시행한다. 점차 강도를 높이고 익숙함 정도를 파악하여 지원할 서비스 목록을 작성한다. 원하는 욕구를 파악하여 지역사회 주거지 이전 계획을 수립하고 중기와 장기 목표를 세운다. 목표수립을 마치면 수립한 계획을 진행함과 동시에 독립을 위해 영구임대주택을 신청한다. 이러한 과정을 통해 독립계획은 완성된다.

하지만 완전한 독립은 독립에 필요한 자립기술을 습득해야 하는 과업이 있지만, 이용자의 자립 의지와 사회복지사의 지원 역량이 어우러졌을 때 비로소 성취되기 때문에 자립은 개인의 자조활동에 관한 모든 것이라 할 수 있다. 따라서 시간의 제약을 받아서는 안 되고 충분한 지원을 통해 가능한 한 스스로 수행하도록 지원하는 것이 핵심이다. 사회생활 또한 광범위하고 포괄적이어서 스스로 수행이 가능할 정도여야 하는데 단·중기 계획을 통해 단순 활동에서 강도 있는 활동으로 순차적으로 수행하는 것이 핵심이다.

계획은 연 단위 계획으로 수립하고 개별적으로 수립하는 것이 효과적이다. 반년과 월 단위 계획으로 반영하여 주간계획을 수립하여 진행하고 과정기록지를 작성하여 개인의 습득정도를 알기 위해 월간 평가를 시행한다.

무엇보다 중요한 것은 체득해야 할 일상생활과 사회생활 목록을 정해 계획적으로 추진하는 것이다.

일상생활은 가사활동 전반에 관한 것이다. 의복관리를 비롯하여 위생적인 생활을 스스로 청결하게 할 수 있는지, 식사준비는 가능한지, 자기 물건과 주거공간을 관리하는 것 등을 포함한다. 생활이 전제된 것이므로 각각의 목록을 정해 스스로 관리하고 휴식을 취할 수 있는 공간임을 인지하고 있는지, 자력으로 생활할 수 있는지를 평가하고 잘 수행하고 있다면 관리가 가능한 것이다.

사회생활은 의미 있는 활동을 위한 대인관계, 의사표현, 교제 나누기, 모임 또는 단체에 소속하는 참여적 활동, 새로운 시도를 하면서 두려워하지 않는 정서적인 마음상태 등을 포함한다. 존재감 있는 생활을 위해 주민들과 동일한 생활패턴을 유지하면서 지내는 것 등을 포함한다.

더욱 중요한 것은 사회생활 적응 및 활동 목적이 분명해야 한다는 것이다. 여기에서 의미하는 목적은 주민들과 동일한 생활패턴을 회복하고 사회참여 활동의 교두보인 직업생활에 있다. 직업생활은 직업의식을 갖고 직장을 얻는 것도 중요하지만 직업을 유지하는 것이 더 중요하다. 따라서 직업을 얻기까지 대중교통 수단을 이용하는 방법을 습득하고 직업인으로 생활하기 위해 수입을 관리하고 규모 있는 경제활동을 하는 등 자기관리는 매우 중요한 자립기술이다.

많은 사회복지사들이 이용자의 자립생활을 지원하기 위해 시설에서 지역사회로 이주하는 과정에서 주거지를 마련하고 사회적응을 위한 훈련을 시설에서부터 시행한다. 장기목표를 수립하여 지역사회 시설물이용과 대중교통 수단이용 방법을 체득하도록 지원하고, 체험홈 등에서 단기 및 장기거주를 통해 지역사회 생활이 익숙해지기까지 지원하고 있다.

체험홈에서의 생활은 자조생활을 목적으로 한다. 식사의 자립을 위해 식기의 종류를 이해하고, 재료손질과 적당한 그릇에 담기, 밥을 하고 설거지까지 위생적으로 해야 할 것들을 지원한다. 마트에서 재료를 구입하는 절차가 익숙해지기까지 반복적으로 훈련하면서 스스로 수행이 가능할 정도까지 지원하는 것이다. 이웃주민들을 초대하여 식사를 대접하거나 아파트 단지를 청소하고, 반상회에 참여하여 주민임을 알린다.

어느 정도 익숙해진 후에 독립을 준비하게 되는데 보호작업장을 다니거나 또는 일반취업을 하면서 본격적인 사회생활을 준비한다. 사회복지사는 대중교통수단의 이용방법을 익히기 위해 동행하고 직장에서 또한 같이 일을 하면서 지원하는데 이러한 지원은 직장적응 및 직무에 익숙해지기 위해서이다. 반기 또는 월마다 직장동료들을 초대하여 장애 등의 제약을 설명하면서 새로운 직무에 적응하도록 조언하고, 동료관계 등 중재역할을 통해 돕는데 이러한 과정은 직장생활을 위한 것도 있지만 자립생활을 위해서이다.

자립생활은 사회복지사의 지원여부에 따라 시기를 앞당길 수 있고 개인의 능력정도에 따라 길어지기 때문에 체계적이고 계획적인 추진이 중요하다. 따라서 이용자의 상황에 적합해야 한다. 능력정도에 따라 순차적으로 기술을 습득할 수 있게 지원하는 것이 적정하며 미래지향적인 관점에서 자조생활과 독립에 초점을 두고 시행하는 것이 효과적이다.

12장

인권기반 사회복지시설 운영과 전망

1. 인권기반 시설운영 지향

사회복지사는 인권기반 사회복지시설 운영 및 직무수행 적용방법 전략을 수립해야 한다. 인권적용 사회복지시설 운영은 관리운영, 행정사무, 서비스 영역에 적용된다. 위의 영역은 시설운영의 핵심영역으로 이용자의 생활증진, 안정된 생활을 통한 자립기술 습득, 지역사회 교류를 통한 사회복귀 촉진 등 시설의 본래 목적인 이용자의 복지증진을 위한 전략에 해당한다.

사회복지시설은 이용자의 권리를 보장하면서 지역사회복귀를 위한 행정역량을 총동원하여 이용자의 생활안정에 기여한다. 점검체계를 수립하여 사고 등의 위험을 예방하는 것은 시설의 본래목적을 달성하게 하지만 공공사회복지기관임을 대외적으로 알려 신뢰를 갖게 하는 의도가 있다.

인권의 개념이 시대의 발전에 따라 성숙되어짐과 동시에 사회적 상황과 문화적 흐름을 반영하여 발전하였듯이 시설운영의 중심에는 인권의 주체인 이용자가 항시 주체가 되었다. 시설의 행정사무, 관리운영, 서비스를 적용하는 방법도 모두 이용자 때문이다. 따라서 시설의 서비스는 행정사무 지원과 관리정도에 따라 생활 및 자립생활의 조기실현, 원만한 대인관계 형성과 유지, 지역사회 이해 등을 촉진하는 기능이 있어 자조생활을 조기에 이루게 한다.

시설의 운영방식이 인권친화적이라면 인권문제는 더 이상 거론되지 않을 것이다. 이용자의 복지증진을 위한 역할 또한 수월해질 것이다.

2. 자유권 보장을 위한 사회복지사의 역할

인간은 누구나 행복할 권리가 있다. 이 권리는 인간이기 때문에 갖게 되는 자연적인 권리로 살아가면서 향유하는 모든 것이다. 따라서 인간으로서 할 수 있는 모든 것들을 누리고 가짐을 통해 인간이 인간답게 생활할 수 있게 되는 것이다.

이를 존엄성으로 본다면 시설이용자는 인간으로서 누려야 할 인간다운 생활을 살아야 할 권리가 있다. 이를 가치로 인식해야 한다. 이를 보장하고 완성시키는 것이 자연적 권리인 인권이다. 인권은 현재의 생활보다 더 풍요롭고 행복한 삶을 살아가도록 안내하고 이를 인간다운 생활로 정의한다.

하지만 개인의 신체적 제약과 장애 등의 특성만을 부각한 시설입소의 우선적 조치는 인간다운 생활을 방해하는 장애물로 개인의 안정된 생활을 방해한다. 살아가면서 위험한 상황에 직면하고 어려운 일을 겪는 것은 누구나 마찬가지인데 장애특성만을 고려하여 시설입소를 강제하는 것은 자유권을 침해하는 행위이다.

개인의 힘으로 극복하지 못하는 힘듦은 무수히 많다. 장애는 대표적인 버거움이다. 자신이 장애를 가졌는지조차 모르는 이용자 또한 무수하다. 취약성을 갖고 있는 이용자들의 인권을 어떻게 보장해야 하는지는 오직 사회복지사가 풀어야 할 과제이다. 조건과 상황, 상태, 그의 모든 것이 사회와 부합하지 않더라도 이용자는 인간으로서 자연적인 권리를 가진다. 이를 촉구하고 대변하면서 대리하는 수행자가 사회복지사이고 시설종사자이다.

3. 사회적 합의 도출

인권은 '인간은 어떠한 상황과 상태라 하여도 존중받아야 한다.'는 근본적인 논의를 대변한다. 따라서 조건의 불리함과 이용자가 처해 있는 상황만을 판단하는 것은 오류이고 모순이다. 시설이용자의 인권보장을 위한 사회적 합의와 대안이 시설차원과 사회적 차원에서 모색되어야 할 이유지만 현행법은 인권침해 요소를 사회적 범죄로 다루고 있다.

따라서 시설이용자의 인권을 지키고 보장하는 데에는 사회적 합의가 선행되어야 하고 시설 자체적으로 보장하기 위한 장치를 마련해야 하는데 자구책을 마련하지 않는다면 이용자의 인권보장 논의는 허구에 불과하게 된다. 일부 시설에서 인권침해 보고가 종종 발생하는 이유는 인권보장을 위한 개념정의와 대안을 마련하지 않았기 때문이다. 이제 근본적인 대안을 서둘러 마련할 시기임을 분명히 요구하는 시대적 변화에 직면해 있으면서도 초동적인 지원에 머물고 있는 것이다.

4. 인권 지킴이 역할 수행

일생을 타인에게 의존하여 생활하는 이용자의 입장을 고려한다면, 사회복귀를 한다고 하여 차별받지 않고 주어진 삶을 잘 살아갈 것이라고 확신할 수 없는 경우가 많다. 장애 등의 상태가 시설에서 생활해야 할 정도이기 때문에 죽음을 맞이하기까지 시설에서 지내야 한다면 비극이다. 이 판단은 사회복지사가 해서는 안 된다. 물론 시설을 유지하고 운영하기 위해 이용자가 입소해야 하지만 인간다운 생활을 위한 자기 삶의 몫은 분명이 천부적으로 주어진다.

이용자가 사고하지 못하고 자기주장을 하지 못한다 하여도, 또는 장애 등의 취약성으로 인해 표현하지 못한다고 하여도 가치 없는 삶이라 할 수 없다. 인권의 정의는 인간의 존재감을 인권으로 표현하고 존재만으로도 존엄하다는 것을 천명하고 있기 때문이다.

인권은 인간이기 때문에 존중받는 생활을 더욱 추구하는 것을 당연한 것으로 여긴다. 하지만 의존하는 상태는 누군가의 지원이 상시적으로 필요하다는 것이기 때문에 이를 실천하고 지원하는 전문가가 사회복지사이다. 따라서 시설운영은 이용자의 처우와 생활편의를 도모하여 인간다운 생활을 최대한 보장하고 지켜 가기 위한 목적에서 운영되어야 한다.

5. 사회복지사와 이용자의 인간적인 관계 유지

인간의 권리를 존중하고 인간다운 삶을 유지하고 지켜가기 위한 인권중심의 서비스는 무엇인가,

위의 질문은 시설의 서비스가 가치적으로 지향해야 할 것에 대한 구체적인 실행과 실천에 대한 물음이다. 사회복지시설이 지향하는 이념과 사회복지사가 직무에 임하면서 어떠한 관점에서 서비스를 지원해야 한다는 분명한 이유에 관한 것이다.

시설은 다양한 서비스를 생산하고 실행하는 조직이다. 하지만 일방적으로 편성된 프로그램 등에 참여를 강제한다면 이용자의 권리는 없게 된다. 서비스 유형 또한 동일한 프로그램을 개선하지 않고 반복적으로 적용한다면 생활의 질은 저하된다. 따라서 어떤 프로그램과 서비스에 만족하는지 등을 확인하고 좋아하고 즐거워하는지를 확인하여 더 즐거운 생활을 여유롭게 즐길 수 있도록 개선하기 위해 노력해야 한다. 이러한 즐거움이 많아지고 즐기게 되면 시설의 생활은 가정과 다름없는 공간으로 기능한다.

곧 건강상태, 즉 정신적·신체적으로 건강한 상태를 유지하게 하여 적극적인 생활과 활동의 긍정성을 갖게 된다. 기분 좋은 상태는 사회복지사의 관계를 더 좋게 만들어 신뢰하고 즐거운 상태에서 참여를 촉진하는 등 활동성이 증가하는 심신의 상태이다. 개인의 신변을 처리하는 서비스를 제공받아야 하는 이용자가 더듬거리며 "기저귀를 갈아야 한다."는 요청을 하였을 때 사회복지사는 개인적인 프라이버시를 지켜 주며 부끄러운 마음을 갖지 않도록 귓속말로 "조금만 기다리세요."라고 말하며 커텐을 친 상태에서 지원한다면 이용자와 사회복지사의 관계는 돈독해진다. 반면 기분이 안 좋아 보이는 사회복지사가 "또 하셨네요."라는 식으로 딱딱한 말투로 대한다면 이용자는 무시당했다고 생각할 것이다. 그럼 사회복지사와의 관계는 신뢰관계가 형성되지 않는다. 이후부터는 부탁하기 어렵고 부탁을 하여도 자존심을 상처를 받았기 때문에 갈등상황을 초래한다.

따라서 사회복지사의 마음 상태를 가급적 평온하게 하는 것이 이용자의 편의 보장과 서비스 질을 높이는 방법이다. 우리 또한 미소를 짓는 사람을 만나면 기분이 좋아 대화를 오랫동안 하는 것처럼 불편한 표정과 태도를 지으며 대하는 사람은 피한다. 마찬가지로 서비스를 지원하는 사회복지사의 상태가 불안정하고 찌든 얼굴에 딱딱한 표정이라면 더 이상 좋은 서비스를 기대하지 않는다.

6. 인권기반 사회복지시설 운영을 위한 제언

사회복지시설은 생활하는 곳으로 이용자의 제2의 인생을 향유하고 새로운 인생을 펼치기 위한 거주지이다. 존재감과 가치는 모든 개인에게 주어진 권리이다. 인권을 지키면서 보다 나은 생활을 위해 준비하는 장이 사회복지시설이기 때문에 개인의 특성과 개성에 따라 생활하는 것은 미래를 도모하고 고유한 존재임을 권리로 보장하는 것이다.

아동은 양육과 돌봄을 받아야 하고 부모가 필요하다. 하지만 아동시설에 근무하는 사회복지사 중에 가정을 꾸리고 자녀를 양육한 경험이 없다거나 또는 대학에서 아동복지론과 가족복지론 등을 공부한 후에 이제 갓 복지시설에 취업을 한 것이라면 지원은 한계가 있을 수밖에 없다. 아동시설에서 근무하면서 아동들의 생활을 이해하고 형, 누나의 입장에서 양육을 대리하고 돌봄 역할을 수행하는 것 전부일 것이다. 따라서 사회복지사는 아동의 부모대리역할과 돌봄자, 양육자의 역할을 동시에 수행해야 하고 건강한 성인기를 맞이하도록 이끄는 역할을 해야 한다.

장애인시설의 사회복지사는 대학에서 장애인복지론과 가족복지론, 사례관리론, 사회복지실천론과 사회복지실천기술론 외에 프로그램개발과 평가 등의 실무적인 교과목을 이수한다. 이후 사회복지사는 자격증을 취득한 후에 사회복지시설 등에 취업을 한다.

장애를 입은 것은 비극이다. 가족들에게 엄청난 시련을 갖게 하기 때문이다.

일생동안 회복되지 않는 몸으로 경쟁의 사회에서 살아야 하고 이 삶이 힘들다고 하여도 버텨야 한다. 누구나 장애를 갖지 않으려고 한다. 오히려 남들보다 더 나은 삶을 살기 위해 매일 전쟁터와 같은 사회에서 최선을 다해 살아간다.

장애를 입은 순간부터 장애인복지관과 시설 등을 이용할 수 있는 권리가 주어진다. 아무나 이용할 수 없는 공간에서 여러 활동에 참여하면서 최고의 서비스를 제공받는 것이다. 하지만 그것만 있다면 장애인들은 힘들지 않을 것이다. 재가장애인들은 도움도 받지 못하면서 매일 먹기 위해 장을 봐야 하고 개조되지 않은 집에서 생활해야 한다. 스스로 생활하는 것이 좋기는 하지만 불편한 몸으로 돈도 없어 망가진 보장구를 수리하지 못해 그대로 지내기도 한다. 취직을 하고 싶지만 많은 기업들이 장애인의 불편한 몸을 보고는 일을 주지 않는다. 그래서 돈이 없다. 가난한 생활은 익숙해졌기 때문에 감수할 수 있지만 약을 살 형편이 안 되어 아픈 몸임에도 약국을 가지 못하는 것은 더욱 큰 어려움으로 다가온다.

발달장애인들은 대개 18세 이전에 장애를 입는다. 그래서 자신이 왜 장애가 있는지를 알지 못하는 사람들이 태반이다. 오히려 자신의 비극을 알고 있다면 대처라도 하겠지만 장애가 있는지조차 모르고 지내는 사람이 많다. 옷을 입고 벗는 것조차 도움이 필요하고, 식사를 하고 누군가를 만나 대화하는 것조차 도움을 받는 생활은 당사자가 아닌 이상 알 수 없다. 분명 원조하는 사회복지사가 따듯한 마음을 갖지 않는 이상 좋은 처우를 제공하기는 어렵다. 일생을 어린아이 같은 마음으로 살아야 하는 삶은 희극일까, 비극일까.

이들의 인간다운 생활은 시설의 처우와 사회복지사의 역할 외에는 없다. 오직 그들의 마음에 따라 달라진다. 위하는 마음으로 대하는지에 따라 생활의 수준이 달라진다. 많은 사람들이 이러한 일에 투신한 사회복지사를 존중하는 이유이다.

인생은 한 번 뿐이기에 정말 소중한 것이다. 모든 인간에게 단 한 번 주어진 것으로 누구나 두 번의 인생을 살지는 못한다. 나이가 들면서도 지난 시간을 돌아볼 수는 있지만 되돌릴 수는 없다. 그렇다면 정말 중요한 인생의 시기를 지시받고 명령하는 시간으로 보내야 한다면 아픈 생활일 것이다. 하지 않으려는 것이 아니라

하지 못해 도움이 필요한 것이라는 것을 알면서도 도움을 거절하고 지쳐 있는 사회복지사의 태도에 무서움을 느끼는 것이다.

그러므로 이러한 태도와 인식을 개선해야 한다. 독자 그대가 인간다운 생활을 위해 당당하게 권리를 주장하듯이 장애를 가진 사람들 또한 자신의 권리를 말하며 원하는 바와 도움이 필요한 것에 대해 분명하게 주장할 수 있게 된다면 분명 서비스가 달라질 것이다.

종사자들은 시설의 이용자들과 호흡을 같이 해야 한다. 그것만이 서비스를 개선하고 질을 높이는 방법이기 때문이다. 거주시설에 근무하고 있다면 자신의 생활임을 인식하고 생활한다는 관점을 갖고 이용자와 함께 살아간다는 인식을 해야 한다. 그래야만 이용자의 권리를 지키고 인권을 보장할 수 있기 때문이다.

참고문헌

고명석(2011). 인권과 사회복지. 서울: 대왕사.

국가인권위원회(2006). 국가인권정책기본계획 권고안(2007-2011). 국가인권위원회.

__________(2015a). 인권첫걸음. 국가인권위원회인권강사양성과정자료집.

__________(2015b). 개정인권첫걸음. 국가인권위원회인권강사양성과정자료집.

권영성(2002). 헌법학원론. 서울: 법문사.

김운회(2008). 가정폭력범죄 그 이론과 실제 그리고 사례. 서울: 백산출판사.

김형식·여지영 역(2001). 인권과 사회복지실천. 인간과복지./Ife, Jim, Human rights and social work : towards rights-based practice

나카조노 야스오 저(2004). 정상화원리의 연구: 서구의 이론과 실천. 성명옥 역. 서울: 창지사.

미국아동복지시설연맹 편(2004). 아동복지시설 서비스기준. 차인홍·송격욱 역. 서울: 은평천사원출판부.

박선태·최병태·서보준·송은희·김유진(2012). 노인복지론. 경기: 공동체.

박종팔(2014). 사회복지시설 운영론(개정판). 경기: 양서원.

박주월·우혜숙(2017). 최신사회복지시설 운영론. 경기: 공동체.

박지환·김연주·김윤환·방요순·서태수·이경희·양영애·오혜원·유영대·이건철·이규리·이정숙·이형수·정복희·정상미·채수경(2014). 일상생활활동: 생활환경과 여가활동(2판). 서울: 현문사.

박태영·이재모(2003). 사회복지시설실천론: 노인복지시설 직원의 실천 자세를 중심으로. 서울: 아시아미디어리서치.

보건복지부(2013). 의료급여사업안내.

__________(2018). 사회복지시설 관리안내.

__________(2018). 사회복지법인관리안내.

__________(2018). 사회보장정보시스템 행복e음.

__________(2018). 장애인복지시설 사회복지사업안내.

양옥경(2017). 사회복지윤리와 인권. 경기: 공동체.

연합뉴스(2018. 01. 31./ 2013. 02. 21.). 인천판 도가니 사건 자꾸 반복되는 슬픈 돌림노래.

오승호(2009). 폭력의식의 형성과 유형에 대한 연구: 청소년을 중심으로. 법교육연구, 4(2), 98-99(95-132).

오혜경(2018). 발달장애인을 중심으로 한 장애인복지와 실천의 이해. 서울: 창지사.

원석조(2002). 사회보장론. 서울: 양서원.

유성호·김형수·모선희·윤경아(2015). 현대 노인복지론(제5판). 서울: 학지사.

유엔세계인권선언전문(Universal Declatation of Human Rights, 1948).

유엔인권에 관한 국제규약(International Covenants on Human Rights, 1966).

유엔헌장(Charter of the United Nations, 1945).

이마이 유키오(2003). 사회복지 시설 실천론: 노인복지시설 직원의 실천자세를 중심으로. 박태영·이재모 역, 15-16.

이샤이 미셸린(2008). 세계인권사상사. 조효제 역. 서울: 길.

이재용·이수천(2018). 사회복지사의 클라이언트 폭력경험연구. 보건과복지, 20(1). 한국보건복지학회.

이종복·김범수·권오득·김광빈·김민수·김화순·손영희·이권일(2010). 사회복지시설 운영론. 서울: 창지사.

이창희·김병·문수열·원기연·소광섭·조당호·이창수(2012). 개정 사회복지시설의 설립과 운영. 서울: 창지사.

이채식·이은영·이형렬·김재익·전영록(2017). 장애인복지론(제3판). 서울: 창지사.

이해영(2015). 노인복지론(개정3판). 서울: 창지사.

인권에 관한 국제규약(International Covenants on Human Rights, 1966).

임시아(2017). 아동권리와 복지. 경기: 공동체.

전남련·김미자·윤기종·정현숙·송창국·박주선·최홍성·김선미·김연옥·나예원·오영식. 2015. 사회복지개론, 173-175. 경기: 정민사.

정정화·이종길·이경준·조석영·김상진·김선·이소영·정유진·최선자·함석홍(2009). 장애인복지서비스 이용자 참여매뉴얼, 29-31. 공동체.

최순남(1999). 현대노인복지론. 경기: 한신대학교출판부.

최윤영·이경준(2013). 장애인복지론(2판). 서울: 학지사.

최일섭·최준보. 2012. 사회복지개론. 경기: 공동체.

한국사회복지사협회 자격관리본부.

현외성·김용환·박선애·임성혜·장유미·문정란·이은정·강환세·강성도·곽인철·마은경(2013). 사회복지시설 운영론. 경기: 양서원.

Alan Kemp.(2001). Abuse in the family. 이화여자대학교사회사업연구회 역. 가족학대·가족폭력. 서울: 나남.

Glendon, Mary Ann(2001). *A world made new: Eleanor Roosevelt and the Universal Declaration of Human Rights*. N.Y.: Random House.

Lawton, M. P., & Brody, E. M.(1969). Assessment of older people: self maintaining and instrumental activities of daily living. *Gerontologist, 9*(3): 179-186.

Munkel. W. I.(1994). Nwglect and abandonment. In J. A. Monteleone & A. E. Brodeur (Eds.), *Child mal-treatment: A clinical guide and reference*. St. Louis, MO: G. W. Medical Publishing.

Reichert, Elizabeth(2011). *Social Work and Human Rights: A Foundation for Policy and Pratice*(2nd ed.). N.Y.: Columbia Unrversity Press.

Straus, M. A. (2017). Measuring Infrafamily Conflict and Violence: The Conflict Tactics Scales(CT). *Journal of Marriage and the Family*, February, 1979.

UN Centre for Human Rights(2005). 인권과 사회복지실천. 이혜원 역. 서울: 학지사.

법규

공익법인 설립운영에 관한 법률 제4조, 공익법인 설립운영에 관한 법률 시행령

대한민국헌법

민법

사회복지사업법

사회복지사업법 시행규칙

사회복지사업법 시행령

사이트

나무위키 https://namu.wiki/

외교부 홈페이지(2011). 국제연합 헌장(UN Charter). http://www.mofa.go.kr/

연합뉴스(2018. 01. 31.). "데이트 폭력의 실상".

위키백과. https://ko.wikopedia.org.

YTN 뉴스 사회면(2017. 08. 43). http://www.ytn.co.kr/

이재용

문학박사(장애인복지, 사회복지행정 전공)

■ 소개

저자는 사회복지기관 컨설팅 전문가로 장애인거주시설 재활사업팀 팀장을 거쳐, 과장, 사무국장, 부원장, 원장을 역임하였으며, 종합사회복지관 부장과 관장으로 재직하면서 사이버평생교육원 운영교수, 한라대학교 겸임교수로 재직하였다. 현재 국가인권위원회 정신보건분야 인권강사로 활동중이다. 사회복지종사자들의 역량강화를 위한 사회복지실무중심의 교육에 전력하고 있다.

· 현) 송호대학교 사회복지학과 교수, 현) 송호대학교 지역협력센터 센터장

■ 지역사회활동

· 전) 송호대학교 학생상담실 센터장, 전) 교무처 부처장, 취창업센터 센터장
· 한국대학교육협의회 교육편제단위표준분류심의위원
· 국가인권위원회 정신보건분야 인권강사
· 강원도사회복지공동모금회배분분과 심의위원
· 강원도기부금품모금 심의위원
· 횡성군지역사회보장협의체 통합사례분과 위원장
· 횡성군드림스타트 슈퍼바이저 외

■ 주요 저서

· 『인간행동과 사회환경』(2013). 공저. 창지사.
· 『사회복지사의 역량강화를 위한 보고사무의 실제』(2015). 창지사.
· 『개정판 사회복지행정론』(2016). 공저. 형설출판사.
· 『현장중심의 통합사례관리』(2016) 창지사. 2017년 문화체육관광부 세종도서 선정.
· 『사회복지프로그램 개발과 평가』(2017). 정민사.
· 『사회복지리더의 환대하는 리더십과 설득의 대화』(2018). 창지사.
· 그 외 다수

■ 대표 논문

· 거주시설 장애인의 사회적배제 경험연구(2014). 한국케어복지학회.
· 사회복지사의 직무소통 장애경험 연구(2016). 한국케어복지학회.
· 청소년의 자아존중감, 지역사회인식, 삶의 만족의 관계: 매개모형과 종단적 관계 중심으로(2017). 한국보건복지학회.
· 사회복지사의 클라이언트 폭력경험 연구(2018). 보건복지학회.
· 그 외 다수

인권기반 사회복지시설 운영론

초판 1쇄 인쇄 2018년 9월 10일
초판 1쇄 발행 2018년 9월 13일

지 은 이 | 이재용
펴 낸 이 | 김기섭
편 집 인 | 이초롱
펴 낸 곳 | 창지사 www.changjisa.com
08589 서울시 금천구 가산디지털 1로 83 파트너스타워 1차 9층
전화 (02)719-2211~3
팩스 (02)701-9386
등 록 | 1977년 4월 28일 · 제1-421호

ⓒ 이재용, 2018
• 이 책 내용의 전부 또는 일부를 재사용하려면
반드시 저작권자와 창지사 양측의 동의를 받아야 합니다.
• 저자와 협의하여 인지는 생략합니다.

ISBN 978-89-426-1162-1 (93330)

값 17,000원

이 도서의 국립중앙도서관 출판예정도서목록(CIP)은 서지정보유통 지원시스템 홈페이지(http://seoji.nl.go.kr)와 국가자료공동목록시스템(http://www.nl.go.kr/kolisnet)에서 이용하실 수 있습니다(CIP제어번호: CIP2018029182).